Las Palmas, spiaggia Las Canteras
Gran Canaria, Spagna 2024

"E non dimenticare niente, come tuo solito."
"Papà hai rotto!"
"D'accordo, ma poi non ti lagnare se quando arriviamo scopri di aver lasciato quella cosa che era di fondamentale importanza" chiude il bagagliaio dell'auto e fissa la figlia serio "te lo scordi se pensi che farò ritorno in hotel."
"Si, si, ok, ci siamo capiti" risponde svogliata e afferra il cellulare.
Da quel momento s'inabissa e nell'abitacolo dell'auto cala il silenzio.
Accipicchia – pensa tra sé - queste ragazzine già a dodici anni sprigionano il peggio di loro stesse. Ingestibili, sfrontate e assenti. Sulla strada che li porta alla spiaggia, si chiede più volte se questo viaggio padre-figlia sia stata o meno una buona idea. Hanno programmato l'itinerario nei minimi dettagli con grande entusiasmo e lei non vedeva l'ora di tornare nel suo posto preferito. Ora, però, dopo dieci ore di convivenza e conflitti di varia natura, se ne stava amaramente pentendo.
Una settimana - si ripete - almeno una settimana di ferie potrò passarla in pace?
Parcheggia, controlla che ci sia tutto il necessario per poi avviarsi alla spiaggia. Senza cellulare e all'aria aperta, Gemma recupera il sorriso. Ha sempre amato l'oceano e lui, suo padre, lo sa e così la porta a Gran Canaria ogni qualvolta si presenti l'occasione. Il che accade circa tre volte l'anno e sono sufficienti affinché la figlia ritrovi il buon umore, dopo che la madre è mancata.
Si fermano ad ammirare il panorama. Soffia un'aria gradevole da sud, alcune nuvole sparse qua e là nel cielo sembrano danzare e la distesa di sabbia si allunga per chilometri, complice la bassa marea. Las Canteras è tra le spiagge urbane più belle del mondo e a Gemma piace fare snorkeling sulla barriera corallina. Il che fa di questo luogo la loro tappa preferita.
"Buongiorno ragazzi!" li raggiunge l'istruttore "come andiamo stamattina, in forma?"

"Alla grande!" risponde Gemma.

"Ottimo! Seguitemi."

Le acque incontaminate e limpide, offrono a coloro che visitano il mondo sottomarino, un paesaggio mozzafiato in continua evoluzione. La barriera corallina si estende per chilometri, proteggendo la spiaggia sabbiosa. Oggi andranno a visitare la parte finale a nord-ovest, oltre la quale le onde si innalzano fino alla costa, paradiso dei surfisti.

"Tutto a posto?"

"Sì!" conferma Gemma "Ci siamo!"

"Bene. In acqua!"

Basta un tuffo e tutto cambia. I colori, le temperature, gli animali e la bellezza del paesaggio nascosto restituiscono pace e quel senso d'intrigo che accendono la curiosità.

Marco segue Gemma senza perderla di vista e senza farsi notare da lei. Sa che non la prenderebbe bene e, almeno in questi momenti di svago, cerca di fare il possibile per darle più autonomia. Il punto è che la vede ancora così piccola, troppo piccola per pensare di non potersene occupare e l'assenza della madre ha aggravato questa situazione. Ad un certo punto, però, se la ritrova accanto, mentre agita le braccia, un chiaro tentativo di attirare la sua attenzione.

Marco la segue verso l'ultimo scoglio e con la sua torcia illumina un'insolita protuberanza fuoriuscire dalla sabbia. Di certo non ha niente a che fare con la barriera corallina. Si avvicina ed esamina la pietra. Pur essendo, per la quasi totalità, ricoperta di muschio e alghe, da buon archeologo intuisce che potrebbe trattarsi di un oggetto antico riemerso dal fondale. Con l'aiuto della figlia riescono ad estrarlo. Non essendo incastrato, come inizialmente aveva creduto, scivola fuori dalla sabbia con facilità. Una lastra rettangolare di circa mezzo metro riemerge dalle acque dell'oceano dopo chissà quanto tempo. Ecco perché Marco ama tanto il suo lavoro. Le scoperte storiche lo riportano indietro verso civiltà lontane, che raccontano di vite passate e lo trasportano in un'altra dimensione. Certo è che vivere un recupero in prima persona, è una cosa totalmente diversa.

È Gemma a portare fuori dall'acqua la sua scoperta. Fiera del ritrovamento e con addosso le attenzioni di tutti, si è ringalluzzita.

"Papà che cos'è?"

"A occhio e croce sembra una lapide."

"Ah!!!" la lascia cadere sulla sabbia che attutisce il colpo.

"Ma che sei matta?" la rimprovera Marco "guarda che mica ci sono i morti qui dentro!" la osserva preoccupato "poteva rovinarsi."

"Oddio che impressione!"

"Non essere sciocca, è solo un pezzo di pietra."

Marco prende un panno asciutto e lo passa sugli angoli smussati per togliere un po' di alghe.

"Andrà ripulita per bene e in un laboratorio attrezzato. Non c'è molto che io possa fare qui" dichiara nel notare le pessime condizioni in cui riversa il reperto.

"Questo che cos'è?" chiede Gemma indicando qualcosa simile a un disegno.

"Sembra la metà di un cuore" risponde Marco.

"E questi potrebbero essere dei numeri?"

"Sì. Probabilmente delle date."

Osserva la figlia incantata mentre cerca di decifrarne i particolari e ne è lusingato.

"Vuoi saperne di più?" le domanda.

"Oh sì, mi piacerebbe tantissimo!" esclama con entusiasmo "vorrei tanto sapere che cosa c'è scritto."

"Faccio una ricerca per vedere se c'è un laboratorio da queste parti, augurandoci che non sia troppo danneggiata dall'erosione."

"Davvero?" a Gemma brillano gli occhi.

Finalmente Marco vede nella figlia un interesse vivo e sincero per qualcosa che non siano cellulari, social e influencer. E per far sì che questo suo coinvolgimento non si spenga, sarebbe disposto a fare qualunque cosa.

Dopo essersi cambiati e rivestiti, raccolgono la pietra, la avvolgono in un telo e la ripongono con cura nella loro auto. Gemma partecipa attivamente a tutte queste manovre e partono alla volta di Gàldar, presso il museo della Tecnologia e delle scienze, per chiedere il loro aiuto.

Roberta Rotondi

PIRATE LAND

Ai confini dell'Amore

Questo romanzo è un'opera di fantasia.

Copyright © Roberta Rotondi

Tutti i diritti letterari riservati e di esclusiva proprietà dell'autore

(comprendono: diritti di traduzione, di riproduzione, adattamento parziale o totale

per mezzo di copie fotostatiche, sistemi informatici, microfilm)

Tutti i romanzi di Roberta Rotondi sono disponibili

Pagina Autore Amazon

IN COPERTINA:
La Barra di Las Canteras, zona di Las Palmas de Gran Canaria - Spagna.
La Barra è una barriera corallina naturale che si estende lungo la costa e crea una laguna protetta.

*Bisogna lottare per ciò in cui si crede,
senza mai dimenticare chi siamo.*

Roberta Rotondi

«*Vieni, e ferma la nave, perché di noi due possa udire la voce.
Nessuno è mai passato di qui con la nera nave
senza ascoltare con la nostra bocca il suono di miele,
ma egli va dopo averne goduto e sapendo più cose*»

Omero Odissea XII, 184-8

PARTE 1.

LA PICCOLA JACKIE

1.

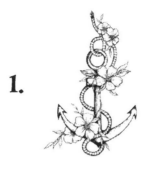

Genova, 1706

Angel

"Mary dove sei?!"
Corro in cima alle scale e controllo la sua camera, salgo in soffitta, dove ama rifugiarsi, scendo a dare uno sguardo sotto il tavolo in cucina, dove si nasconde per farci gli scherzi, esco nel granaio, dove è solita divertirsi in compagnia delle galline, perlustro anche la stalla, salgo sul fienile, ma di lei nessuna traccia.
"Mary! Mary!"
Non può essersi allontanata tanto, perché avrebbe dovuto? Questo è il momento della giornata che da sempre passiamo insieme, non è mai mancata al nostro appuntamento e dovrebbe già essere qui da un pezzo. Diamine, dove si sarà ficcata?
"Mary! Mary!"
La mia voce squillante fa spuntare Jack dall'orto dietro casa. Si avvicina e subito avverte la mia carica di apprensione. Cammina piano, con i pantaloni rivoltati ai polpacci, le bretelle di corda e la camicia penzolante.
"Che succede, Angel?"
I suoi occhi neri e vivaci, uguali a quelli di Mary, sono contornati da qualche ruga in più, ma quando mi guardano hanno la profondità di sempre.
"Non trovo Mary, l'hai vista?"
"Non la vedo nei paraggi dalle prime ore del pomeriggio."

"E ti sembra normale?" lo aggredisco in preda all'ansia.
"Qual è il problema?"
"Lei non è solita allontanarsi per tutto questo tempo!"
"Adesso calmati."
"Come faccio a calmarmi?!"

Pallida in viso lo fisso sconvolta e lui cambia espressione. Mi ritrovo per la prima volta a rincorrere un pensiero che non mi dà pace. Per dieci anni l'ho avuta accanto, ha camminato al mio fianco senza che la perdessi mai di vista. Ora tutto sta cambiando. Il nostro piccolo mondo protetto vacilla e avverto un pericolo imminente. Forse è solo frutto della mia immaginazione o del mio essere una mamma attenta, ma troppo protettiva. Vorrei che fosse solo così, ma l'istinto ha parole diverse e una voce che non sono ancora pronta ad ascoltare.

"Dove può essere andata?" mi chiede Jack.
"Non lo so, ma ho come un brutto presentimento."

Jack mi afferra le spalle quando percepisce il mio affanno. Mi accascio al suolo, sull'erba del vialetto e stringo nei pugni un lembo del mio vestito. Lui s'inginocchia per guardarmi negli occhi.

"Angel" lui mi prende le spalle "Mary sta crescendo ed è molto curiosa. Lasciamola libera di esplorare."

Sollevo lo sguardo di colpo "ed è proprio questo a preoccuparmi."
"E anche se fosse?"
"Che cosa?"
"Se fosse quello che entrambi stiamo pensando? Tu non facevi la stessa cosa?"
"Era diverso."
"Diverso per chi? Per te. Che cosa c'è di diverso, oggi, per quella ragazzina?"
"Che è nostra figlia, Jack! E questo non fa di lei una ragazzina qualunque."
"Lei, però, questo non lo sa."
"E non dovrà mai saperlo" sottolineo severa.

"D'accordo, ora ascoltami …" sussurra, mentre mi aiuta a sollevarmi "cerchiamo di ragionare: alla sua età avrà trovato compagnia e si sarà distratta giocando. È possibile?"

"Direi che è possibile, sì, ma si sta facendo tardi e …"

Jack mi zittisce con dolcezza. "Amore, nostra figlia non è una stupida. Sbaglio forse?"

"No, ovviamente no."

"Conosce le regole e scommetto che sarà di ritorno prima che faccia buio. Dai, stai tranquilla adesso."

"Scommetto hai detto?" gli chiedo sistemandomi il vestito.

"Scommettiamo?"

"Che cosa stavolta?"

"Mhmm …" lui si guarda attorno "il ciliegio è quasi pronto!"

"E quindi? Vuoi scommettere le ciliegie?!"

"Non le ciliegie, ma chi le raccoglierà!"

"Sei disonesto, così non vale!"

"Ah …" faccio per aggredirlo e lui solleva le braccia in segno di resa "non sono io quello che ha iniziato la sfida delle scommesse!"

"Beh, se ci tenete a saperlo non siete neanche un gran rivale, capitano!"

"Vi conviene iniziare a correre, capitano!"

"Provate a prendermi!"

Nonostante la vita impegnativa nei campi, dura e poco salutare, la gioia di vivere non ci è mai mancata e nemmeno lo spirito che ci contraddistingue. Correndo nei prati dimentichiamo il passato. La vita ce lo rammenta ogni giorno, ma per proteggere Mary non ne abbiamo più parlato, anche se quel passato è lì, a ricordarci chi siamo stati in ogni momento della nostra esistenza.

"Presa!"

Caccio un urlo strozzato quando Jack mi solleva. Inizio a scalciare sentendomi mancare la terra sotto i piedi e l'erba verde scorre sotto di me come un fiume.

"Lasciatemi signore!" urlo divertita, mentre lui mi riporta verso casa. "Il vostro atteggiamento è irrispettoso!"

"Anche oggi il bottino me lo sono guadagnato" dichiara soddisfatto.

"Siete un impertinente e ve ne pentirete!"

Mi agito ridendo tra le sue braccia, lui mi posa a terra, i nostri occhi si incontrano in un profondo sguardo d'intesa. Lo tiro giù per le spalle con entrambe le mani spalancando le labbra e ci baciamo, con la forza e la passione che gli anni non hanno spento.

"Siete disgustosi!"

Sobbalziamo. "Mary!!"

Nostra figlia è appoggiata allo stipite della porta di casa e ci osserva nauseata con le braccia conserte.

"Sono stata così in pensiero, ma dov'eri?" le dico raggiungendola.

"In un posto nuovo" risponde in modo schivo e se ne va.

"Ehi, signorina!" la richiama Jack "tua madre sta parlando con te!"

"E io non voglio ascoltare" dice quando è già sulle scale e si chiude nella sua camera fino all'ora di cena.

Noi restiamo sull'uscio a fissarci incerti, con mille pensieri, qualche congettura e una forte preoccupazione celata dietro a sorrisi rassicuranti.

A tavola, Mary è particolarmente silenziosa. Io e Jack ci scambiamo sguardi eloquenti, indecisi su chi dei due sia bene che parli per primo.

"Mary mi passi ancora un po' di zuppa, per favore?"

"Certo padre."

"Ne daresti dell'altra anche a me?"

"Sei affamata!"

"Già. Ho camminato più del solito."

"Più del solito? Ti sei allontanata?"

Li guardo seguendo attenta le parole che si scambiano. La piccola sembra affabile e serena come sempre. Eppure, avverto che qualcosa di importante è accaduto e devo cercare di capire che cosa. Da quando ha compiuto undici anni, con me è diventata schiva e per confidarsi cerca il dialogo con il padre.

"Ecco ... solo un pochino" ammette mentre si concentra sulla sua zuppa "ho superato il bosco" dichiara.

Il mio cucchiaio mi cade dalla mano e risuona a contatto con la porcellana del piatto. Mary mi guarda, nota il mio disagio.

"Mamma, che ti succede?"

"Quante volte ti ho ripetuto che attraversare il bosco può essere pericoloso?"

"Me lo hai detto molte volte" risponde seccata "quando ero una bambina paurosa e mi riempivi la testa di sciocchezze."

"Quali sciocchezze?"

"Mamma, sono cresciuta e non ci trovo nulla di così spaventoso nel bosco" dichiara asciutta. "Padre, è stato bellissimo!!!" afferma tornando a rivolgersi a Jack.

Il suo entusiasmo è palpabile e per un attimo rivedo me stessa alla sua età.

"Che cosa è bellissimo?" le chiede lui curioso.

"Il mare, le navi, il porto! Perché non mi avete mai parlato dell'esistenza di un posto come quello?!"

Io e Jack ci cerchiamo con sguardi atterriti. Mary nota le nostre occhiate perplesse. Jack si versa da bere e io mi affretto a spostare i piatti vuoti rimasti sulla tavola nell'acquaio.

"Il porto hai detto?" le domanda Jack.

"Sì padre ed è incredibile! Ci sono navi enormi e tanta gente vestita in modo strano con buffi cappelli!"

A Jack scappa un sorriso: "Già."

"Tu ci eri già stato?"

Jack solleva lo sguardo e fissa sua figlia come se si sentisse responsabile di quella situazione. Nei suoi occhi leggo un velo di malinconia. Da quando ci siamo stabiliti tra le colline di Genova, per crescere Mary lontano dai pericoli legati alla vita in mare, ci siamo piegati a una realtà completamente diversa. Jack si è tagliato i suoi lunghi capelli che ora porta fino alle spalle, senza trecce, privi dei suoi gingilli e in modo un po' disordinato. I suoi vecchi abiti sono nascosti in soffitta, insieme alle armi e alla mia divisa di capitano, in un baule ricoperto da diverse dita di polvere. Una scelta consapevole, dettata dal cuore, quella che, allora, ci era sembrata la più giusta.

"Il porto è un importante collegamento con il mondo che esiste al di fuori di noi e di queste colline" continua Jack "frequentarlo può essere un pericolo, Mary."

"Pericolo? A quali pericoli ti riferisci?"

"Quella gente strana, per esempio."

"Mi hanno detto di essere marinai" dichiara Mary.

"Hai parlato con qualcuno di loro?!" m'intrometto, preda di una preoccupazione crescente.

"Solo con uno, perché? Che cosa c'è di male?!"

"Tesoro, credo sia opportuno per te evitare quella zona" risponde Jack. "Ci sono tanti posti dove andare a giocare. Il porto non è tra questi."

"Ma perché?!"

"Mary, ora sei ancora troppo piccola per capire."

"Non è vero!" scatta in piedi rovesciando la sedia "non sono più così piccola, siete voi che mi fate sentire sempre troppo piccola per tutto!"

"Mary …!"

Ma lei ha già preso le scale correndo nella sua camera. Quando la porta si chiude, sbattendo con prepotenza, mi lascio andare su una sedia e getto lo strofinaccio al centro del tavolo, fissandolo smarrita.

"Angel, cerchiamo di non giungere a conclusioni affrettate."

"Jack, non può ripetersi, non possiamo permetterlo" rispondo quando scruta il mio volto teso e amareggiato. "Insomma, abbiamo deciso insieme che saremmo rimasti lontani da quella vita."

"Una decisione presa dieci anni fa, quando Mary era poco più che una neonata. Ora le cose stanno cambiando, dobbiamo prenderne atto."

"Che cosa significa?"

"Non dimenticare che anche lei è un pirata, esattamente come noi" dice sedendosi accanto a me. "Per quanto ancora riusciremo a soffocare la sua natura?"

Scuoto la testa. "Non sono pronta" dichiaro.

"Non lo saremo mai. Ma mi domando: è giusto privarla di ciò che le appartiene dalla nascita?"

"E' una vita che non conosce, come può essere una privazione?"

Jack sorride disarmato e mi guarda negli occhi. "Angel, tu lo sapevi? La conoscevi? Qualcuno te ne aveva mai parlato?" Abbasso lo sguardo. "Non proprio."

"Questo ti ha forse impedito di ricercarla? Di desiderarla?"

"No."

"Allora dovresti sapere come si senta tua figlia in questo momento e capire che per lei è la stessa cosa. Il suo istinto le sta parlando una lingua che non conosce e di sicuro sarà confusa. Dobbiamo starle accanto, è nostro dovere spiegarle tutto quando arriverà il momento e ..." guarda verso le scale "a giudicare dalla piega che sta prendendo la situazione, temo che quel momento non sia lontano."

"Ho temuto l'arrivo di questo giorno."

"Anch'io" risponde con la voce roca "ma era inevitabile, lo sapevamo entrambi, anche se ce lo siamo tenuto nascosto." Mi prende le mani.

"Ho paura Jack."

"Adesso non ci pensare. Magari si tratta solo di un momento passeggero. Alla sua età si è instabili e ribelli, si sogna di grandi avventure e si cercano eroi da imitare. Diamole tempo. Può darsi che tra non molto si sarà dimenticata di questa esperienza e porterà le sue attenzioni su altro."

"Ne sei proprio sicuro?"

"Assolutamente no."

2.

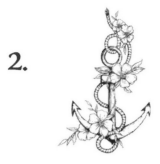

La banda del porto

(Dary

Lancio la mia sacca fuori dalla finestra quando ancora il gallo non ha iniziato a cantare. Mentre mi calo con una fune perdo il controllo e finisco sull'erba umida. Mi rialzo e mi guardo attorno. Buio e silenzio. Raccolgo la sacca, sistemo il mio vestito e mi incammino verso il torrente che delimita l'ingresso del bosco.

- *Vieni con me o resti qui?* – mi aveva detto mio padre quando da piccola mi portava nel bosco e avevo una gran paura. Lui era già oltre il torrente ed io, in bilico sopra le pietre bianche, non mi decidevo a saltare dall'altro lato. Mi tendeva le mani incitandomi perché lo raggiungessi, ma io ero bloccata sulle rocce, inchiodata dal terrore di non saper andare più né avanti, né indietro. Ci ero rimasta per così tanto tempo da affezionarmi al verde del muschio, all'odore della terra umida e al rumore dell'acqua, fino a che si fece buio. Quando tornammo a casa la mamma era arrabbiata con tutti e due, dicendo che l'avevamo fatta preoccupare e che era da incoscienti stare nel bosco a quell'ora.

Oggi del torrente e del bosco non ho più paura, ma le parole della mamma riecheggiano come un monito nella mia testa, mentre con due balzi decisi lo attraverso e mi incammino di buon passo tra i primi arbusti. Voglio raggiungere il porto prima dell'alba. Cerco di non badare alla scarsità di luce e ai rumori sinistri. Cammino con lo sguardo fisso davanti a me senza farmi distrarre, trattenendo il respiro. Ascolto lo scricchiolio delle mie scarpe quando calpesto i rami rinsecchiti. Qualche gufo appollaiato sugli alberi mi raggiunge con il suo verso stridulo. Mi focalizzo sul fruscìo che proviene dai cespugli e mi acquatto, per evitare di essere caricata da un cinghiale. Suoni e rumori che mi accompagnano fino alle prime luci di un paese ancora addormentato. Attraverso i vicoli in punta di piedi, senza alzare lo sguardo per nessun motivo. Mi lascio portare dai ciottoli sulle vie in discesa, convinta che quel che mi aspetta mi ripagherà della lunga strada che mi sto lasciando alle spalle. Con le prime luci, il porto si anima e sembra non conoscere il silenzio delle colline. Il moto in fermento dei galeoni approdati, lo fanno apparire come un mondo a parte, fatto di una frenesia singolare che non appartiene di fatto alla vita a terra.

Mi infilo lungo una banchina fino a raggiungere un muretto di pietre. Getto la mia sacca e mi arrampico per osservare dall'alto. Intanto, il sole fa capolino e le vele bianche distese, sembra che lo stiano salutando. Prendo dalla sacca alcune provviste per la giornata e addento del pane con la marmellata, mentre si solleva la brezza che dal mare soffia verso le colline.

"Ehi tu lassù. Dico a te!"

Abbasso lo sguardo e vedo un ragazzo con la testa sollevata verso di me e una mano tesa davanti agli occhi che lo ripara dal sole.

"Che ci fai laggiù?" gli urlo sporgendomi.

"E tu che ci fai lassù?"

"Guardo le navi e tu?"

"Io aspetto mio padre."

"Tuo …" ripongo alla svelta quanto rimasto del mio spuntino nella sacca, la richiudo e con un balzo sono giù dal muretto.

"Tuo padre hai detto?"

"Sì, sta arrivando con il suo galeone mercantile."

"Davvero? Tuo padre è un marinaio?"

"E' il comandante della nave."

"Forte!"

"E tu, chi stai aspettando?"

Ciondolo "nessuno …"

"Ah … e allora perché sei qui?"

Sospiro e guardo il mare "diciamo che vorrei avere anch'io qualcuno da aspettare."

"Mio padre arriverà verso mezzogiorno, ma alle prime luci dell'alba ero già qui."

"Anch'io."

Lui mi scruta con aria severa. "I tuoi genitori sanno dove sei?"

"No. Sono scappata, ero in punizione."

"Cavolo, tu sì che sei forte! Sei fuggita dal carcere come farebbe un pirata!"

"Un pirata? E che cos'è?"

"Vieni con me, te ne faccio vedere uno."

"Sul serio?!"

"Certamente" ci incamminiamo "io mi chiamo Tonino e tu?"

"Maria" rispondo con un lieve imbarazzo, mentre lo seguo con entusiasmo, impaziente di fare quella che, per me, è una grande scoperta.

Attraversiamo insieme tutto il molo e ci spostiamo verso la Lanterna, sulla banchina più lontana. Studio la sua presenza con la coda dell'occhio, mentre mi cammina a fianco.

"Quanti anni hai?" gli chiedo.

"Quattordici e tu?"

"Quasi dodici" imbroglio.

È più grande di me, più alto e con una corporatura robusta. Credo di averlo già visto bazzicare da queste parti. Anche volendo, non avrei potuto non notarlo. Oltre a essere molto bello, mi attrae quel suo essere quasi marinaio e mi chiedo per quale ragione non sia già imbarcato con suo padre. In una giornata come questa tutto mi sarei aspettata, tranne che camminare fianco a fianco lungo il molo con un ragazzo come lui, tra il beccheggio delle onde e queste navi imponenti.

"Ohi, Toni!"

Un richiamo ci blocca e quando ci giriamo, due ragazzi arrivano di corsa verso di noi

"Ehi!" Tonino solleva il braccio e li saluta.

"Oh, avete visto che cosa è arrivato stanotte?" esordisce il primo.

"Altroche se l'ho visto! Sto andando proprio là" dichiara Tonino.
"Ma che ti sei impazzito per caso?" domanda aggressivo.
"Perché? Che male c'è?"
"Di che cosa state parlando?" m'intrometto.
"E questa chi è?"
"Tranquilli, è un'amica."
"Ok, ma ... è una ragazza."
"E quindi?" chiedo indispettita.
"E quindi, questo non è posto per te."
"Ma come ti permetti?"
"Tranquillo Omar!" interviene Tonino "lei è a posto. L'ho invitata io."

"A volte proprio non ti capisco" dice Omar all'amico e solleva le braccia disarmato.

"E vabbè, se proprio l'hai invitata teniamocela, ma se dovesse dare problemi te ne assumi tu la responsabilità Toni?"

"Sono sicuro che non sarà necessario, Ugo."

"Non vi darò nessun problema" affermo agguerrita.

"Lo spero per te" ribadisce Omar studiandomi. "Non ci siamo già visti da qualche parte?"

"Ah sì" dice Ugo "è una delle ragazze che va dalle suore."

"Ah ah ... è vero" afferma puntando il dito "una suora!"

"Ragazzi basta!"

I due si zittiscono. Sono grata a Tonino e alla sua capacità di bloccare sul nascere i loro fastidiosi commenti.

"Quindi, dove stiamo andando?" domando subito dopo per tornare al fulcro del mio interesse.

"Al veliero senza bandiera" mi risponde Tonino.

"Senza bandiera? Che significa?"

"Che sono pirati."

"Wow!!!"

"Frena l'entusiasmo, ragazzina" mi aggredisce Omar "quella è gente che non scherza" storce il naso "un solo passo falso e finisci in pasto ai pesce cani."

23

Smetto di parlare, anche di fiatare, spiazzata dalla severità dei loro sguardi e seguo questa banda improvvisata in rigoroso silenzio. Ci portiamo nei pressi di un veliero, celato agli occhi indiscreti della sorveglianza. Circa a una ventina di spanne dall'ultima banchina del molo più lungo ed esposto verso il mare.

"E' alla fonda, non possiamo avvicinarci più di così" dice Omar.

"Perché si sono messi così lontani?" chiedo.

"I mercantili non ormeggerebbero mai in un molo come questo" risponde Tonino "sarebbe troppo disagevole per le operazioni di carico e scarico."

"E così questa zona del porto è rimasta pressochè abbandonata e inutilizzata" continua Ugo.

"Ecco perché i pirati si rifugiano qui" conclude Omar.

"Quindi, quelli sono pirati veri. Ne siete sicuri?"

"Così come io mi chiamo Omar. Ora attenzione" ci intima abbassandosi "non ci devono vedere."

"Scusa, come fanno a vederci? Sono lontani" dichiaro.

"Mai sentito parlare di cannocchiale?"

"I pirati, in quanto tali, tengono sempre la situazione sotto controllo" mi spiega Tonino, mentre ci portiamo qualche gradino sotto la banchina, rasente l'acqua.

Dalla nostra posizione è possibile osservare i movimenti a bordo, anche se degli uomini presenti si distinguono solo le sagome.

"Secondo voi come si chiamerà il capitano?"

"Non ne ho idea …"

"Guardate, quello ha una pistola!"

Lascio i ragazzi alle loro considerazioni e ai commenti, mentre immobile, aggrappata a un frammento di roccia, resto incantata da quella visione. Lo scafo che beccheggia sul mare placido, le grandi vele raccolte, le ombre che si muovono a un ritmo lento e scandito e una figura ferma lì, nel punto più alto della nave, che guarda l'orizzonte.

"Ragazzi, nemmeno questa è la nave di Sparrow."

"Già … ci toccherà attendere la prossima, sperando sia la volta buona."

Le mie riflessioni vengono attraversate dalle voci dei ragazzi.
"Chi è Sparrow?"
"Non lo conosci?" mi chiede Tonino ed io rispondo con un mortificato gesto di diniego.
"E' il capitano della Perla Nera" risponde Ugo.
"Molti anni fa un marinaio giura di averla vista ormeggiata proprio qui" aggiunge Omar.
"Una leggenda narra che Jack Sparrow fosse vittima di una maledizione che gli fece perdere la rotta, spingendolo fino a questo luogo a lui completamente sconosciuto. Nessuno, però, credette alle parole di quel marinaio e così, da allora, si attende il suo ritorno."
"Chi ti ha raccontato questa leggenda?" chiedo a Tonino.
"E' stato suo padre" continua Ugo "è lui che ha visto la Perla Nera quando era un ragazzo come noi."
"Secondo voi perché non è più tornata?"
"La leggenda narra che Sparrow si sia perso in mare, nel tentativo di liberarsi del sortilegio che gli fu inferto da un mostro marino."
Ne resto incantata. "Come fai a sapere tutte queste cose?"
"Quando hai un padre marinaio, conosci tutte le leggende dei mari."
"E tu?" s'intromette Omar "di chi sei figlia? Chi è tuo padre?"
M'irrigidisco "mio padre è un contadino."
"Ahahahah!!!" Omar ride di gusto e la sua risata coinvolge anche Ugo. "Non solo suora, pure contandina!! Ahahah!!"
Questo atteggiamento discriminatorio mi offende. Torno sul molo e li guardo, mentre ancora ridono di me. Allora indietreggio di qualche passo e me ne vado.
"Maria!" Tonino m'insegue e mi afferra per un braccio "non te la prendere, sono solo due idioti."
"Curiosa come compagnia" gli rispondo seccata "ma se ci stai bene significa che anche tu sei come loro."
Mi allontano fortemente turbata. Cammino veloce per prendere le distanze. Ma chi si credono di essere quei tre?

Arrivo in fondo alla lunghissima banchina e attraverso la strada principale. Avverto un forte desiderio di tornare a casa e nell'intraprendere la strada che sale verso le colline, il mio sguardo si appoggia in un angolo, dove un uomo, circondato da cavalletti di legno, sta dipingendo un quadro con la sagoma di un veliero che spunta tra le onde in tempesta. L'immagine mi cattura e sono costretta ad avvicinarmi. Ne osservo ogni dettaglio, compresa la bandiera e noto che sui cavalletti attorno a lui, sono appesi altri quadri che raffigurano la stessa nave con la medesima bandiera. Li osservo uno alla volta incantata.

"Il mare" esclama il pittore mentre distribuisce generose pennellate argentee a delineare il riflesso della luna "non posso più viaggiare, così lo dipingo."

L'uomo ha una barba lunga e bianca, gli occhi vitrei e una pelle liscia che tradisce meno anni di quanti ne abbia.

"Dite a me?"

"Avvicinati, signorina, non avere paura."

Le dita delle sue mani sono storte e intrise di colore. Stringe una tavolozza di legno variopinta consumata dal tempo e la pelle delle sue mani è talmente sottile che ne definisce le nocche bianche.

"Conosci il Fantasma*?"

"Dovrei?"

"Certo che no, che sciocco. Una fanciulla come te non può conoscere il terrore dei mari."

"Quanti anni credete che io abbia?" gli domando fiera, appoggiando le mani sui fianchi.

Lui ride. "Sicuramente meno di quelli che vorreste farmi credere."

"Beh, comunque, non sono certo una fanciulla indifesa."

"Ah, ma davvero? E ditemi, quanti mari avete attraversato?"

La sua domanda mi coglie impreparata.

"Mhm …immaginavo" aggiunge con un ghigno. "Vedi piccola, non puoi dire di conoscere mare e marinai, se non hai mai navigato."

---

*La leggenda del Fantasma è raccontata in "MORGAN'S LEGEND" - volume 2 della collana

"Perché dipingete solo il Fantasma?"

"Perché tra le navi più piccole è quella che ha saputo attribuirsi il valore più grande."

"E dove si trova adesso?"

"Qualche corsaro va blaterando di averla vista nei porti mercantili, ma non credo a questa fandonie. Il Fantasma era guidato da un capitano che sapeva il fatto suo, da un pirata!
E un pirata non si sarebbe mai piegato alla vita da corsaro, sotto gli ordini della corona e arreso al sistema della peggior specie. Bah!"

"E allora, dov'è il Fantasma?"

"Confinato, depredato, nascosto forse, ma di certo non in questi mari, ma su rotte ben lontane da qui."

"Come si fa a trovarlo?"

"Nessuno lo può trovare, semmai, è il Fantasma a trovare te. Il suo capitano è in grado di scovare chiunque, stanne certa."

"Chi è il suo capitano?"

"Morgan, tornato dagli inferi per tormentare ogni intrepido marinaio."

"Morgan …"

"Credo di avere un ritratto anche di quello, aspetta …" l'uomo muove qualche tela "ah, eccolo, mi pareva …"

"Non credo di conoscerlo" dichiaro.

"Sei a conoscenza di qualche pirata, signorina?"

"I miei pseudo amici mi hanno parlato di un certo Sparrow."

"Oh, interessante: Jack Sparrow! Chi non lo ha conosciuto o almeno sentito nominare, non è degno di definirsi pirata."

"Voi lo avete incontrato?"

"Molto tempo fa."

"E com'è fatto?"

"Ecco …"

Si volta verso il suo carro dove estrae un dipinto più grande degli altri, avvolto in un telo rosso sbiadito dal sole. Lo posa a terra e quando scosta il telo un brivido mi raggiunge come una percossa. È un ritratto molto realistico e a dir poco emozionante. Un pirata, un pirata vero.

"La prima e ultima volta che lo vidi, stava fuggendo da un maleficio che gli era piombato addosso. Fu proprio qui, in questo porto. Un incontro fortunato che non dimenticai facilmente. Jack mi è rimasto impresso come la luce del sole quando abbaglia. Dipinsi questo ritratto quel giorno stesso, per non scordare di lui nessun dettaglio."

Mi avvicino e lo osservo con attenzione. Ha qualcosa di familiare. Lo guardo con insistenza, come se quel disegno mi parlasse, mi conoscesse. In particolare, mi colpiscono i suoi occhi misteriosi, i lunghi capelli mossi e le ciocche intrecciate.

"Da quel giorno non si seppe più nulla di lui."

Il pittore sembra essere caduto in uno stato di trance.

"Anche lui disperso in mare, dunque?"

"Così è la sorte dei pirati."

⚓ ⚓ ⚓

Rientro quando il sole iniza a scendere e posso vedere i suoi raggi cadere tra i rami della fitta boscaglia. Il cielo è di un blu intenso, l'aria ha perso l'odore salmastro e ora profuma di erba appena tagliata. Un angolo di pace che si scontra con il tumulto che si agita dentro di me. Continuo a pensare a quello che ho visto, ho davanti agli occhi quella nave, l'immagine di quel pirata e i ritratti. Particolari che si accavallano prepotenti nella mia testa. Sono sopraffatta da queste nuove presenze e mi sento a un tratto diversa, c'è qualcosa in me che sta cambiando.

Alla fine del sentiero prendo la via dei grandi prati per arrivare a casa passando dal retro, così da non essere intercettata.

⚓ ⚓ ⚓

Jack

"Aspetta, ferma!"
Dal sentiero spunta la sagoma di Mary che si muove nel tentativo di eclissarsi. Cambio direzione e blocco Angel sulla porta.
"Che succede?"
"Mary ..."
"E' tornata?"
"Sta rientrando ora, ma non vuole farsi vedere."
"Che facciamo, Jack?"
"Niente, faremo finta che lei sia rimasta tutto il giorno in camera sua, così come avrebbe dovuto. Pensi di potercela fare?"
"A quale scopo?"
"Se dovessimo aggredirla, riversando la frustrazione provata in un intero giorno di assenza, rischiamo di allontanarla ancora di più. Queste scappatelle non sono da lei. È evidente che c'è qualcosa che la spinge a comportarsi così, ma che, allo stesso modo, le fa paura."
"E noi sappiamo bene di che cosa si tratti. Giusto?"
"Esattamente."
"D'accordo Jack. Farò come dici."
"E niente più punizioni. Proviamo a darle fiducia."
Nel frattempo curiamo i movimenti di Mary. È solita fuggire dalla finestra. Il muro non è molto alto e per salire e scendere si aiuta con una cima, proprio come farebbe un marinaio.
"D'accordo, è rientrata" sussurro a Angel e lei si rilassa dopo un lungo sospiro.
"D'ora in poi non sarà facile gestirla."
"Lo è mai stato?"
"Per l'appunto."

"Salgo a vedere se ha bisogno di qualcosa"
"Io intanto preparo la cena."
Mary si è sempre affidata a me. Tra noi due c'è un legame speciale e sono fiero di essere stato il padre che desiderava. Ora, però, salgo uno scalino dopo l'altro con la sgradevole sensazione di non sentirmi più all'atezza di questo ruolo. Mia figlia sta crescendo in fretta e la sua natura tra non molto emergerà prepotente. Da padre e vecchio pirata quale sono, sarò davvero capace di gestire tutto questo?
"Mary, posso entrare?"
Non vi è risposta, così scosto lentamente la porta. Lei è seduta sul suo letto e mi guarda.
"Ehi, tutto bene?"
"Sì padre, sto bene."
"Volevo sapere se avevi bosogno di qualcosa."
Emette alcuni sospiri e si guarda le mani sporche di terra.
"Papà, posso farti una domanda?"
"Dimmi ..."
"Chi sono i pirati?"
Aggrotto la fronte, varco la soglia della sua camera e mi chiudo la porta alle spalle. Se Angel sentisse il nostro discorso cadrebbe in un'ansia incontrollabile. Mi avvicino e mi siedo accanto a lei.
"Chi ti ha parlato dei pirati?"
Il suo sguardo è sconvolto e disarmato. Ha l'abito sgualcito e impolverato, gli occhi lucidi e la pelle rossastra, chiaro segno che ha camminato per tutto il giorno.
"I miei amici, loro li hanno visti."
"Quali amici?"
"Quelli della piazza che ho incontrato al porto."
"E tu?" mi guarda turbata "tu li hai visti?"
"Sì, li ho visti."
"E perché vuoi che te ne parli?"
"Perché da quel momento non penso ad altro" ora i suoi occhi sono carichi d'interesse e passione "voglio sapere se tu sai chi sono e se è giusto esserne tanto attratti."

Il suo sguardo narra la storia che ha appena vissuto e ha portato con sé dal porto, luogo da cui so che, da oggi in poi, sarà impossibile tenerla lontana e mi chiedo quanto sia giusto portare avanti questa farsa.

"E tu chi pensi che siano?"

"Per me …" si sofferma su un pensiero "sono degli eroi, capaci di imprese grandiose! Sapevi che esistono molte leggende su di loro?"

"Suppongo di sì."

"Tu ne hai mai incontrato qualcuno?" trattengo il fiato "sai dirmi chi sono?"

Rifletto e medito sulla risposta più giusta da darle.

"Sono per lo più persone che si trovano a non avere scelta. Così si affidano alle navi e alla pirateria, pur sapendo che le loro azioni sono, per la legge, da condannare."

"Sono cattivi?"

"Dipende. Non sono tutti uguali, ma sì, molti di loro sono dei farabutti, avidi e tiranni."

"Quindi, essere un pirata è un male?"

"Essere pirata è una condizione. Ci nasci portando una pesante eredità. Sta a te decidere che uso farne."

"Ci sono anche pirati buoni?"

"Coloro che agiscono seguendo le regole del cuore, questi sono i pirati buoni."

Mary mi sorride e parte della sua ansia sembra dissolversi.

"Come si riconoscono?"

"Non puoi riconoscerli. In ognuno di loro esiste una doppia personalità che li rende altruisti e allo stesso tempo pericolosi. Devi stare attenta, non abbassare mai la guardia e ascolta il tuo istinto. Solo quello saprà portarti sulla strada giusta."

"Stiamo ancora parlando di pirati?"

"Parliamo della vita, tesoro. Quella che ti mette alla prova e ti costringe a fare delle scelte."

"Capisco."

"Ora ascoltami: insegui la libertà, il diritto di esercitarla e non permettere a nessuno di rubartela. Proclama la giustizia, cerca l'unione e non lo scontro, evita la violenza là dove non è necessaria e bada a ciò che fai, a chi incontri, diffida degli estranei e stai alla larga dai tipi sospetti. Ancora non conosci il mondo e tutti i pericoli che nasconde. Sono stato chiaro?"

"Sì, padre."

La stringo a me con trepidazione, improvvisamente sono io quello che ha davvero paura. Poi la guardo negli occhi e lei mi sorride di nuovo.

"Qualunque cosa accada, ricorda che la libertà è il bene più prezioso che abbiamo."

"Va bene."

"Ora vedi di darti una ripulita, tra poco si cena e non dire niente a tua madre. Ci siamo capiti?"

Con un tacito consenso da parte di entrambi, fatto di sguardi d'intesa, lei ha afferrato il concetto che io abbia intuito quanto le sia accaduto oggi e che, con mia grande preoccupazione, le stia reggendo il gioco.

"Grazie papà."

3.

Dall'oceano a Genova

Il mare si agita scosso dalle prime tempeste a presagire l'arrivo delle maree e il successivo cambio di stagione. L'oceano Atlantico sa essere spietato in questo periodo dell'anno e non risparmia nemmeno chi, in queste acque, vive da sempre.

Tra le creature marine di diverse specie, ne esistono alcune simili agli esseri umani: le sirene*.

----

*La sirena è una creatura favolosa della mitologia classica, raffigurata con la parte superiore del corpo di donna, e quella inferiore di uccello, o, a partire dal Medioevo, di pesce. Il canto melodioso delle sirene ammaliava i naviganti e provocava naufragi. Vi sono due tradizioni apparentemente contraddittorie, quindi, su queste figure mitiche: una le vuole mortifere e dannose per gli uomini, mentre l'altra le indica come consolatrici per gli stessi rispetto al proprio destino e, soprattutto, alla morte. Da notare, tuttavia, che nel primo caso nulla indica una loro natura volutamente crudele, bensì è il loro destino e la loro funzione di cantatrici/incantatrici ad essere disastroso per gli uomini. Nella tradizione figurativa e in quella letteraria le sirene sono generalmente tre sorelle.

Queste creature parlano la lingua del mare, pensano, vivono, si innamorano, anche se classificate da tutti i marinai come una minaccia in quanto predatrici.

"È troppo pericoloso, anche per noi."

"Ma io devo andare."

"A che cosa servirebbe? Ormai lo hai perduto per sempre."

"Niente è mai perduto davvero, se continui ad avere una ragione per crederci."

"E qual è la tua ragione, Kimera?"

"L'amore."

"Quando hai davvero amato?"

"Amo Jack e so che un pericolo imminente si sta affacciando sul suo futuro. Non posso ignorarlo, così come non voglio arrendermi."

"Io non te lo permetterò!"

Asteria si para davanti alla sorella impedendole il passaggio tra due imponenti scogliere che dividono l'oceano dal mar Mediterraneo. Un passaggio angusto e singolare, nascosto alla vista umana e che solo le sirene possono varcare. Asteria sa che in questo momento rappresenterebbe un pericolo troppo alto permettere alla sorella di oltrepassarlo.

"Non m'importa che cosa pensi, io lo farò lo stesso."

La spinge via con violenza e la sirena si ritrova a roteare su sé stessa in balìa della corrente che diventa sempre più forte. Man mano che Kimera si avvicina allo stretto passaggio, nel tentativo di raggiungerne l'interno, si spinge con tutte le forze in quella minuscola galleria, aggrappandosi alle rocce, cercando di resistere alla violenza della corrente, ma viene risucchiata dalle onde impetuose e sbattuta fuori dall'acqua. Finisce contro uno scoglio ferendosi la pinna. Perfino il mare ce l'ha con lei e con i suoi desideri. Asteria e Tiche intervengono per aiutarla a ritornare in acqua, sospingendola verso mari più tranquilli. Kimera non è d'accordo e pur essendo ferita, tenta di contrastare le due sorelle, ma è troppo debole. Allora lancia un grido di dolore, nel disperato tentativo di raggiungere chi è ancora troppo lontano per udirlo. Il suo grido passa dall'oceano al mare, corre veloce sul pelo dell'acqua e si aggrappa al vento.

⚓ ⚓ ⚓

Un urlo soffocato lo fa sobbalzare dal letto. Si guarda attorno, ma la casa è silenziosa e avvolta nel buio. Eppure, lui sa quello che ha sentito. Forse era un sogno o chissà, forse, anche no.

"Jack, stai bene?"

Angel si sveglia e lo trova fortemente turbato, con gli occhi spalancati a fissare l'ignoto.

"Jack!" prende il suo viso e lo gira verso di lei.

"È tutto a posto, solo un brutto sogno" risponde lui con un debole sorriso.

"Sei sicuro? Vuoi che ti porti dell'acqua?"

"Non è niente, torna a dormire."

Angel si rimette nel letto, addormentandosi quasi subito. Jack l'abbraccia stringendola a sé, ma nella sua testa rimbalza quel grido e i suoi occhi sono alla ricerca di qualcosa che gli impedisce di riprendere sonno.

4.

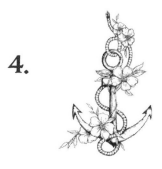

Segui l'istinto

Mary

"Ehi contadina, oggi ci vieni al porto?"
"Scansati, non ho tempo."
"Ma che te la sei presa?"
"Ho detto: scansati! Devo entrare in classe."

Omar si allontana e raggiunge gli altri. Alla scuola domenicale* cerco di evitare la banda del porto che se ne sta appollaiata nel centro della piazza, vicino alla fontana. Entro e mi siedo ai primi banchi, dando le spalle al resto della classe e al solito chiacchiericcio. Quando arriva la suora tutti si zittiscono e questo silenzio mi fa riflettere.

Ho pensato tutta la notte all'incontro col pittore, ritrovandomi davanti agli occhi il viso di quel pirata: Sparrow. Ho riflettuto sulle parole di mio padre e su quale futuro scegliere per me. Mi sono sentita in difetto con lui, per non avergli confessato tutta la verità. Ma come potevo? Se dichiarassi apertamente ai miei genitori la mia attrazione verso un mondo così diverso da loro, mi farebbero sentire di colpo vulnerabile e incompresa. Posso capire solo in minima parte gli eventuali pericoli, ma, dopotutto, mio padre che cosa ne può sapere? Lui vuole solo proteggermi, è quello che fa da sempre.

---

*alcune fonti indicano nell'Abate Franzoni di Genova, il fondatore delle scuole Vespertine già intorno ai primi del 1700, quando istituì le "Vespertine Festive" dove si insegnava ai poveri la lettura, la scrittura e il calcolo.

Seguire l'istinto. Se lo facessi, dove mi porterebbe?

Ho sognato di luoghi lontani, di galeoni da fiaba, di mari in tempesta e poi, il Fantasma. Troppe informazioni tutte in una volta hanno creato un'irrefrenabile volontà di saperne di più.

Devo tornare al porto e parlare con quel tizio. Voglio rivedere le navi, esplorarle e avvicinarmi ai pirati per parlare con qualcuno e carpire che cosa significhi essere uno di loro.

"Maria Guglielmo!" la voce di Suor Gertrude attraversa la mia mente come un'eco.

"Maria!?! Mariaaaa! Ci sei?"

Al terzo richiamo mi risveglio come da un sonno improvviso che mi ha trasportato via da qui. Scatto in piedi.

"Suor Gertrude, le chiedo scusa" rispondo.

"Bentornata tra noi!"

La classe ride e io resto in piedi col timore che possa arrivare un provvedimento.

"Siediti Maria e non ti distrarre."

"Sì, signora."

Nel corso della lezione, mentre mi esercito in calligrafia, continuo a formulare pensieri e strategie su come potermi avvicinare di più a quel veliero senza correre rischi, quando sento picchiettare sul vetro della finestra accanto al mio banco. Tonino è lì fuori che cerca di farsi notare. Faccio spallucce e non lo calcolo.

A mezzogiorno terminano le lezioni e gli alunni si riversano nell'area esterna, raggruppandosi per la merenda cui seguirà la messa festiva cattolica.

"Maria, mangi con noi?" mi chiede Sandra.

"No, preferisco tornare a casa."

"Non dirmi che ti hanno messa di nuovo in punizione!"

"No" scuoto la testa "sono solo stanca."

"Certo sei strana" fa spallucce.

Mi avvio verso casa con la testa ricolma di pensieri e congetture. Sono immersa nei miei progetti, avvolta da un'aura di incredibili sensazioni che mi fanno sentire come se stessi per esplodere, ma non devo perdere la concentrazione e pensare a come superare le difficoltà di allontanarmi ancora da casa senza essere scoperta.

"Maria, aspettami!"

Oh no, ecco che ci risiamo. Ma che vuole ancora da me?

"Tonino, non ho niente da dirti."

"Ma io sì!"

Aumenta il passo e mi si para davanti bloccandomi. Mi fermo e gli concedo, per sfinimento, un briciolo della mia attenzione.

"Io non sono come loro."

"Ah davvero?"

"Scusami per ieri" dichiara "stavamo solo scherzando. Non volevo che te ne andassi così."

"Non importa" e m'incammino.

"Che cosa posso fare per farmi perdonare?" tenta di fermarmi, mentre provo a superarlo.

"Ho da fare, Toni. Torna con i tuoi amici."

"No, io voglio stare con te."

"Perché?"

"Mi piaci."

Mi blocco con un'espressione più ebetita che meravigliata.

"Sul serio?"

"Sì. E non m'importa se tuo padre è un contadino."

"Ah ..." resto al suo cospetto sotto il sole tiepido.

"Non dici niente?"

Sollevo lo sguardo. I suoi occhi sembrano limpidi e sinceri.

"Vorrei tornare al porto. Vieni con me?"

Il suo sorriso basta come risposta, più di mille parole.

Tonino

Camminiamo vicini e sfioro appena le dita della sua mano quando i tetti delle case appaiono alla nostra vista. Il mare, ancora lontano ma visibile, è una meta desiderata da entrambi e questo ci unisce anche senza conoscerci. Che cosa so di lei? Che frequenta la scuola delle suore e vive in una fattoria sulla cima di una delle ultime colline, dove una prateria ondulata si estende verso l'entroterra.

Maria è una ragazza vivace, solare e intraprendente. A volte mi domando se ci sia qualcosa che possa farle davvero paura o in qualche modo intimorirla. Vorrei avere anche solo un briciolo di quella sicurezza che traspare dai suoi occhi neri e attenti. A differenza delle altre ragazze, lei ha dentro di sé un'energia diversa, capace di catturarmi come una preda nel sacco. Sa essere avvolgente, ma anche sfuggevole e questo suo atteggiamento non mi ha permesso di conoscerla meglio.

Aumentiamo il passo sfruttando la discesa che ci agevola.

"Attenta a non scivolare" le dico sul sentiero pieno di ciottoli e con questa scusa riesco a prenderla per mano. Lei non dice nulla e la stringe, apprezzando il mio gesto. Attraversiamo i caruggi animati, con le persiane aperte e le voci che raggiungono la via. D'improvviso si blocca.

"Che succede, Maria?"

"Guarda è lui."

"Lui chi?"

"L'uomo che dipinge il Fantasma."

La seguo curioso. L'uomo di cui parla, altro non è che un mendicante alle prese con colori, tele e cavalletti, nella speranza di raccattare qualche spicciolo. Indossa abiti macchiati, strappati in più punti e uno strano berretto che porta appiattito sulla testa.

"Mi scusi ..." gli dice Maria.

"Oh, ecco la mia piccola piratessa" esclama voltandosi "vedo con piacere che oggi hai compagnia."

"Sì, le presento Toni, figlio di un marinaio."

"Interessante prospettiva, ragazzo. E dimmi: seguirai le orme di tuo padre?"

"Certo che sì" dichiaro.

"Bene" risponde, mentre afferra una tela e la sposta dal cavalletto che ha di fronte "avrai bisogno di molta fortuna."

"Mio padre dice che la fortuna non c'entra, ma servono esperienza e competenze."

"E anche la fortuna" aggiunge, sostituendo la tela precedente con una immacolata "fidati."

"Quello lo ha terminato?" gli domanda Maria riferendosi al quadro appena rimosso.

"In questo preciso istante. Forse, mia cara, ti stava aspettando."

L'uomo gira la tela verso di noi. Maria spalanca gli occhi e la bocca con stupore.

"Credo che questo sia il più bello di tutti."

"Dici?" l'uomo riguarda la sua tela che raffigura un vascello con le vele nere "però, questo non è il Fantasma."

"Lo vedo. È troppo grande per essere il Fantasma."

"Quella è la Perla Nera" esclamo, precedendo ogni possibile risposta o congettura.

"Bravo ragazzo, vedo che te ne intendi!"

"Come non riconoscere la nave di Jack Sparrow?" dichiaro.

"Jack …" Maria riflette a bassa voce.

"È il pirata di cui ti parlavo" le dico per aiutarla a ricordare.

"Anche questa è una nave impossibile da trovare?" mi chiede.

"C'è sempre un'incognita da considerare" le rispondo con un misurato sospiro "si dice che la Perla Nera sia stata esiliata insieme al suo comandante, sorvegliata da creature marine in attesa di riprendere il mare."

"Ah …! Ragazzo vacci piano con le leggende! Mi sa che lavori un po' troppo di fantasia."

"Questa non è una leggenda, ma una storia che mi ha raccontato mio padre" controbatto indispettito.

"Dove si trovano i confini del mare?" chiede Maria.

L'uomo la guarda con sufficienza.

"Piccola mia, tu fai troppe domande che non trovano risposta. Solo un vero pirata può aiutarti. I pirati sanno tutto del mare e forse le risposte che vai cercando è da loro che le troverai" esclama osservandola con attenzione.

"Ma non è stato anche lei un pirata?"

"Oh no, solo un semplice marinaio senza possibilità di carriera" sorride amareggiato "ma posso esserti d'aiuto" si volta per afferrare un'altra tela più piccola. "Eccolo, questo è il Fantasma" gliela porge e Maria l'afferra come se fosse una sorta di oracolo "portalo con te. Trova il Fantasma e troverai la Perla Nera."

⚓ ⚓ ⚓

Il sole inizia a scendere e i suoi raggi cadono obliqui tra i muri delle vie di Genova. Il cielo trasforma i suoi colori e una volta raggiunta la collina, l'aria profuma di fieno e campanule. Ci fermiamo davanti a una fila di cascine che costeggiano l'argine del fiume. Ancor prima di scendere, Maria scorge il padre che, in cima a una scala a pioli, sta sistemando una tegola del tetto. La madre è girata dal lato opposto, intenta a potare un bel cespuglio di rose blu che si inerpica su gran parte dei muri esterni della casa. Entrambi sono di spalle e non ci possono vedere.

"Ecco, sei arrivata" esclamo bloccandomi.

"Sei venuto fin qui, non vuoi restare un po'?" mi chiede Maria.

"Non credo sia una buona idea."

"Perché? Hai paura dei miei genitori?"

"Sinceramente …" il pensiero m'imbarazza e infilo le mani nella tasca dei pantaloni, ciondolando sulle gambe.

"Ho capito" esclama afferrando il mio braccio "vieni, devo nascondere il dipinto" e mi trascina con sé.

Sa essere talmente coinvolgente da non poterle negare nulla. La seguo sul retro e ci infiliamo nel fienile.

"Dai, saliamo!"

Si arrampica lungo la pertica e dopo essersi aggrappata ai pali incrociati che sostengono il fieno, mi invita a fare lo stesso.

"Ora passami il quadro" tende le braccia e afferra la tela che finisce dritta sotto un mucchio di paglia.

Ci ritroviamo su un tavolato liscio tra fieno ed erba secca.

"Tu lo sai, vero?"

"Sapere cosa?"

"I confini del mare" specifica Maria "tu sai dove sono?"

"No" rispondo mortificato "io non ne sono a conoscenza."

"Ma allora tutte quelle leggende …"

"Sono storie che mi racconta mio padre."

"Io credo a quanto detto da mio padre. Per te non è lo stesso?"

La sua voce mi raggiunge lieve con un'emozione singolare percepibile tra le righe delle sue parole.

"Sì" annuisco "lo è" rispondo sincero e mi butto di schiena sulla montagna di paglia.

"Io voglio trovare quella nave, Toni."

Lei mi si stende accanto e guardiamo il soffitto, oltre le fessure.

"Hai sentito cos'ha detto quel pittore? È impossibile trovarla."

"Non ha detto che è impossibile, ha parlato di incognita."

"È la stessa cosa!"

"Invece no" dichiara schietta. "Le incognite hanno sempre un margine di possibilità."

Lei crede davvero in tutto questo. "E da dove pensi di cominciare?"

"C'è qualcuno?!"

Maria si tappa la bocca e mi invita a fare lo stesso.

"È mio padre" sussurra.

"Maria so che sei lassù."

"Eccomi! Sono qui" risponde mentre si affaccia.

"Tra poco è pronta la cena."

"Non ho fame."

"Sei sicura?"

"Sì, voglio restare ancora un po' qui."

"D'accordo, ma vai a letto presto."

"D'accordo!" e si ritira, tornando a sdraiarsi come se niente fosse, mentre io, immobile e ammutolito, sono sudato fino alle mutande.

"Ora ti puoi rilassare, se n'è andato" mi dice quando nota la mia tensione.

"Accidenti, c'è mancato poco."

"Non temere, è tutto a posto" sorride, uno dei suoi sorrisi disarmanti in cui riesco a perdermi.

"Sai …" le dico con un filo di voce "forse non avrei dovuto metterti in testa tutte queste sciocchezze sui pirati."

"Per me non sono affatto sciocchezze."

"Ti vedo molto coinvolta in qualcosa che non ha fondamenta."

"Ne ha, invece! Io lo sento, sono convinta. Toni, io devo parlare con uno di loro."

"Con chi?"

"Come con chi? Con un pirata!"

"Non ti darai pace fino a quando non riuscirai a incontrarne uno, non è così?"

"Mi aiuteresti?"

"Mhmm … sì" rispondo di getto, spinto più dalla voglia di fare colpo su di lei che da una mia reale convinzione "penso di poterti aiutare."

Lei spalanca gli occhi e il suo sorriso si distende. Mi guarda ammirata, come se io avessi tra le mani la bacchetta magica che le farà scoprire tutti i misteri a cui anela. Poi mi abbraccia e io mi perdo nei miei stessi dubbi. È la prima volta che abbracciare una ragazza mi fa questo effetto, avverto qualcosa muoversi dentro di me e sono travolto da questa rara emozione.

"Me lo prometti?" mi chiede poi, guardandomi di nuovo.

"Solo se sarai prudente."

"Lo sarò."

"Ma c'è un problema."

"Sarebbe?"

"Come pensi di comunicare con loro senza conoscere lo spagnolo?"

"Io parlo spagnolo, me lo ha insegnato mio padre."

"Ah …"

"E so anche l'inglese, lo parla mia madre."

"Oh … beh, in questo caso credo che il problema sia risolto."

Parliamo a lungo, per tutta la sera, sdraiati sul fieno morbido, sviscerando ogni particolare e ogni curiosità cui è legata la nostra passione.

Le racconto altre leggende conosciute da mio padre, Maria mi ascolta con interesse e la sua voglia di saperne sempre di più, mi fa sentire la persona più importante per lei. Questo mi gratifica a tal punto da dimenticarmi di tutto il resto, perfino che dovrei fare rientro a casa.

Poi, improvvisamente, tra noi due, cala il silenzio. C'è un buon odore quassù, di fieno e acqua di fiume. Fuori è ormai buio e la luna piena ci guarda attraverso i suoi raggi che filtrano dalle aperture rotonde sotto il tetto. Il sonno arriva come un'onda e ci addormentiamo vicini, mano nella mano.

5.

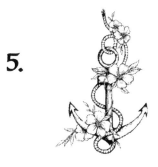

Linea di confine

Mary

"Fermi tutti!" dice Omar allarmato, bloccandosi nel bel mezzo della banchina "questa è zona proibita, da qui in poi non è possibile proseguire."

"Ma che cavolo dici?" intervengo incredula.

"Tu sei pazza se pensi di arrivare fino in fondo."

"Sì, Omar ha ragione" interviene Ugo "al Mandraccio* si torna indietro, questa è la regola."

"Ma perché?" chiedo disarmata aprendo le braccia.

"Ci siamo spinti oltre" dichiara Tonino.

"Vale a dire?"

"Questa è una linea di confine immaginaria" continua Omar "superarla significa entrare in un territorio oscuro."

"Ti stai riferendo ai pirati, giusto?"

"Sì. Guarda …" indica i galeoni mercantili attraccati sulla sponda a est del porto, quella sicura e in vista, sorvegliata dalle guardie giorno e notte "le vedi le bandiere?" mi chiede.

"Sì, certo."

---

*Il Mandraccio era un'ansa protetta dove per secoli si svolsero tutte le attività portuali. Qui era presente, inoltre, il palazzo intitolato ai Conservatori del Porto e del Molo, garanti della sovrintendenza e del regolare funzionamento del sistema portuale. Nel 1898 venne definitivamente interrato con 40mila metri cubi di materiale di scavo proveniente dai lavori per la sistemazione di via Giulia, oggi via XX settembre.

"Ora guarda da quella parte."

Si gira e indica altre navi, altre vele, sulla sponda ovest, ma qui nessuna bandiera è mossa dal vento.

"Bene" rispondo "quella è la mia direzione" e mi avvio.

Dopo qualche passo avverto che gli altri sono rimasti immobili a fissarmi. Mi volto di scatto.

"Beh, che vi prende? Nessuno viene con me?"

"Maria, è proibito percorrere questo lato del molo."

"E chi lo dice?" I ragazzi si guardano tra loro straniti senza rispondere. "Ecco, per l'appunto, sono solo dicerie, andiamo!" Li esorto.

Mi seguono incerti. Dopo alcuni metri compare sotto di noi una piccola imbarcazione a vela, abbandonata. Con un balzo ci salto sopra.

"Ma che fai?!"

"Questa fa al caso nostro, è l'ideale per raggiungere i pirati, non dovremo neanche camminare sul molo" sostengo entusiasta.

"Oh no" dice Omar con le braccia protese in segno di rifiuto "non ci penso neanche! Tu sei una pazza suicida se pensi davvero di avvicinarti a quella nave!"

"Ma scusate ragazzi: non eravamo venuti per questo?!"

"Solo per finta!" esclama Ugo "doveva essere un gioco, nessuno ha mai pensato di andarci per davvero dai pirati."

Resto allibita. Dicono sul serio?

"Allora non abbiamo altro da dirci: con o senza di voi, io raggiungerò quella nave. Chi viene con me?"

Ugo e Omar si guardano impauriti, mentre indietreggiano lentamente. D'improvviso un rumore sordo simile allo scoppio di un moschetto, li fa sobbalzare e schizzano via come schegge impazzite.

"Fate tanto gli arroganti quando invece siete solo dei cagasotto!!!" urlo, mentre li guardo allontanarsi.

"Io sono rimasto" mi dice Tonino.

"Presto" gli rispondo ammiccando "sali!"

"Hai paura?" mi chiede Tonino una volta nei pressi del veliero pirata.

"Mi prendi in giro?" esclamo aggrappandomi alla vela "e dimmi, di che cosa dovrei avere paura?"

Tonino mi guarda stordito. "Non ho mai conosciuto una come te" dichiara.

Cerco di far scendere la vela strappata di questa minuscola imbarcazione, nella speranza di vederla muoversi.

"Forse perché hai sempre dato peso a tutte quelle oche saputelle che ti ronzano intorno" lui strabuzza gli occhi "e non far finta di niente! Guarda che anch'io ho gli occhi per vedere. Ora non perdiamoci in chiacchiere e aiutami."

Lui afferra un lembo della vela e lo strattona con forza.

"Sei proprio sicura di quello che stai facendo?"

"Di quello che stiamo facendo" puntualizzo e lo osservo con attenzione. "Mi sa che dei due sei tu quello che ha più fifa."

"Io non ho paura" ribadisce con fermezza "sono solo preoccupato per te. Davvero pensi che dei pirati daranno credito alle parole di una ragazzina?"

Non ha torto, ma devo tentare.

"Toni, io voglio trovare il Fantasma."

"Perché è così importante per te?"

"Non lo so" faccio spallucce "ma ho bisogno di scoprirlo."

"Capisco."

"Davvero mi capisci?"

"Credo di sì" il suo sguardo è colmo di ammirazione. "Sei una ragazza coraggiosa. Cerca solo di non lasciarci le penne."

"Potrebbe succedere?"

"Con i pirati?"

In quel momento la piccola vela prende il vento portandoci dritti lungo il molo per poi superarlo senza troppe difficoltà. Tonino si avvicina e mi cinge i fianchi tenendomi salda. Lo guardo indispettita.

"Non farti strane idee" afferma "non sei abituata al mare e vorrei evitare di vederti cadere in acqua."

"Mi credi così sciocca?"

"No, affatto, ma inesperta, questo sì. Non hai mai considerato l'ipotesi che tutto questo potrebbe deluderti?"

Lo guardo e i nostri visi si ritrovano troppo vicini. Sospiro, colta da un improvviso imbarazzo.

"Toni, si rimane delusi solo quando si coltivano delle aspettative" dichiaro "e io non ne ho" guardo verso il mare aperto "il mio è solo un forte senso di appartenenza al quale sto cercando di dare una spiegazione. Non so da che cosa scaturisca e se sia veritiero, ma devo capire."

"Attenta!"

Con una mossa da maestro, Tonino riesce a girare la vela a favore del vento che ci porta dritti alla fine del molo, dove è ormeggiata la nave senza bandiera.

"Però" affermo con stupore "anche tu hai le tue carte nascoste."

"Sono solo piccoli insegnamenti di uno pseudo allievo. Mio padre ha tentato di portarmi per mare, ma fino ad ora i suoi tentativi di trasformarmi in un marinaio sono stati vani" dice, mentre arrotola la vela.

"Non volevi seguire le sue orme?"

Mi guarda con un debole sorriso e appare ad un tratto vulnerabile.

"Non tutti nascono per questa vita, Maria" sospira e guarda verso il molo. Afferra la cima di ormeggio e la lancia per fissarla a una bitta*.

"Cosa intendi dire?"

"Che io ancora non lo so se voglio navigare per il resto della mia vita."

Salta sul molo e mi tende il braccio. Mi aggrappo e lui mi aiuta a risalire.

"Quindi lo dici solo per compiacere tuo padre?"

"Lo dico perché è una possibilità non così remota." Fissa saldamente la vela al suo albero. Sembra uno che ci sappia davvero fare. "Bene, andiamo?"

"No, Toni. Tu resta qui a badare alla barca."

"Che cavolo dici?"

---

*Bitta: è il termine nautico con cui si indica una bassa e robusta colonna, che si trova sulle banchine dei porti e sui ponti delle imbarcazioni.

Lo afferro per un braccio. "Non possiamo rischiare in due: è la mia battaglia. Sono io a volere questo, non tu."

"Ma io …"

"Resta qui!" il mio sa di un ordine senza possibilità d'appello "devo solo parlare con il capitano, sarò subito di ritorno e voglio che resti ad aspettarmi. Intesi?"

Tonino mi guarda mortificato, come se lo avessi messo in castigo.

"Io non credo di poterlo fare" inclina la testa "non hai ancora capito che quella è gente pericolosa?"

"Lo so, eccome. Ora passami la tela con il Fantasma, ti prego."

Incerto la raccoglie e me la porge.

"E se non ti vedessi tornare?"

"A quel punto lancerai l'allarme" mollo la cima e gliela getto. "Ora, però, allontanati. Non voglio che ti vedano."

"Maria …"

"Non temere per me" gli strizzo l'occhio "ci vediamo più tardi."

Mi volto e mi dirigo con passo deciso verso la nave.

Più mi avvicino, più la mia determinazione diventa panico. Stringo la tela tra le mani e sollevo lo sguardo sbigottita.

Davanti a me c'è un maestoso galeone a tre alberi come non credevo ne esistessero. Questa imponenza mi spaventa, facendomi sentire a un tratto piccola e indifesa.

"Che vai cercando, ragazzina?"

È questione di poco per riprendermi. Uno di loro mi viene incontro e sono costretta ad abbandonare qualsiasi tipo di timore. Porta un cappello nero a tricorno, segno di un'elevata carica che lo distingue da un semplice mozzo.

"Vorrei parlare con il vostro capitano, se possibile" deglutisco. Veramente sto rivolgendo la parola a un pirata?

"Come?!"

"Signore, avete capito benissimo."

"Cosa ti fa pensare di poter salire su quella nave e incontrare il capitano?"

"Ho urgente necessità di parlare con lui."

"A quale scopo, di grazia?"

"Ho bisogno del suo aiuto."

"Del suo aiuto?!"

Sposto lo sguardo su alcuni elementi della ciurma che si stanno radunando attorno a noi incuriositi.

"Ne ha di fegato la ragazzina!" dichiara uno di questi.

"Devo trovare il Fantasma."

A queste parole gli uomini reagiscono e si guardano stupiti, blaterando frasi incomprensibili. L'ufficiale mi squadra da capo a piedi, si avvicina lento fissandomi negli occhi e riprende la parola.

"Il Fantasma" sottolinea "sai almeno di che cosa stai parlando?"

Senza dire nulla gli mostro la tela che stringo tra le braccia. Il chiacchiericcio tra gli uomini si fa più animato.

"Mi segua, milady."

Mentre la ciurma si apre a ventaglio davanti a noi, rincorro i suoi passi camminando rasente il maestoso scafo del galeone pirata. Sulla passerella che divide il mare dalla terraferma, avverto i sobbalzi dei nostri passi e il lieve ondeggiare dell'acqua scura sotto di noi.

L'interno della nave è a dir poco esaltante o, forse, sono io che sto tremando, ma non di paura, bensì di un'eccitazione incontenibile. Mi trovo all'interno di qualcosa che fino ad oggi avevo solo sognato e immaginato con molta, forse troppa fantasia. Ora, però, è reale.

"Da questa parte" dice serio e io obbedisco, seguendolo con discrezione.

Saliamo ripidi scalini, dove sono costretta a tenermi alla ringhiera, mentre l'ufficiale, con disinvoltura e agilità, ne sale due alla volta. Arriviamo davanti a una porta chiusa. L'uomo mi guarda perplesso, cedendomi il passo e varco la soglia della cabina del capitano.

Dietro un'elegante scrivania, seduto su una sedia di velluto, un uomo altezzoso, dal fisico possente e la carnagione chiara, ci guarda entrare. Ha barba e baffi ben curati, uno strano taglio di capelli che porta disordinati alle spalle, un cappello nero a tricorno come quello dell'ufficiale e gli occhi più severi che abbia mai visto. Se ne resta comodamente sulla sua sedia a braccioli e mi osserva impassibile.

"Signore" dice l'ufficiale "questa ragazzina si aggirava sul molo, nei pressi della nave. Dice di essere in cerca del vostro aiuto."

Il capitano solleva un sopracciglio e mi fissa. Ha uno sguardo penetrante e mi sento sotto esame.

"Bene Dominique ... ai posti di manovra."

"Sì, signore."

L'ufficiale esce dalla cabina lasciandomi sola.

"Non ho tempo da perdere" dice con voce possente "stiamo per salpare, chi sei?"

Faccio un grande sospiro prima di parlare.

"Signore, mi trovo qui, per mettermi sulle tracce del Fantasma."

Lui non risponde, continua solo a guardarmi con circospezione, come se fossi appena sbucata da una sorta di fumetto o qualcosa di simile.

"Chiedo scusa, puoi ripetere?"

Allora gli mostro la mia tela con le braccia tese in bella vista.

"Sto cercando questa nave. La conoscete?"

Il capitano si rigira sulla sedia senza nascondere la sua improvvisa agitazione. Afferra la pipa in argilla dalla scrivania, passandola da una mano all'altra senza sosta, come se gli bruciasse tra le dita.

"La domanda è: come tu ne sia a conoscenza. Per conto di chi agisci?"

Pesta un pugno sulla scrivania e si alza in piedi. Colta alla sprovvista, ritraggo la tela, chiudendola davanti al viso per nascondermi.

"Chi ti ha mandato qui?" urla adirato.

"Nessuno, signore! Sono venuta sola."

"E perché vuoi scovare ciò che per molti di noi è stato il terrore dei mari?! Quale dannazione vai risvegliando?" Qui snocciola una serie di imprecazioni e torce le labbra in una strana smorfia.

"Ho solo bisogno di sapere."

Il capitano si alza dalla sua sedia girando attorno alla scrivania per avvicinarsi alla mia faccia. "Chi sei?"

"Il mio nome è Maria Guglielmo, signore."

Si rimette la pipa tra le labbra e mi studia in silenzio.

"Non ho mai sentito questo nome" afferma.

"No, signore, ha ragione, non può conoscere il mio nome. Sono solo la figlia di due contadini genovesi."

"Allora perché ti interessa tanto il Fantasma? Come ne sei venuta a conoscenza?!" ruggisce.

"Il mio interesse non ha niente a che fare con voi, signore. Chiedo solo il vostro aiuto per mettermi sulle sue tracce."

"Il Fantasma non è affar tuo. Ora gira i tacchi e torna alla campagna da dove sei venuta."

"Siete certo che questa nave rappresenti ancora un pericolo?" gli domando a testa alta.

Il capitano, colpito dalla mia sfrontatezza, si inalbera, strappandomi il dipinto dalle mani.

"Questa nave è la prova dell'esistenza di una minaccia che ha infestato i nostri mari per mesi" agita la tela davanti al mio naso come un fazzoletto senza peso, né consistenza. "Un pericolo reale, celato sotto mentite spoglie da un capitano che non si è mai rivelato come tale davanti a nessuno. Un fantasma!"

"E voi non siete curioso di sapere di chi realmente si tratti?"

L'uomo si ritrae lasciando la tela a mezz'aria come colto da uno spasmo.

"Capitano" continuo facendo appello a tutto il mio coraggio "provate a immaginare se il Fantasma fosse ancora in circolazione e dite: che cosa accadrebbe se voi foste il primo e l'unico ad averlo scovato, smascherando l'identità del suo comandante fantasma?"

Strizza gli occhi e si avvicina a me pericolosamente.

"Ma che diavolo ... da dove sbuchi, ragazzina?!"

"Io sono in cerca di risposte e il Fantasma è la mia priorità, signore. Ci arriverò con o senza il vostro aiuto. Solo che senza sarà molto più difficile."

Si trova talmente vicino al mio viso da riuscire a sentire il fetore di alcool uscire dal suo respiro. Resto immobile in attesa di una possibile mossa che non dovrebbe tardare ad arrivare.

"Sei in cerca di risposte, eh?! Andiamo!"

Mi afferra per le spalle trascinandomi. Non appena mi sento sospingere dalla sua forza, le gambe cedono e tremano come due foglie mosse dal vento.

"Dove?" chiedo con la voce spezzata.

"Sul ponte. Muoviti!"

La mia tela cade a terra, ma non ho modo di recuperarla e resta nella cabina. Replichiamo il percorso fatto con l'ufficiale fino a ritrovarmi sotto un sole al tramonto a fianco del capitano, nel punto più alto della nave.

"Lasciamo il porto" urla alla ciurma. "Pronti a salpare. Svelti!"

"Signore, ma ... la ragazza?" chiede l'ufficiale.

"La ragazza viene con noi e niente storie, è una mia decisione" abbassa lo sguardo verso di me. "A proposito, sono il capitano Henry Avery*" si presenta sfrontato e irriverente "benvenuta sulla Fancy*, milady!"

---

*Henry Avery è stato un pirata inglese che operò nell'Oceano Atlantico e nell'Oceano Indiano a metà degli anni '90 del Seicento.

*La Fancy era inizialmente una nave corsara spagnola da 46 cannoni chiamata *Carlo II* (in onore di Carlo II di Spagna), comandata dal capitano Gibson, ed era ancorata a La Coruña, in Spagna. Il 7 maggio 1694 Henry Avery con alcuni altri cospiratori organizzarono e portarono a termine con successo un ammutinamento e, sbarcato il capitano Gibson, lasciarono La Coruña per dirigersi a Capo di Buona Speranza. In questo momento la nave Carlo II fu ribattezzata *Fancy*.

6.

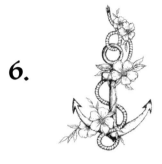

Siete pronto capitano?

Angel

La mattina finisce, mezzogiorno passa e il pomeriggio cede il posto alla sera in un silenzio opprimente. Quando Jack rientra a casa senza alcuna notizia, ai nostri sguardi non servono parole.

"Prendi una lanterna e delle provviste, andiamo a cercarla."

Le ombre calano sulla nostra casa e sul bosco, ma di Mary nessuna traccia. Si è allontanata nel primo pomeriggio, senza chiederci il permesso e senza dirci dove fosse diretta, ma è ormai a entrambi abbastanza chiaro quale fosse la sua meta.

"Jack!"

"Angel, dove sei?"

"Son in soffitta."

Quando mi raggiunge ho tra le mani i miei vecchi abiti. Ai miei piedi il baule con quelli di Jack. Hanno subìto l'azione del tempo, confinati in questa soffitta per dieci lunghi anni, ma sono ancora intatti.

"Credi che ci potrebbero servire?" gli domando.

Lui arriccia il naso. "A giudicare da dove siamo diretti, penso sia piuttosto una certezza."

Il mio cappotto è sgualcito e quello di Jack ha visto tempi migliori. Si è scolorito in più punti e la sua camicia necessita di una rinfrescata.

"Metti tutto in una sacca, non abbiamo il tempo di dargli una sistemata" dichiara Jack "li indosseremo così come sono. Alle prime piogge la polvere se ne andrà da sola."

Il fodero con la sua spada, invece, è intatto, riposto sotto le travi del tetto. Mi chino per porgergli il suo cappello e lui afferra il mio polso tirandomi a sé.

"Siete pronto, capitano?"

"E voi, capitano?"

"Con tutta probabilità ci troveremo davanti a un mondo che ha modificato le sue regole."

"Ma è pur sempre il nostro mondo, lo hai dimenticato?"

"Ovviamente no, ma non ne sottovaluto i cambiamenti."

"Che cosa pensi?"

"Al momento solo ai miei acciacchi."

"Povero il mio vecchietto!"

"Attenta, capitano. Badate bene a come parlate."

"Allora coraggio, dimostratemelo" dichiaro, porgendogli il suo amato cappello.

Jack lo prende tra le mani. È impregnato di polvere e umidità. Mi guarda e se lo infila. Quegli anni lontani che ho amato, così come amo Jack, sono tutti davanti ai miei occhi. Emozioni e sentimenti riaffiorano a cascata e lo abbraccio come non facevo da tempo, con lo stesso trasporto di allora, prima di lasciare la nostra casa dove abbiamo avuto un'esistenza serena e felice. Una parentesi donata a noi che, dopo tanti sacrifici riversati in mare, abbiamo cercato la pace. Una pace a cui ora dobbiamo dire addio, forse per sempre.

⚓ ⚓ ⚓

Attraversiamo il bosco al buio. Una volta sul sentiero afferro la mano di Jack e la stringo forte.

"Angel, tutto bene?"

"Sì" rispondo incerta "ma non avevo più camminato nel bosco di notte."

"Da quella notte intendi? *"

Si ferma e mi guarda nella luce fioca della lanterna. I miei occhi tradiscono ancora il dolore di quell'esperienza.

"Adesso ci sono qui io, non sei sola."

Annuisco. "Lo so."

"È passato tanto tempo."

"Per me, è come se fosse accaduto ieri."

Mi stringe a sé e mentre sono tra le sue braccia i ricordi di quel giorno lontano si palesano rapidi e insolenti, tanto da farmi capire che, per quanto ci abbia provato, non potranno mai essere cancellati. Dicono che il tempo curi ogni ferita: non è vero. Tutte le mie ferite sono ancora aperte e basta poco per farle sanguinare. Inoltre, in una notte come questa, dove mia figlia è scomparsa, probabilmente per inseguire la stessa sorte, la vivo come una tremenda beffa del destino.

Le prime luci di un'alba anonima non tardano a farsi strada tra le case e quando arriviamo al porto è già pieno giorno. Non ci mettevo più piede dal nostro ultimo approdo. Ci sono più navi che affollano le banchine e il via vai di gente è quasi incalcolabile. Una fortuna per chi, come noi, vuole passare inosservato, ma con questi abiti da contadini, nessuno fa caso alle nostre presenze. Jack mi stringe la mano e camminiamo vicini fino al limitare del molo. Ci arrestiamo a contemplare il mare e guardo Jack ipnotizzato. Chissà se anche lui starà provando quello che provo io. Chiudo gli occhi e accolgo la brezza con grandi respiri.

"Signori Guglielmo!"

Alle nostre spalle una voce disperata ci raggiunge. Un ragazzo corre da noi allarmato. Si ferma e prende fiato sotto i nostri sguardi incerti. Come apre bocca un colpo di tosse soffoca le sue parole.

"Siete voi i genitori di Maria?" chiede tra i sussulti.

"Conosci nostra figlia?"

"Sì, signora. Siamo amici" risponde, in preda all'affanno.

"Va bene, ora calmati e dicci dove si trova."

---

*La notte in cui Angel scappò di casa è descritta in "MY PIRATE" - volume 1 della collana

"Mi dispiace, ho atteso come mi aveva chiesto vicino al molo, ma improvvisamente la nave ha lasciato il porto e lei è scomparsa nel nulla!"

"Che vai blaterando, ragazzo?" gli domanda Jack.

"Ho sbagliato, avrei dovuto seguirla, è tutta colpa mia. Perdonatemi, sono io che l'ho portata qui!"

"Calmati!" gli intimo "e spiegati meglio."

"I pirati!" urla in preda allo spavento "i pirati l'hanno rapita e io non ho potuto fare nulla per impedirlo!"

"Che cosa?!"

"Hai visto la nave? Com'era fatta?"

"Un veliero a tre alberi. Maria voleva vederli, io … ci siamo avvicinati troppo e ..."

"Qual è il tuo nome?"

"Tonino Alfieri, signore."

"Quale rotta hanno preso?" gli domando risoluta.

"Io …"

"Accidenti a te ragazzo, sai riconoscere le rotte?!" lo investo indicandogli il mare aperto davanti a noi. "Ora dimmi: da che parte sono andati?!"

Solleva il braccio che trema come agitato da un vento in burrasca.

Incrocio lo sguardo di Jack. "Rotta sud-ovest."

"Si dirigono in mare aperto. Dobbiamo sbrigarci" dichiara Jack.

Tonino cade nella disperazione e scoppia in un pianto incontenibile.

"D'accordo, ora guardami!" gli ordino. Il ragazzo solleva lo sguardo, pietrificato. "Dobbiamo trovare una nave che ci porti sulla loro rotta e tu verrai con noi."

"Mio padre!"

"Tuo padre che cosa?"

"Ha una nave mercantile in partenza per la Spagna."

"Allora è da lui che andremo. Muoviamoci!"

Mi fermo al cospetto di Jack e lui mi squadra facendo cenno ai nostri abiti con sguardo eloquente.

"Sarà meglio cambiarci."

Mi volto verso Tonino e lui ha un sussulto.
"Ragazzo, hai fame?"
"Come?!"
"Ci aspetta un lungo viaggio, ti converrà approfittarne."

Ci infiliamo nella prima locanda e l'oste ci concede di usare una delle camere per gli ospiti dove cambiamo i nostri abiti da lavoro con quelli di un tempo, gli abiti nei quali ci riconosciamo. Devo ammettere che tornare ad indossare i miei vestiti mi conferisce sicurezza e intraprendenza, sono come un lasciapassare che mi restituisce l'autorità di essere davvero chi sono. Non appena io e Jack ci guardiamo, è come tornare in un passato mai spento, riconoscendo quanto sia ancora vivo dentro di noi.

"Forse abbiamo sbagliato a non dire la verità a Mary quando eravamo ancora in tempo per farlo" sussurro a Jack.

"Amore, non puoi sapere che cosa sia giusto o sbagliato fino a quando non ci sei dentro. Abbiamo agito pensando al suo bene, ora non ci resta che rimediare."

"Sperando che non sia troppo tardi."

"Angel, è di nostra figlia che stiamo parlando."

"Anche questo è vero" respiro piano per aggrapparmi a questo momento "allora, ci siamo?"

"Preparati al peggio" mi dice, sistemandomi abilmente una bandoliera nel cui fodero ha infilato una bella spada forgiata.

"E questa da dove arriva?" domando incredula.

"Dimentichi che il porto è pieno di gente armata" sorride beffardo "e molto distratta."

"Sei incorreggibile!"

"Sono un pirata!" dichiara aprendo le braccia "coraggio, andiamo."

Seguo Jack e scendiamo al piano di sotto dove troviamo il ragazzo ad attenderci.

"Bene Toni, hai mangiato?"

Lui lascia cadere la forchetta nel piatto e ci esamina a bocca aperta.

"Signori, ma …" s'incupisce quando ci vede comparire con i nostri abiti "… voi …" blocca il fiato impressionato "… voi siete …"

"Molto più pericolosi di quanto tu possa credere" dichiaro, afferrandolo per il collo "ora andiamo!" e lo trascino fuori dalla locanda.

⚓ ⚓ ⚓

Jack

"Padre!"

L'uomo si volta e fa cadere la cassa che tiene tra le mani.

"Che i Santi ci proteggano, Tonino? Che vai combinando?"

Ci avviciniamo sotto lo sguardo sbalordito di quest'uomo dall'aria compita ed elegante, tradita da due mani consumate dal lavoro in mare e da una pelle cotta da sole e salsedine.

"Padre, non temete, sono amici, hanno bisogno di aiuto."

"Jack?" il padre di Tonino aguzza la vista e si avvicina. "Jack Sparrow? ... Siete voi?"

In piedi accanto a me, Tonino spalanca la bocca e soffoca un grido. Quando giro lo sguardo lui si mette sull'attenti.

"Con parecchi anni in più sulle spalle" rispondo "Saverio, supponevo fossi affondato vent'anni fa."

"Che il Diavolo ti porti, ci vuole ben più di un branco di pirati per affondare la mia pellaccia!" mi osserva incredulo. "Pensavo non ti avrei mai più rivisto, Jack. Che ci fai di nuovo a Genova?!"

"E' una lunga storia."

"Padre ..." s'intromette Tonino "loro sono i genitori di Maria."

"Hai una figlia, Jack?"

"Cresciuta qui a Genova e grande amica di tuo figlio ... a quanto pare." Tonino mi guarda incantato.

"Siamo qui per chiedere il vostro aiuto."

Angel prende la parola. "Abbiamo motivo di credere che sia stata rapita."

"Angel?"

Lei indietreggia incerta. "Ci conosciamo?"

"Sei la figlia di Dante Guglielmo!"

"Conosceva Dante?"

"Oh, pace all'anima sua. L'ho incontrato solo una volta. Mia moglie era amica di vostra madre, l'inglesina. Era lei a rifornirvi di provviste ogni qualvolta rientravo dai miei viaggi. Parlava spesso di vostra madre e di una bambina il cui nome era impossibile dimenticare: Angel. Siete identica a lei, per questo vi ho riconosciuta." Ora ci osserva entrambi con curiosità. "Quale fortuito destino ha incrociato le vostre strade?"

"Il mare ci ha fatto incontrare" risponde Angel.

"E una serie di eventi ci ha uniti" aggiungo.

"Eventi che riguardano il vostro sciagurato fratello?"

Angel abbassa lo sguardo. Il passato torna sempre, anche quando non sei pronto e non vuoi accettare quanto ancora possa far male.

"Ci sono molte cose che non sapete al riguardo" confessa senza timore, nella speranza che non sopraggiungano altre domande.

"Ed è proprio questo a preoccuparmi."

"Vi assicuro che non daremo problemi, signore."

"Non temere, Angel, io conosco parte della vostra storia." Lei solleva lo sguardo colpita. "So che Dante non era il vostro vero padre, per esempio."

"E come lo sa?"

"Dante amava vostra madre perdutamente, più della sua stessa vita e fu proprio quell'amore che lo costrinse a prendersene cura anche se conosceva bene i rischi nel tenere con sé una donna che portava in grembo un figlio illegittimo."

Gli occhi di Angel s'icupiscono, attraversati da un velo di tristezza.

"Mia moglie conobbe Mary, vostra madre, non appena sbarcò in questo porto. Un lungo viaggio che la fece arrivare dall'Inghilterra incinta di otto mesi."

Lei accenna un debole sorriso.

"Qualcosa mi dice, cara Angel, che voi abbiate molto più a che fare con i pirati di quanto la vostra modestia stia cercando d'imbrogliare tutti noi."

"Io ..."

"Se vogliamo navigare insieme, è necessario per me conoscere i componenti del mio equipaggio. Comprendete?"

Angel s'irrigidisce e mi guarda. Io le stringo la mano e le faccio un lieve accenno di assenso.

"Il mio vero nome è Angel Morgan."

"Oh, per la miseria!" Tonino si riprende dalla disperazione in cui era piombato.

"Mio padre era Sir Henry Morgan, condottiero e governatore della Giamaica."

"Non ci posso credere!"

"Toni zitto!" si avvicina e ci guarda da capo a piedi con circospezione. "Dovrei imbarcare due personaggi del vostro calibro sulla mia umile nave?" chiede Saverio.

"Padre, vi scongiuro, fatemi venire con voi!"

"Stai al tuo posto, figliolo. Questa non è cosa che ti riguardi."

"Ma Maria è una mia amica!" replica il ragazzo.

"Tonino ha ragione. Lui è l'ultimo che l'ha vista e conosce la nave dei suoi rapitori, quindi verrà con noi" dichiaro "questo è certo."

"Oh, grazie Jack, grazie signore .. capitano ... vostra eccellenza."

"Toni, falla finita e avvisa l'equipaggio. Abbiamo un cambio di programma."

"Vi sono davvero grata, signore."

"Sarete anche un pirata, ma una madre è sempre una madre. Troveremo vostra figlia, dovessimo muovere l'intero oceano infestato dai pirati della peggior specie. È una promessa" si scosta per farci passare "non c'è tempo da perdere. Benevenuti sull'Atlantic!"

Poi si rivolge al suo equipaggio, parte del quale ancora impegnato a caricare casse vuote.

"Signori, pronti a salpare!"

"Ma capitano? E il resto delle casse?"

"Quelle dovranno aspettare, lasciatele a terra. Non possiamo permetterci di attendere oltre, abbiamo un'emergenza."

I mozzi, attoniti e indecisi, abbandonano ciò che stavano facendo per obbedire agli ordini. L'atmosfera è tesa quando le vele si srotolano stringendo il vento. Non tutti, infatti, possono comprendere che cosa di preciso stia accadendo e fiutano il pericolo, come ogni marinaio che si rispetti. Alcuni ci osservano con circospezione, altri, della nostra presenza hanno perfino timore. Una leva che Angel usa per reclamare rispetto. Lei ha imparato a tenere lo sguardo alto, a fissare tutti gli uomini negli occhi senza farsi intimorire da niente e da nessuno. Questo non è stato scalfito dal tempo, segno evidente della sua natura che va ben oltre un semplice addestramento. Di conseguenza, si pone a un livello di superiorità dove è sufficiente un suo solo sguardo per far scappare qualsiasi mozzo le si avvicini. Con questi presupposti, posso stare tranquillo che, qualunque cosa accada, lei saprà difendersi.

Dissolta la foschia del giorno, il cielo ora appare terso e viaggiamo verso uno dei tramonti più limpidi cui abbia mai assistito.

"Non è magnifico?" anche Angel se ne accorge.

"Magnifico è essere di nuovo qui, con te" le rispondo.

"Quando ti convinci di non averne bisogno, perché credi di farne a meno, capisci che tutte le tue informazioni erano errate."

"Angel mi devi fare una promessa" le dico in tono solenne.

"Ma certo Jack ... quale?"

"Lo vedi il sole?"

Lo spettacolo delle luci al tramonto, confuse dai riflessi di un sole scarlatto sull'acqua, sono tra le cose più belle della vita in mare.

"Sì, lo vedo."

"Se dovesse accadere il peggio, tu cercherai sempre il sole dove sfiora il mare, perché lì saremo noi due."

Lei s'incupisce nel ricordo di quando pronunciai per la prima volta queste parole, molti anni fa sulla Perla Nera, poco prima di sposarci. Quel ricordo pulsa come una ferita aperta, nella prospettiva non così remota, che potremmo perderci un'altra volta.

"Dopo un lungo giro torna sempre lì, a sfiorare il mare" mi risponde memore di quanto detto "come un richiamo a cui non può dire di no, come un legame indissolubile per il quale l'uno non potrebbe esistere senza l'altro. Come noi due. E sarà sempre così: la vita potrà presentarci altre situazioni che ci vedranno lontani, ma come il sole per il mare, io tornerò sempre da te. Questa è stata la tua promessa, Jack."

"Rammenti ogni singola parola."

"È stato uno dei momenti più importanti della mia vita."

"Ora promettimi che cercherai sempre noi due dove il sole sfiora il mare."

"Jack, che cosa stai cercando di dirmi?"

"Promettimelo, Angel. Solo questo ti chiedo."

Vorrebbe aggiungere altro, ma le sono grato quando la vedo rilassarsi e rispondere semplicmente: "Te lo prometto, Jack."

"Siamo sull'orlo di un precipizio e lo sai. Un passo falso può farci cadere, ma ricorda: qualunque difficoltà possa dividerci, noi troveremo sempre la strada per ritrovarci."

"Sì Jack, non lo dimenticherò."

La stringo a me, mentre guardiamo questo cielo fino al sopraggiungere dell'oscurità. La stringo, perché ora domina l'incertezza di un futuro che per me era delineato in confini precisi e stabiliti. La stringo e tremo al pensiero. Dopo tanti anni mi ritrovo a misurarmi con questa vita. Ne sarò capace? Sarò in grado di assumermi l'incombenza di questa missione? Domande che nascono da nuovi timori fino ad oggi sconosciuti.

Ho sperimentato la terra e gioito per i suoi frutti, ho accolto una vita semplice, dove il profumo del frumento era la cosa più gratificante, fino a convincermi che sarebbe durata per sempre. Ma è bastato risentire l'odore del mare e la brezza sulla pelle, per capire che quelle erano solo mere illusioni, sostenute dall'amore e dal senso di protezione verso mia figlia. Oggi pensarla lontana mi ferisce, per quanto potrebbe esserle accaduto e, allo stesso tempo, mi rincuora, perché è sullo stesso mare dove mi trovo io, a sperimentare la sua natura che avrà la meglio di fronte a ogni difficoltà. Sarà la sua buona stella a proteggerla fino al mio arrivo.

Che il viaggio abbia inizio.

7.

Primo incontro

Paul

Oltre il bordo del castello di prua, si scorge in lontananza un altopiano roccioso.

"Porto in vista!" urla il capitano "pronti a serrare la maestra."

Impartisce gli ordini e lascia il ponte per controllare le manovre di attracco da una postazione più isolata. Se ne sta quasi sempre in disparte, serio in volto e silenzioso. È senza dubbio un eccellente comandante, capace di navigare con la competenza di chi sa orientarsi di giorno con il sole e di notte con le stelle. L'esperienza in mare lo ha reso assai esperto e capace.

Dieci lunghi anni che lo hanno visto capitano di una sloop a tre alberi. Una nave che non ha mai abbandonato, neanche nelle condizioni più avverse, ma da quando è passato alla patente di corsa*, è diventato introverso. Le sue maniere schive e i suoi silenzi prolungati, provocano una certa inquietudine nell'equipaggio.

Christopher Condent è il mio capitano, ha superato di poco i trent'anni, quattordici dei quali trascorsi in mare.

Un uomo onesto e dignitoso, di retta coscienza, che si ribella di fronte alle ingiustizie e che ha sofferto tanto, forse troppo e questo lo ha costretto a riversare nei suoi atteggiamenti tutto il suo dolore. In passato ha attraversato mari insidiosi, vissuto situazioni a noi marinai ancora sconosciute e ha servito sotto il comando di feroci e sanguinari pirati.

Il destino ha voluto che io mi ritrovassi su questa nave, a sfidare la sorte al fianco di un grande marinaio come Christopher. Un giorno, se Dio vorrà concedermi la forza e la fortuna, voglio diventare esattamente come lui.

"Paul, aiutami!" vengo richiamato dall'albero di mezzana "siamo in prossimità del porto, dobbiamo ammainare le vele*!"

"Arrivo Fred."

Non a caso ho scelto di lavorare come gabbiere, compito a lui affidato quando era appena un ragazzo alle prime armi, come me.

---

*la pirateria, di per sé, era una forma particolare di guerra e già nell'antichità pirati poterono trovarsi occasionalmente al servizio di Stati impegnati in conflitti. La guerra per mare non era infatti condotta solo per mezzo di flotte ufficiali, con navi sui cui pennoni sventolavano regolari bandiere. È dal 12°-13° secolo che si trova traccia di navigli privati autorizzati formalmente con lettere di *corsa* o di *marca* da Stati belligeranti a partecipare ad azioni di guerra contro navi nemiche che potevano così essere depredate e distrutte. Nel tardo Medioevo compaiono tracce di attività corsare anche al di fuori del Mediterraneo.

*AMMAINARE LE VELE: abbassare un oggetto sospeso a un cavo, facendo scorrere il cavo stesso: si dice di vele, antenne, pennoni, imbarcazioni, bandiere, segnali.

La lunga giornata al porto termina al tramonto, quando la scialuppa ritorna alla nave carica di acqua per il viaggio e delle nuove mercanzie prese al baratto, una trattativa senza resistenze e priva di obiezioni.

In questo luogo sperduto lungo le coste del Portogallo, la gente è semplice e gestibile. La città non è altro che un gruppo di case di fango e legno, senza soldati né cannoni che la possano difendere dagli attacchi dei pirati, quindi preda ancora più facile.

Dopo esserci arrampicati sulla scala, la scialuppa carica di viveri viene issata sul ponte della nave. Da qui il cambusiere, con l'aiuto dei mozzi, li distribuisce per la conservazione. Per i prossimi due giorni mangeremo frutta e verdura fresche, mentre tutto il resto andrà nelle stive.

"Capitano!"

"Dite Paul."

"Sarà opportuno sfruttare la marea imminente, signore. Guadagneremo il punto di sopravvento senza problemi."

"Meglio di no, Paul" risponde serio. "Guarda: l'orizzonte presenta nubi minacciose e questa non è stagione da sottovalutare.

Passeremo la notte alla fonda e prenderemo il mare alle prime luci dell'alba."

"Sì, signore."

Si volta e si allontana. Ha un'eleganza innata con la sua camicia e una giubba scamosciata, la casacca in pelle e un paio di brache, il tutto ornato da un cappello rosso a tesa larga da un lato, con un bel cordone attorno.

"Capitano!" si volta appena e mi guarda "c'è altro che possa fare per lei?"

"Il tuo lavoro, Paul. Come tutti noi" e lascia il ponte.

Stabilire un dialogo è pressoché impossibile. Il mio interesse nel cercare un contatto è stato da sempre ignorato. So che non potrò apprendere da lui tutte le nozioni necessarie per la vita in mare e dovrò farmene una ragione. So anche di essere molto giovane e sento il bisogno di una guida, quella che, per me, non può essere rappresentata da nessun altro al di fuori del mio capitano.

Che cosa lo affligga è un mistero. Molti dei marinai, con lui da più tempo, giurano di non averlo mai visto sorridere. Altri attribuiscono il suo malessere a una donna e, più precisamente, l'ex comandante di questa nave, la Lane.G., che lo ha abbandonato diversi anni orsono. Pare che da quel giorno non si sia più ripreso. Io, però, prima di credere a tutte le dicerie che ruotano attorno alla sua vita e alle improbabili vicende di cui è stato partecipe, preferisco approfondire la sua conoscenza. Non mi servono pettegolezzi da mercato o parole al vento. Se esiste nel suo passato qualcosa di importante che lo ha segnato irrimediabilmente, forse un giorno sarà dalla sua voce che lo verrò a sapere. Per il momento la missione pare ardua e quantomeno improbabile.

⚓ ⚓ ⚓

Come stabilito riprendiamo il mare la mattina successiva, dopo una notte di scossoni dati dalla forte mareggiata. Tutte le vedette sono rimaste in allerta, osservando le onde scavalcare il ponte e scivolare via provocando solo qualche danno marginale. Come sempre, il comandante ha fatto bene i suoi calcoli. Una volta lontani dalla costa portoghese, il tempo si presenta ancora instabile e nubi burrascose si fanno strada proprio sulla nostra rotta. Il capitano Condent ordina di prendere il largo per arginare la tempesta. Impieghiamo una giornata intera. In questo periodo dell'anno sono piuttosto frequenti e spesso ci costringono ad allungare le tratte, anche di alcuni giorni.

La cena è quasi pronta e il crepuscolo avanza tra i marosi ancora instabili, quando un mozzo lancia un grido d'allarme. A dritta, la luce fioca di una lanterna ci sta inviando un segnale. La si vede appena tra la prima nebbia della sera, ma è chiaro che laggiù, in quelle acque, c'è qualcuno che sta tentando di richiamare la nostra attenzione. Il nostromo afferra un cannocchiale e cerca un punto lontano. Improvvisamente la luce scompare e non si avverte altro che il fruscio delle onde contro lo scafo.

"Chiamate il capitano!" ordina il nostromo.

Nick, grande amico di Chris, corre ad avvertirlo dell'avvistamento. Il capitano non gradisce essere disturbato e solo pochissimi membri dell'equipaggio possono accedere alla sua cabina. Tra questi Nick, il suo primo ufficiale e Sebastiano, il timoniere, nonché capitano in seconda. Se dovesse accadere qualcosa a Chris, lui diventerebbe il diretto e legittimo successore.

"Guardate!" urla di nuovo il mozzo "la luce è ricomparsa e ora è più vicina."

Tutti ci riversiamo all'impavesata per osservare il buio del mare che ci restituisce una lancia con a bordo una persona.

"Uomo in mare!" urla la vedetta.

"Che cos'abbiamo?" chiede il capitano che ci raggiunge sul ponte dopo pochi minuti. Il nostromo gli passa il suo binocolo.

"Uomo in mare non identificato, capitano."

Osservo Chris che scruta con insistenza. Difficile capire di che cosa si tratti con nebbia e buio, ma ad un certo punto, le ombre della lanterna tradiscono una figura esile. Chris si avvicina al parapetto affacciandosi, quando ormai nessuno di noi ha più alcun dubbio. Si tratta di una ragazza.

"Gettate una cima!" ordina il capitano.

Due mozzi si affrettano a recuperare la cima che vola dritta verso la piccola imbarcazione ormai giunta a livello dello scafo. La ragazza guarda verso l'alto, titubante.

"Afferra la cima, ti tiriamo su noi!" le grido dal parapetto.

Lei si aggrappa saldamente e inizia a salire camminando sullo scafo come un gatto e con un balzo è sul ponte di coperta. Tutti noi la guardiamo costernati, attribuendole un'agilità invidiabile. Si tratta di una giovane fanciulla che ci osserva con circospezione, immobile e silenziosa.

"Beh, sei ridotta male" esordisce Fred facendo ridere parte della ciurma.

"Fred!" gli lancio un'occhiata severa, seccato da quest'infelice uscita.

Chris si fa spazio e avanza tra noi per vederla da vicino.

"Hai l'aria di chi ne deve aver passate tante" le dice calmo, abbassandosi verso il suo viso.

La osserva per qualche istante: il suo abito è strappato, le mani e le braccia sono ricoperte di lividi, i capelli arruffati e gli occhi sgranati.

"Capitano?" domanda la ragazza.

"Capitan Christopher Condent per servirla, signorina."

Non fa in tempo a rispondere che la piccola stramazza al suolo priva di forze.

8.

Chris

"Buongiorno."
All'alba un sole impertinente filtra dalle finestre della mia cabina finendo dritto sul viso della piccola naufraga di questa notte. Infastidita strizza gli occhi prima di aprirli. Strofino il suo viso con un cencio umido per togliere la polvere di cui è ricoperto. Don, il medico di bordo, ha già provveduto a disinfettare alcune lievi escoriazioni, bendando parte delle braccia che presentano diversi lividi. Lei mi guarda con i suoi grandi occhi scuri.
"Chi siete?" mi chiede con la voce roca.
"Il mio nome è Chris."
Sposta lo sguardo per osservare ciò che la circonda. Affondo lo straccio nella tinozza di acqua calda e continuo a pulirle il viso. Ora i suoi lineamenti appaiono più nitidi e in questo gesto, apparentemente senza significato, ci trovo qualcosa di solenne, senza comprenderne la ragione.
"Ecco, ora sei pulita."
"Grazie."
I suoi occhi sono lucidi e sgranati. Temo abbia ancora la febbre. Ci guardiamo senza dirci nulla. Non conosco questa fanciulla, non so da dove provenga, né come si sia trovata alla deriva nel bel mezzo dell'oceano Atlantico. Eppure, avverto una forte attrazione che ha il potere di tenermi incollato a lei.
"Come ti chiami?"
"Maria Guglielmo."

"Benvenuta sulla mia nave Maria."
"Voi siete il capitano?"
"Proprio così."
"E siete cattivo?"
"Dovrei?"
"Il capitano della nave da dove arrivo lo era."
"Lasciami indovinare: pirati?" Lei fa un cenno affermativo "che ci facevi con dei criminali del genere?"
"Ero andata al porto" specifica sforzandosi di schiarire la voce "volevo parlare con il capitano e invece lui ha preso il mare, non ho potuto oppormi. Non immaginavo che fosse così …"
"Un momento: ti sei esposta a un pericolo del genere di tua spontanea volontà?"
Un altro gesto affermativo.
"Mi hanno legato, ho tentato di liberarmi, sono stata sbattuta in una cella, al buio, con i topi, senza né bere, né mangiare, per giorni."
Prendo parte della mia colazione e gliela passo con un bicchiere d'acqua che lei beve tutto d'un sorso. Dev'essere stata rapita in un porto spagnolo, forse nei pressi di quello dove siamo scesi per il baratto. Diverse erano le fregate, alcune delle quali seminascoste e senza bandiera.
"Poi c'è stata la tempesta" dice addentando un tozzo di pane che la rianima di colpo "la nave ha iniziato a piegarsi, sono stata sbattuta da un lato all'altro senza controllo. La fune con cui ero stata legata si è allentata e ho potuto liberarmi."
Mentre racconta, con la foga di chi ha passato un gran brutto momento, riesce a inghiottire solo qualche boccone.
"La cella non era chiusa a chiave" continua "e sono scappata all'esterno dove c'era un gran trambusto. Il mare era pauroso, sovrastava il ponte della nave e tutti urlavano. Nessuno faceva più caso a me. Degli uomini stavano tentando di calare una scialuppa, ma le onde erano troppo forti e la barca si sganciò finendo in acqua, così mi sono tuffata."
Posa il piatto e fa per alzarsi.
"Attenta, potresti farti del male" le dico preoccupato.

"Non è niente, sono solo graffi" risponde, incurante delle sue condizioni.

Si muove nella cabina sollevando lo sguardo senza perdere nessun particolare. La lascio fare, sembra molto interessata.

"Non hai avuto paura?" le chiedo avvicinandomi.

"Me la sono cercata. Ho voluto salire su quella nave e queste sono state le conseguenze. Mio padre me l'aveva detto che dovevo essere prudente, evitando la zona del porto, ma non l'ho ascoltato."

"Tuo padre è un uomo saggio."

"Mio padre è solo un contadino" risponde in tono piatto.

Parla con uno strano accento, deve trattarsi di una contaminazione spagnolo-portoghese, anche se tradita da un'inflessione inglese, ma, con tutta probabilità, è frutto della mia immaginazione.

"Ma ... come caspita hai fatto a salire sulla scialuppa?"

"Con una corda" risponde, come se fosse la cosa più normale del mondo.

"Una corda?"

"Ah, no aspetta, come le chiamate voi? Ah sì: una cima" si corregge e sorrido "una cima che penzolava da una vela strappata dal vento, mi ci sono aggrappata e mi ha sollevato. Quando ho visto sotto di me la scialuppa che sbatteva contro lo scafo della nave, mi sono buttata."

"Cosa?" sono senza parole. Stento a credere al suo racconto. "Sei sicura di essere una ragazza?"

"Perché, che ho fatto di strano?"

Rido di gusto e la osservo ammirato: "Più della metà dei miei uomini non ne sarebbero capaci, per esempio."

Lei risponde distratta, con un lieve cenno del capo. La sua attenzione si è spostata su altro e io continuo a seguire i suoi movimenti con discrezione. Quegli occhi furbi esplorano ogni angolo, fino a quando il suo sguardo cade su una bambola di pezza appoggiata a terra. La raccoglie con delicatezza e non posso fare a meno di osservare le sue braccia bendate, cariche di lividi.

"Questa è tua?" mi chiede.

"Ovviamente no. Era di mia nipote."

"Sei già nonno?"

Rido di nuovo, una risata allegra e liberatoria. "Ti sembro un nonno, secondo te?"

Mi scruta con più attenzione. "In teoria, no."

"Quanti anni mi dai?"

"Una cinquantina?"

"Ehi, signorina, ma come ti permetti?" le do un colpetto lieve sulla spalla con fare scherzoso.

"Ho sbagliato?"

È disarmante.

"Per tua informazione non ho figli e non sono nemmeno sposato. Ho trentadue anni."

"Oh ... ti chiedo scusa, sembravi più vecchio."

Resto di stucco, cosa per me assai rara.

"Ora tocca a me" esordisce, come se volesse imbastire una specie di gioco "quanti anni mi dai?"

"Ehm ... beh, all'incirca potresti avere l'età di mia nipote: undici, dodici anni."

Sorride. "Bravo. Ne ho undici ... e mezzo" specifica "ma per te era più facile." Non solo è sveglia, ma anche simpatica. "Quindi, tu sei lo zio?"

"A onor del vero sono uno zio acquisito. Con lei non ho un legame di parentela, ma la amo come se fosse la mia vera nipote."

"È fortunata ad avere un capitano come zio."

Ci sorridiamo e finalmente lei mi guarda con due occhi che emanano, nonostante le incisioni di stanchezza sulle palpebre, una luce straordinaria. Ha lo stesso sguardo, lo stesso sorriso e gli stessi atteggiamenti di ... ah, ma che vado a pensare.

Lei torna a fissare la bambola. "Dove si trova adesso?"

"Con sua madre e suo padre, al sicuro, sulla terraferma."

Non dice più nulla e fissa la bambola accarezzandole i capelli di lana.

"Se ti piace puoi tenerla" le dico con dolcezza.

"Oh no, non potrei mai. Devi tenerla tu, lei potrebbe tornare."

"Credo che non ci sarà occasione per me di rivederla."
"Non ti manca?"
"Ogni giorno."
"Quando vi siete visti l'ultima volta?"
"Aveva due anni. Da allora ho sempre viaggiato per mari e continuerò a farlo."
"E se anche lei sentisse la tua mancanza?"

La nostalgia emerge impietosa. Osservo il profilo di questa bambina e d'un tratto rivedo lei, rivivo momenti a cui non volevo più pensare, provo sensazioni che non volevo più provare. Questa ragazzina mi sta facendo girare la testa.

"Cosa ne dici di uscire a prendere un po' d'aria? Sul ponte il sole è caldo. Ti farà bene."

⚓ ⚓ ⚓

"Capitano, con gli Alisei a favore viaggeremo sulla rotta stabilita senza problemi."

Sul ponte Sebastiano, abile timoniere, mi viene incontro. L'aria è frizzante e il sole spavaldo, una giornata ideale per la navigazione.

"Sarà necessario cambiare rotta, Sebastiano. Dobbiamo riportare indietro questa signorina e assicurarci che faccia ritorno a casa sua."

"Ah eccoti, vedo che ti sei ripresa in fretta!"

Maria, che mi ha seguito, è ben accolta da Sebastiano, ma lei è completamente rapita dalla nave. Leva il suo sguardo in alto e cammina sul ponte, verso prua. Poi si volta a guardarmi in cerca di approvazione. Con un rapido gesto le faccio intendere che può andare dove vuole.

"Devo tenerla d'occhio, Chris?"
"Non sarà necessario."
"La rotta, signore?"
"Torniamo indietro, verso le coste della Spagna."
"Sì, signore."

Seguo Maria tenendomi a debita distanza, ma non troppo, per evitare che possa finire in qualche pericolo. Questa nave, anche se piccola e con un equipaggio limitato, non è poi così diversa da un vascello pirata. Alcuni elementi non sono da sottovalutare.

"Signor Clifford!"

"Capitano!"

"Prestate attenzione a quella vela, così rischia di spezzare l'albero, dovete distribuire meglio il peso o ci farà perdere velocità!"

"Sì, signore! Provvediamo subito."

I gabbieri sono svelti e capaci. Un tempo anch'io avevo quell'agilità e li osservo con un po' di invidia. Gli anni su questa nave hanno indurito non solo il mio cuore.

"Signore!"

"Dite Paul."

"Stiamo tornando indietro, signore?"

"Precisamente. Qualche problema?"

"Assolutamente no, ma, posso chiederle dove siamo diretti?"

"Ci avvicineremo alla costa corrispondente al punto in cui abbiamo salvato quella fanciulla e cercheremo di capire da dove provenga."

"Capisco, ma signore, perdonate l'ardire: non sarà facile."

"Convengo con il vostro pensiero, Paul. Ma non possiamo tenere a bordo una bambina sconosciuta. Sola, in mare, soffrirebbe e lei ha bisogno della sua famiglia."

"Ne siete proprio sicuro, signore? Perché a me non sembra così triste."

Paul indica Maria aggrappata alle sartie di sopravvento che si dondola come se fosse su un'altalena.

"Ehi piccola, che stai facendo?" Corro da lei in preda all'ansia. "Scendi immediatamente!"

"È bellissimo!!!"

"Può essere pericoloso!"

"Che cosa può esserci di tanto pericoloso, Chris?"

Per una che non è mai stata in mare direi che si ambienta anche fin troppo in fretta. Continuo a puntare lo sguardo verso l'alto e la vedo risalire lungo l'albero di trinchetto.

"No, più in alto no!" urlo sopraffatto "non sei abituata!"

"Ci penso io, capitano." Paul risale veloce fino a raggiungerla.
"Scendi da lì o ti aspetta una bella punizione!" le ordino severo.
"Aggrappati a me" le dice Paul nel protendere un braccio.
"E va bene."
Si convince e scivola dalle sartie senza alcuna indecisione e con la destrezza di chi lo fa da sempre. Con un balzo è sul ponte di dritta, lasciando me e Paul senza parole, ancora.
"Sai …" mi dice "io sono sempre in punizione."
"Chissà perché la cosa non mi sorprende."
"Esistono i castighi anche sulle navi?"
"Solo per chi non rispetta le regole."
"Scusa, Chris. Ho visto gli altri arrampicarsi e ho pensato di poterlo fare anch'io. Non sapevo fosse proibito."
I suoi occhi sono astuti, ma sinceri.
"È proibito per le ragazze inesperte come te" le dice Paul saltando giù proprio alle sue spalle.
"Tu chi sei?"
"Paul Clifford" si presenta "sono su questa nave da tre anni e lavoro come esperto gabbiere. Il mio compito è insegnare agli altri come stare appesi lassù." Tradotto: sono un'autorità inarrivabile, la mia esperienza è indiscutibile e non è mio solito farmi prevaricare da ragazzine inadatte.
"Bene Paul, io mi chiamo Maria e dato che mi consideri tanto incauta, sarai tu a insegnarmi come si fa. Giusto capitano?"
Io e Paul ci guardiamo come due ebeti a cui hanno appena impartito un ordine improvviso, dal quale non è possibile sottrarsi.
"Non importa" sollevo le braccia in segno di resa "non conosci le regole e quindi sei perdonata."
"Allora insegnatemele! Se saprò le regole non sbaglierò."
Non ha torto.
"D'accordo. Paul ti aiuterà ad ambientarti."
"Wow è magnifico!" Maria ha addosso l'energia di un ciclone e la frizzantezza tipica di un'età sprezzante dei pericoli e di qualunque convenzione sociale. Sarà una ventata d'aria fresca.

"Gli ordini, capitano?" Paul si rivolge a me, indeciso sul da farsi.

"Gli ordini, capitano?" Maria lo imita.

"Torna in cabina, Maria. Hai bisogno di riposare. Ne riparleremo domani."

"Ti sembro una che ha bisogno di riposo?"

"Mi sembri una a cui serve una calmata. Per oggi le scorribande sono terminate, signorina."

"E ora che cosa devo rispondere?" domanda a voce bassa a Paul.

"Si dice: sì signore."

"Sì, signore!" e si allontana rassegnata.

"Un bel peperino, eh?"

"Già." la fisso per assicurarmi che faccia quanto le ho chiesto "scusa, Paul, non volevo ficcarti in questo pasticcio."

"Davvero mi affidate il compito di addestrare Maria?"

"Addestramento non credo sia il termine più idoneo. Ti concedo di esserle d'aiuto a comprendere le nozioni fondamentali, affinché non abbia ficcarsi in qualche guaio. Il tutto sotto stretta sorveglianza, mia e di Sebastiano. Sono stato chiaro?"

"Certo, signore."

"Bene. E ora torna al lavoro."

"Sì, signore!"

Sebastiano copre lo spazio tra noi e si avvicina.

"Mi sembra un'ottima mossa. Paul è il più giovane della nave e saprà comunicare con Maria meglio di come potremmo fare noi."

"A te non sembra che abbia qualcosa di familiare?" domando a Sebastiano.

"Che intendi dire?"

"Non saprei, sono solo sensazioni."

"Mi sa che la nostalgia ti sta giocando un brutto scherzo, amico."

"Non ti viene mai il desiderio di rivedere la tua famiglia?"

"A volte, ma da quando mio padre è morto non mi è rimasta più una famiglia cui fare ritorno e ho preferito il mare."

"Che mi dici di tua sorella … e tua nipote?"

"Ah, ora ci sono. Quella ragazzina ti ricorda Mary, non è così?"

"Mi ricorda entrambe" dichiaro abbassando lo sguardo "lei … e sua madre."

Investiti da una brezza incalzante ci fissiamo certi di formulare il medesimo pensiero.

"Chris, dimmi: ma quando la dimenticherai?"

"Mai, Sebastiano" guardo lontano, sopraffatto da un'incontenibile malinconia. "Impossibile per me dimenticarla."

9.

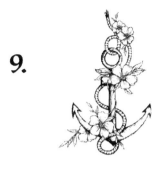

A bordo dell'Atlantic

La nave beccheggia dopo la tempesta che ha trascinato l'Atlantic fuori rotta, ma indenne. Ora un vento calmo la guida di nuovo in acque conosciute e l'equipaggio riprende il suo ritmo. Le navi mercantili sono solite navigare con una velocità ben inferiore alle fregate di pirati e corsari. Questo determina una netta distanza tra loro, che va via via aumentando, a seconda delle condizioni meterologiche.

Jack e Angel hanno instaurato un discreto legame con il capitano Alfieri e in particolare con il figlio Tonino, che non perde occasione per osservarli, ripetere le loro mosse, ascoltare i discorsi con l'equipaggio, stando sempre a pochi metri da loro.

"Signore" dice Tonino a Jack "volete del caffè?" e gli porge una tazza fumante.

"Sei gentile, ragazzo" solleva lo sguardo "tu non ne prendi?"

"Lo ha offerto anche a me" sorride Angel "ma ho rifiutato. Sono fin troppo sveglia e nervosa."

Angel si affianca a Jack appoggiato al parapetto del ponte. La brezza lieve gonfia appena le vele e il mercantile procede a una lentezza esasperante.

"Ti capisco" commenta Jack "più che di un caffè occorrerebbe ubriacarsi per non pensare."

"Dove sarà Mary in questo momento?"
"Spero non troppo lontana" anche Jack è a corto di risposte.
"Mary?" Tonino, che è rimasto con loro, chiede notizie dell'amica.
"Allora è questo il suo vero nome?"
"Jackie Stella Mary, per la precisione" dichiara Jack.
"E' un nome importante."
"Nostra figlia è la cosa più importante che abbiamo."
"Mi dispiace tanto, signori."
"Toni, ora basta colpevolizzarti" lo rincuora Angel "Mary sa essere ingestibile e noi lo sappiamo bene. Quando si mette in testa una cosa è pressocchè impossibile dissuaderla."
"Questo è vero" ammette Tonino con un mezzo sorriso.
"Che cosa avresti potuto fare tu per difenderla?"
"Sarei dovuto andare con lei."
"Mettendo così a repentaglio anche la tua vita. Ti sembra una mossa saggia?" gli chiede Jack.
"No, signore, non credo."
"Saggio è stato restare a terra per cercare aiuto e hai trovato noi" conclude Angel.
"Grazie, signora."
"Jack!" spunta Saverio e si avvicina alla piccola riunione "se questo ragazzo ti importuna devi dirlo a me. Da quando siete imbarcati con noi non sa stare al suo posto."
"No, affatto" risponde Jack sbirciando Tonino "tuo figlio è un bravo ragazzo, Saverio. Devi andarne fiero."
Si scambiano uno sguardo d'intesa e Tonino, per la prima volta da quando Mary è scomparsa, si sente meno teso.
"Già" sospira "e mi sorprende di vederlo sulla mia nave."
"Non hai mai navigato, figliolo?"
"No, signore" risponde impacciato.
"A Toni non piace il mare" dichiara Saverio.
"Non è il mare il problema" chiarisce Jack "ma il timore di non essere all'altezza."
Tonino lo osserva mortificato, senza proferire parola.

"Per tutti noi è stato così."

"Quindi hai ancora qualche possibilità di guarire" dice Saverio al figlio lasciandosi scappare una breve risata.

"Un giusto timore è da attribuirsi anche al marinaio più esperto" continua Jack. "Ricordi l'ultima volta che ci siamo incontrati?" domanda a Saverio.

"Certamente, Jack. Ricordo ogni particolare."

Saverio si abbandona alla memoria di quella sera.

"Era una notte fredda e troppo buia, come il presagio di qualcosa di terribile. E tu eri solo, in un paese straniero e per di più versavi in grave pericolo. Darti rifugio fu un azzardo, ma lo feci senza remore."

"E senza chiederlo."

"Tra marinai ci si aiuta sempre."

"L'ho davvero apprezzato."

"Cenammo insieme e poi sei scomparso."

"Ero consapevole del rischio che avresti potuto correre a causa mia."

"La mattina seguente la tua nave aveva lasciato il porto. Ho pensato molto a te Jack. Ti credevo morto o disperso su chissà quale isola e invece eri sano e salvo a Genova. Per lei …" guarda Angel "sei tornato a Genova, per Angel."

"Ci siamo tornati insieme" puntualizza Jack.

"Quella stessa mattina al porto ci fu un gran trambusto …" resta sospeso su questo ricordo "ma certo, ora capisco. Angel! Eri tu che stavi scappando, non è così? Tuo fratello ti ha cercata per giorni."

"Infatti."

"Ecco come vi siete conosciuti" dichiara infine.

"Se non fosse stato Jack a trovarmi, con tutta probabilità ora sarei morta."

"Non ho più visto nessuno di loro."

"Mio fratello ha perso la vita in mare nel tentativo di darmi la caccia."

Saverio si gira verso il mare con un misurato sospiro.

"Ora capisco … ed è stato sempre in mare che hai scoperto di essere la figlia di Henry Morgan."

"Sono io che ho liberato Jack dal maleficio cui era stato imprigionato" dichiara Angel.

"Allora non si tratta solo di una leggenda?"

"Ci siamo salvati a vicenda."

"Quello che non mi è chiaro è il motivo per cui Maria sia finita su una nave di pirati."

"Lei non è a conoscenza della verità" risponde Jack.

"Giel'abbiamo tenuta nascosta per proteggerla" aggiunge Angel.

"Quindi, lei non sa di essere un pirata?"

"No" Angel abbassa lo sguardo, preda di un senso di colpa che l'attanaglia per aver mentito alla persona più importante della sua vita, mettendola così nei guai. "Ho commesso un grosso errore."

"Angel, lo abbiamo deciso insieme" la rassicura Jack "la responsabilità è di entrambi."

"Per proteggerla, l'abbiamo messa in una posizione scomoda. Le abbiamo negato di vedere il mare, proibito di raggiungere il porto, ma Mary è un'anima libera, una ribelle, le regole le vanno strette e così facendo, abbiamo ottenuto da lei l'esatto contrario."

"Sì" dichiara Saverio "questo è vero" ammette. "Ma da padre e da marinaio, consapevole di che cosa comporti la vita in mare, credo che avrei agito allo stesso modo." Si volta e guarda Tonino negli occhi. "A volte vorremmo che i nostri figli ci somigliassero, che siano capaci di comprendere ogni nostra decisione e i desideri che coltiviamo per il loro futuro, senza considerare che sono entità differenti da noi e che le nostre aspettative potrebbero non coincidere con la loro personalità."

Tonino, colto da un moto di stizza, si allontana. Jack lo segue dall'altro lato del ponte e si accorge che lui ha le lacrime agli occhi, mentre fissa immobile l'orizzonte. Si avvicina e gli porta una mano sulla spalla.

"Quel mare che hai di fronte mi ha salvato" gli dice con tono dolce e lui si volta per guardarlo negli occhi.

"A me invece incute terrore. Non sono pronto, Jack."

"Eppure, ora sei qui."

"Sono qui per lei, devo portarla in salvo, anch'io mi sento responsabile di tutto questo."

"Come vedi, se la tua motivazione è abbastanza forte, può farti superare qualsiasi ostacolo."

"Se solo lei avesse saputo" Tonino fissa Jack con disapprovazione. "Avete una minima idea di quanto Mary sarebbe stata orgogliosa della sua famiglia, anziché doversene vergognare? Di come l'avreste resa felice mettendola al corrente della verità?"

"Lo so, figliolo. Lo abbiamo compreso troppo tardi."

"Aveva una luce inebriante negli occhi quando l'ho salutata su quel molo. Pur di avvicinare quei pirati, avrebbe accettato di infilarsi in qualsiasi pericolo."

"La conosci bene ..."

"Conosco il suo cuore e ciò a cui ambiva."

"Quando la troveremo, perché la troveremo" ribadisce Jack "ti prometto che starò più attento ai suoi desideri."

"Voi sapete con chi e dove potrebbe essere ora?"

"Esistono diverse possibilità e molte rotte, ma non ho idea di quali possano essere i pirati con cui abbiamo a che fare. Una volta fuori dallo stretto, potrebbero fare vela verso ovest, oppure, scegliere la rotta a sud, quella delle Indie. Esistono isole impossibili da inserire nelle carte di navigazione. Molte sono buone, tranquille e fuori dalle loro rotte. Altre, invece, non sono state esplorate e nessuna imbarcazione ha mai gettato l'ancora in quelle acque. Solo pirati e corsari conoscono quei luoghi, perché servono da rifugio e nascondiglio."

"Sembra un'impresa impossibile."

Jack solleva lo sguardo verso le vele. "Per un mercantile è troppo rischioso e non potrei chiedere a tuo padre di spingersi oltre. Non appena i venti torneranno favorevoli, questa nave dovrà sfoderare il meglio in velocità e raggiungerli prima che possano arrivare allo stretto. Diversamente sarà molto più complicato."

Tonino si aggrappa al parapetto, lasciandosi andare a un pianto amaro.

"La raggiungeremo, figliolo, è una promessa" gli dice Jack quando le lacrime rigano il viso di Tonino.

"Ora so il suo nome: Jackie Stella Mary" risponde a voce bassa "Sparrow."

10.

Baia delle sirene

Nella baia silenziosa il mare viene scosso da un fremito, un terremoto che agita le acque creando onde gigantesche.

"Kimera, svegliati!"

Tiche scuote la sorella, deve portarla in salvo, ma Kimera è preda di un sonno profondo, molto vicino alla morte. Le onde che si innalzano prepotenti stanno invadendo la loro grotta e le sirene devono scappare per non finire nel risucchio che le porterebbe a sbattere violentemente contro le rocce.

"Asteria aiutami!"

Le due sirene, con enormi difficoltà, riescono a trascinare la sorella per un breve tratto nel mare agitato, togliendosi dalla traiettoria degli scogli dove si erano rifugiate. Lontane dalla scogliera, però, i flutti burrascosi le travolgono e per loro è pressoché impossibile trattenere la sorella che finisce per essere trascinata via, ancora priva di conoscenza.

Asteria e Tiche la vedono scomparire senza possibilità di recuperarla. Con il mare in tempesta è della loro incolumità che si devono preoccupare. Asteria afferra Tiche per un braccio e la trascina sul fondale marino, unico rifugio rimasto. Si voltano verso la superficie e i marosi sono come grosse mani intente a scavare. Nuotano con tutte le loro forze per contrastare le correnti fino al sopraggiungere di un flusso caldo e più calmo. Sono in salvo.

Tiche è allo stremo delle forze. Si adagia sul fondo e chiude gli occhi. La sorella resta a vegliare su di lei, quando un'ombra attira la sua attenzione. Guarda meglio e vede Kimera ondeggiare priva di controllo nella calma ritrovata di quel luogo sottomarino. Con un colpo di pinna è da lei, l'afferra con entrambe le braccia dalle spalle e la trascina accanto a Tiche che nel frattempo ha riaperto gli occhi.

"Che cosa le sarà accaduto?" chiede alla sorella.

Asteria scuote il capo. "Ho una brutta sensazione" risponde "se continuerà così, trascinerà sé stessa in un baratro e noi con lei."

"Che cosa intendi dire?" domanda Tiche preoccupata.

"Che Kimera ha ancora in testa Jack, non si darà mai pace."

"Come può non darsi pace? Lui non le appartiene più!"

"Due entità non si appartengono se sono entrambe a volerlo" continua Asteria, la più anziana e più saggia delle tre "ma se una di queste non lo accetta, manterrà comunque un legame speciale e l'altro individuo potrebbe percepirlo."

"Quindi stai dicendo che la maledizione non è stata completamente spezzata?"

"No. Sto dicendo che Kimera non lo ha mai lasciato andare e questo la sta lentamente distruggendo."

"Che cosa possiamo fare per lei?"

In quel momento Kimera si contorce come in preda a delle convulsioni.

"Oddio, sta morendo?" esclama Tiche spaventata.

"Non ancora" risponde Asteria avvicinandosi a Kimera.

Mentre cerca di calmarla si accorge che la sua pinna è ferita in più punti e, nell'agitarsi, ha ripreso a sanguinare. Un flusso di liquido blu lucente macchia l'acqua.

"Si può sapere che diavolo le è accaduto?"

"Non ne ho idea, Tiche."

"Aspetta …" riflette "ieri notte dov'era? Ti sei accorta che non era con noi?"

Le due si guardano sbalordite e ferme sulla medesima intuizione.
"Stai pensando anche tu quello che penso io?"
"Ha tentato di nuovo di superare lo stretto."
"Jack è in mare, l'ho sentito ..." urla Kimera all'improvviso.
"Kimera adesso basta, devi farla finita subito con questa storia o ne pagherai le conseguenze."
Ma lei sembra non sentire nemmeno le parole di Asteria.
"Devo raggiungerlo, sento che è in pericolo!"
"Nelle tue condizioni non puoi metterti a perlustrare i mari, ne usciresti sfinita."
"Invece lo troverò."
"Come fai a esserne così sicura?"
"Perché l'ho sentito ... e c'è anche lei."

11.

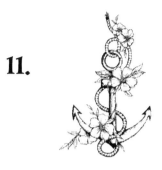

Il Fantasma

Chris

"Chris, posso mettermi qui?" Maria indica il parapetto a prua, la parte della nave più esposta al vento.

"D'accordo, ma reggiti all'impavesata."

"Così?"

Mi allungo e la afferro prima di vederla precipitare in mare. Nel momento in cui la sorreggo saldamente, lei si aggrappa a me e mi sento cedere. È come rivedere una scena già vissuta, ma non solo, Maria ha qualcosa di terribilmente familiare. La situazione bizzarra e inaspettata, scatena una memoria lontana dove tutto, ogni particolare, mi ricorda lei. Un passato che mi si è rovesciato addosso a causa di questa nuova presenza, per nulla calcolata, che richiama attenzioni e tenerezza.

Ci ritroviamo insieme a guardare l'orizzonte.

"Come si chiama questa nave?" mi chiede.

"Lane.G."

"È un bel nome."

"È una bella nave, che reclama solo un raddobbo per l'usura dovuta agli anni di navigazione."

"Quanti anni?"

"Almeno una ventina, credo…"

"Come, non lo sai?"

"Questa nave è stata recuperata da una battaglia dove il nemico ha avuto la peggio. In seguito è stata affidata a quello che un tempo fu il comandante."

"Oh … anche i capitani hanno un capitano?"

Sorrido. "Diciamo che le successioni arrivano col tempo e l'esperienza."

"Chi era il primo comandante di questa nave?"

"Si chiamava Morgan."

Lei si raddrizza di scatto e devo stringerla per assicurarmi che il vento non se la porti via con sé.

"Morgan hai detto? Ma allora esiste?! Questa nave è" un bagliore attraversa il suo sguardo incredulo "è il Fantasma!"

"Come fai ad avere tutte queste informazioni?"

"Così è vero, non è una leggenda!"

"Molte leggende corrispondono a verità."

Salta giù e si porta in mezzo al ponte con aria sognante.

"È incredibile! L'ho trovato, sono a bordo del Fantasma!" apre le braccia in segno di vittoria "non capisci, Chris?" i suoi occhi hanno una luce nuova "è questo il motivo per cui sono partita! Per questa ragione sono andata a parlare con quei pirati. Volevo trovare questa nave e ce l'ho fatta! Chissà quando lo racconterò alla banda del porto."

Vedere il suo viso raggiante, colmo di gioia e soddisfazione, con le guance che hanno ripreso colore e tutti i denti ben allineati in un sorriso disarmante, fa sentire felice anche me. Poi di colpo smette di sorridere e mi guarda immobile, come se fosse sprofondata in un abisso.

"Il tuo capitano era davvero così cattivo e spietato come dicono?"

Mi avvicino a lei e torno serio. "E che cosa dicono?"

"Che ha seminato terrore attaccando ogni vascello senza pietà."

Chiudo gli occhi e alcune scene si presentano inaspettate. Ero convinto che non avrei più ricercato quell'emozione, credevo che il cuore avesse smesso di battere e, invece, accarezzando quel ricordo, posso ancora afferrare nel fondo del tempo quel palpito.

"Questo è vero" rispondo "ma non era cattiva, stava solo cercando ciò che aveva perso."

"Cattiva? Il capitano del Fantasma ... era una donna?!"

"È così."

"Wow ... incredibile. Questo non lo sa nessuno, è una notizia bomba!" corre dall'altra parte del ponte e la seguo con il cuore in gola "allora anch'io un giorno potrò ..." trattiene il respiro.

"Che cosa ti sei messa in testa, signorina?" Paul le compare di fronte interrompendo il suo turbinìo di pensieri "non vorrai anche tu diventare un pirata! ...vero?"

"E anche se fosse? Che cosa c'è di male?"

"Che non hai la minima idea di che cosa significhi esserlo per davvero."

"E tu, invece, lo sai?" si para di fronte a Paul con fare provocatorio "lo sei?"

"Credo di sì" preso in contropiede Paul abbassa lo sguardo.

"Paul è un allievo attento e capace" esclamo in sua difesa, percependo il suo disagio "e un giorno diventerà un ottimo capitano."

Al ragazzo brillano gli occhi.

"E tu, Chris?" mi dice Maria "sai che cosa significhi essere un pirata?" mi chiede a bruciapelo.

Guardo Paul. "Credo di sì" rispondo.

"E te lo ha insegnato lei?"

"Chi?"

"Il tuo capitano!"

Sento il viso avvampare. Il mio corpo sta riscoprendo sensazioni sopite, fuori dal mio controllo.

"E mi sa che sei anche innamorato di lei!" continua Maria senza alcun ritegno.

"Piccola impertinente, vieni subito qua!"

"Chris è innamorato! Chris è innamorato!"

"Fermati! Guarda che ti prendo!"

Mi ritrovo catapultato in una realtà nuova e avvolgente. La sua felicità esplosiva, ha il potere di scaldare la parte più congelata che ancora resiste al mio interno. Questo genere di vitalità mi dona una sferzata che mai avrei creduto possibile ritrovare. E così eccomi a rincorrere una ragazzina su e giù per il ponte della mia nave, solo per gioco. Alle nostre scorribande si uniscono anche gli allievi più giovani e il ponte si trasforma in una sorta di parco giochi improvvisato. Ma oggi lascio che tutto questo vada bene così, perché mi rende felice e guardandomi attorno non posso fare altro che apprezzarlo.

Mi sento di nuovo quel bambino, nell'età in cui queste cose mi furono negate. In orfanotrofio, in Irlanda, ci era permesso giocare solo un'ora al giorno. Vigevano rigide regole e punizioni talmente severe da non restarne sorpreso quando vidi quelle inflitte sulle navi. A dodici anni, io e alcuni miei amici della stessa età, fummo cacciati, perché ritenuti troppo grandi e capaci di potercela cavare da soli, ma non fu per niente semplice inserirci in una società di cui conoscevamo ben poco. L'unica speranza, per dei ragazzi come noi, erano le navi. La prima fu una nave da carico, dove mi presero come mozzo. Un lavoro duro, ma che mi diede la possibilità di passare ad un mercantile non appena mi trovai sulle spalle un po' di esperienza. Mercantile sul quale ebbi la possibilità di imparare a scrivere e a leggere le carte nautiche. Fu attaccato e affondato dai pirati e da essi fatto prigioniero. Venni salvato dalla marina britannica, ma sulle rotte verso l'Inghilterra, un attacco multiplo da più navi della stessa flotta fece affondare la nave della marina e io fui tratto in salvo da lui: Jack Sparrow. Quel ricordo annebbiato sembra dissolversi tra le urla di gioia di Maria e il mio entusiasmo riconquistato lascia spazio alla spensieratezza cui dovetti dire addio e che mai, come in questo giorno, accetto e apprezzo come un prezioso dono arrivato dal mare.

⚓ ⚓ ⚓

La ciurma

"Guardateli, sembra di essere in un asilo!"
"Dai, non dire così, il clima su questa nave è nettamente cambiato da quando Maria è con noi."
"E poi, l'allegria del capitano è contagiosa!"
"Non lo avevo mai visto sorridere."
"O almeno, non così."
"Se è per questo, io non lo avevo mai visto felice."
"È una ventata d'aria positiva e dobbiamo esserne grati."
"D'ora in poi, il nostro comandante non sarà più lo stesso."

12.

Dolore e mistero

"Angel…"

Nel cuore della notte Angel è scossa da un sussulto. In un primo momento pensa al mare particolarmente agitato di stanotte. Attorno a lei tutto tace e tenta di rimettersi a dormire.

"Angel…"

La voce sembra provenire da molto lontano e l'avvolge togliendole il respiro. Aveva conosciuto in passato una sensazione del genere e credeva di averla anche dimenticata. Prova a non darle peso.

"Angel…"

Ma la voce si ripresenta e la costringe a lasciare il letto e avvolgersi nel suo mantello per raggiungere il ponte. A parte le vedette, immobili e in rigoroso silenzio, non vede altro.

"Angel…"

Ora è sveglia e lucida. Questo richiamo lo sente per davvero e capisce che non è solo frutto della sua immaginazione.

"Dove sei?" dice rivolgendosi al mare.

"Angel che cosa succede?" Jack compare dietro di lei.

"Jack, la senti anche tu?"

"No, che cosa dovrei sentire?"

"Kimera è qui."

Jack s'irrigidisce. Come colto da un malore improvviso si accascia.

"Jack, che ti prende?"

Angel lo sostiene e lui recupera le forze. "Sto bene, è stato un attimo."

Tra le onde scure, avvolte dal buio della notte, Jack vede una striscia argentea e si avvicina al parapetto.

"Jack attento."

Angel è inquieta, colta da un timore che le fa tremare le gambe, lasciandola incapace di muoversi.

"Angel ..."

Il richiamo di Kimera torna puntuale e i loro canti si uniscono nella stessa melodia. Si ricorda di quando ha cantato al mare l'ultima volta, sulla sua nave, mentre navigava alla ricerca di Jack. Si ricorda di quel particolare suono emesso dalle corde vocali e la vibrazione coinvolgere ogni parte del suo corpo. Ora rivive la medesima sensazione, unita a una necessità impellente. Si aggrappa al parapetto e si ritrova a cantare in un coro unanime con le tre sirene, che spuntano una dopo l'altra dalle acque tenebrose. Lo fa perché è un istinto a cui non può sottrarsi. Con loro, gli uomini che sono di vedetta si incantano, distratti da quelle voci suadenti. Jack, l'unico rimasto indenne, corre al timone.

Kimera si avvicina e afferra le mani di Angel portandosi sul ponte dove, da quell'istante, si regge su due gambe ed è in piedi davanti a lei, sotto i suoi occhi sbalorditi.

"Kimera!" Era la prima volta che la vedeva così da vicino. "Allora anche tu ..."

"Grazie a te. Tra di noi è avvenuta una connessione che il tempo non ha cancellato."

"Sono lieta di rivederti."

"Ma avverto incertezza nella tua voce."

"Ho paura."

"Da quando Angel Morgan ha paura di qualcosa?"

"Da quando è diventata madre."

"Angel, sono qui per tua figlia" dichiara.

"Per Mary?"

"Per Jackie" la corregge.

Jack molla il timone e si avvicina. "Sai dove si trovi mia figlia?" chiede allarmato.

"Sì Jack, non temere: è al sicuro sulla Lane.G."

"Che cosa?" Angel rimane senza fiato. "La Lane.G. è ancora in mare?"

Kimera annuisce. "Proprio così" sorride "e anche il suo capitano."

"Chris!" l'enfasi con cui pronuncia il suo nome è percepita anche da Jack che non può fare a meno di notare la luce che appare nei suoi occhi facendoli improvvisamente brillare "Chris è ancora vivo."

"Il suo capitano è ancora al comando della tua nave" dichiara la sirena "così come tu avevi disposto."

"Oh …" esclama con il cuore colmo di gioia "è incredibile."

"Ha fatto esattamente ciò che gli avevi chiesto e non ha mai abbandonato il mare."

"Sono passati tanti anni" riflette Angel.

"Lui è rimasto sulle sue rotte che conosce ormai molto bene, in difesa della Spagna."

"È diventato un corsaro?"

"E grazie a questo ha tratto in salvo vostra figlia."

"E tu ci puoi aiutare a raggiungerli?"

"Sono qui per questo."

"Hai sentito, Jack? Nostra figlia è al sicuro!"

"Sappiamo solo dove si trovi, ma che sia al sicuro non vi è certezza" risponde Jack, glaciale.

"Chris non permetterebbe mai che possa accadere qualcosa di male a sua nipote."

"Sua nipote?" commenta Jack spiazzato. "Non ero a conoscenza del fatto che gli avessi attribuito anche questo titolo."

"A lui piaceva considerarla tale, perché si è preso cura di lei. Jack, ma che ti prende?"

"Dimentichi che loro due non si conoscono e lui non può sapere chi sia quella ragazzina."

"Se non lo sa, lo capirà presto. Lui la riconoscerà, deve solo avere il tempo di capirlo."

Jack si scosta da lei in preda alla collera e torna al timone, dove sente di stare meglio.

"Jack, ti darò la direzione per raggiungerli" continua Kimera "non sono lontani. La Lane.G. si trova sulle rotte mercantili e sta tornando verso la Spagna."

"Grazie Kimera" le dice Angel "grazie per essere ancora presente per noi, anche dopo tutto questo tempo."

"Io ci sarò sempre" risponde, mentre solleva lo sguardo verso Jack "non dimenticarlo."

Jack si volta e i loro occhi si incrociano. Lui legge molto di più in quel gesto e ne ha timore. Lei, dopo un breve saluto, si rituffa in mare e nel buio ricompare la sua pinna argentata.

Angel resta a guardare fuori bordo. Anche se non può vedere nulla nel buio di una notte senza luna, avverte il cuore leggero e trema, colta da una strana emozione. Poi si volta e guarda Jack rimasto al timone, con lo sguardo perso in una nuova rotta, ma con i pensieri lontani che non gli danno pace.

"Jack … " Angel gli si affianca, ma lui la ignora.

"Jack parlami. Lo so che hai paura, anch'io ne ho."

"Poco fa non sembrava affatto così."

"Che intendi dire?"

"Ti manca?"

Angel resta per alcuni secondi sbalordita e avverte l'aria pungente della notte investirla come un'onda.

"Jack, ma di chi stiamo parlando?"

"Ho visto il tuo sguardo, i tuoi occhi non mentono Angel, non con me."

"Che cosa cerchi d'insinuare?"

"Angel gli hai consegnato la tua nave, lo hai nominato capitano! Credi che questo non significhi nulla?"

"Se ti ha dato tanto fastidio, allora perché me lo dici solo adesso?"

Jack pesa le parole. Non vuole ferirla e si rende conto di essere stato colto da un moto di gelosia improvviso come non ne provava da tempo e, per l'esattezza, da dieci anni.

"Eravamo lontani. Lui era lontano e sapevo non lo avresti più rivisto. Questo è uno dei motivi per cui non volevo tornare in mare."

"Jack ti prego, dimmi che non stai davvero pensando che per me Chris possa significare qualcosa!"

"Angel io non penso nulla, mi basta quello che vedo."

"Jack quello che dici è assurdo, spero che tu te ne renda conto."

"Non puoi negare che lui sia stato una costante per te, una presenza rilevante anche per Mary e dieci anni sono lunghi."

"E quindi per questo hai creduto che io lo amassi?!"

"Questo non l'ho detto io, l'hai detto tu."

"È ridicolo! Chris per me è come un fratello e tu lo sai."

Jack ciondola il capo. "In questo momento non so più niente."

"Ascoltami: siamo entrambi turbati e in ansia per Mary. Non siamo lucidi e questo non è il momento di creare un conflitto tra noi, ma, al contrario, dobbiamo restare uniti."

"Lasciami stare, Angel. Te ne prego."

Angel si trova di colpo perplessa e addolorata. Lo guarda come se lo vedesse per la prima volta e non lo riconosce.

"D'accordo Jack" risponde con la voce che trema "come vuoi. Ma sappi che io non ti ho mai mentito, né nascosto nulla. Jack!" torna alla carica e gli si para davanti come una furia, costringendolo ad alzare lo sguardo. "Noi ci amiamo, abbiamo una figlia ed è per lei che siamo qui. La mia gioia nel saperla con Chris dovrebbe essere condivisa e non attaccata. Per favore, dimmi che non pensi davvero quello che hai appena detto."

"Ci devo riflettere." È la sua risposta rigida a totale conferma della sua chiusura nei riguardi di un argomento troppo ostico da trattare.

"Come puoi parlarmi così?"

Mortificata e allibita dall'atteggiamento di Jack, Angel lo sente inaspettatamente distante, senza comprenderne la ragione. Lei sa solo che ora ha bisogno del suo sostegno e della sua presenza. Non riesce ad accettare quest'insensata presa di posizione. Sono sempre stati molto uniti e hanno potuto contare l'uno sull'altra attraverso la fiducia. Perché ora sembra venire meno? Che cosa succede? Perché avverte che qualcosa stia vacillando? Questo l'addolora profondamente e si copre il viso con una mano prima di lasciare il ponte. Jack non si scosta dal timone, così come non può staccare gli occhi da quella scia d'argento nell'acqua, costretto a inseguire la traccia lasciata tra le onde di un mare irrequieto come il suo cuore.

13.

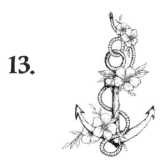

Un giorno perfetto

Paul

L'alba di un nuovo giorno arriva anche troppo in fretta e alle primissime luci sto già lavando il ponte con Fred. L'aria è frizzante, ma il cielo è tornato limpido come non si vedeva da settimane. La stagione che volge verso la primavera, rende nebbie e temporali una costante che non lasciano molta tregua, specie se si naviga in prossimità di Spagna e Portogallo. Le nubi si stagliano come un velo di zucchero in lontananza, formano sul pelo dell'acqua quelle brume propizie in caso di assalto, dove è possibile celarsi alla loro ombra. Diverse volte il capitano ci ha guidato nel bel mezzo di una foschia fitta per mettere in salvo la Lane.G., a conferma della sua esperienza e dedizione a questa nave che ama più di sé stesso.

D'un tratto Fred mi dà uno strattone. "Ehi, il mare sarà sempre lì, anche fra due ore, anche domani e perfino tra un mese" borbotta, passando ripetutamente lo spazzolone "ora vedi di non lasciare tutto il lavoro a me come tuo solito!"

"Sei particolarmente acido stamane."

Mi rimetto al lavoro quando, all'improvviso, un terzo spazzolone compare a fianco del mio. Alzo lo sguardo disorientato.

"Maria, che ci fai già qui a quest'ora del mattino?"

"Non è questa l'ora in cui si svegliano i pirati?" domanda, mettendosi a strofinare il tavolato con vigore.

"Sei una sorpresa continua" le rispondo fingendo indifferenza sul fatto che lei sia qui con noi e abbia deciso, di sua spontanea volontà, di fare un lavoro di basso livello e che la maggior parte della ciurma detesta e schiva, affidandolo ai mozzi più giovani.

"Voglio darmi da fare" afferma "come tutti voi. Adesso sto bene ed è giusto che mi renda utile."

Io e Fred ci guardiamo con stupore e ammirazione nei confronti di questa giovane con così tanta forza di volontà. È insolito per una ragazza adattarsi a una vita come questa. Eppure, lei è a suo agio, disinibita nei confronti dei mozzi, sfrontata nel gestire gli sguardi severi della ciurma, sembra nata per stare su una nave e ne sono indiscutibilmente attratto.

Portiamo avanti il lavoro sul ponte come una vera squadra e, benché lei non conosca le mansioni quotidiane, resta in osservazione e ripete i gesti di ognuno di noi senza discutere e senza lamentarsi. Quando non sa come agire, chiede aiuto con umiltà e quasi tutti sono disposti a darle una mano. Sono compiti pesanti per una ragazzina ancora esile di corporatura ed è palese come alcuni di loro cerchino di non sovraccaricarla. Inoltre, se il capitano dovesse accorgersi di questa presa di posizione di Maria, non so se sarebbe d'accordo e potrebbe richiamarla, impedendole di stare tra noi e io non voglio che questo accada.

La sua presenza così generosa e spontanea, sta conquistando a poco a poco l'intera ciurma che non la vede più come un impiccio o un fastidio. Inoltre, averla *tra i piedi*, è entusiasmante oltre ogni dire, trasformando in positivo il clima che si respira tra l'equipaggio.

Quando il capitano fa capolino sul ponte del cassero, Maria si arrampica sulle sartie penzolanti di una vela per salutarlo dall'alto. Lui alza un braccio e le sorride incerto, ma ormai consapevole che a ben poco servirebbe un suo richiamo e la lascia fare. Ha uno sguardo insolito quando osserva Maria e ho come l'impressione che si sia preso a cuore questa ragazzina più di quanto avrebbe dovuto. La protezione che dimostra nei suoi riguardi è quasi paterna, così come quando le parla o gioca con lei. Al nostro capitano è sempre mancata una famiglia e la presenza di Maria credo gli sia di conforto.

Sollevo lo sguardo e la vedo alle prese con le cime. Una di queste, legata a un'altra cima, si sfalda e lei, appena posa i piedi sul ponte, si affretta a rimetterle in sesto ed esegue un nodo di bozza con una manualità impressionante. Le cime tornano tali e quali a come le aveva trovate.

"Dove hai imparato ad eseguire un nodo marinaresco così ben fatto?"

"Un che?" lei non capisce la domanda.

"Un nodo come questo" ripeto mostrandoglielo.

"Ah questo! Sono dei giochi che amavo fare con mia madre quando ero più piccola. Lei ne sa fare molti, anche più complicati di questo e io la copiavo."

"Tua madre hai detto?"

"Sì, esatto. Perché mi guardi in quel modo?"

"È curioso" rispondo vago.

"Paul" mi segue "ora che fai?"

"Vado dall'altra parte del ponte. Ci sono le armi da lucidare."

"Posso venire con te?"

"Solo se tieni le mani a posto. Con quella roba non si scherza."

Solleva le mani in segno di resa e sorride. La sua vivacità porta anche me a risponderle con un sorriso.

Una volta nel quadrato, la zona adibita all'addestramento degli allievi, inizio dalle spade.

"Ecco guarda, questo è un fioretto" le dico rimuovendolo dalla sua sede. Lei mi osserva in rispettoso silenzio. "Occorre fare attenzione, le lame sono molto affilate e potrebbero ferire un uomo anche solo sfiorandolo." Afferro la mazzetta e distendo la lama in posizione orizzontale, invitando Maria a spostarsi dal lato opposto alla punta.

"Vedi, il filo viene intaccato dall'urto contro le altre armi, pertanto va uniformato in modo che sia sempre impeccabile."

Stando ben attento a colpire il piatto della testa, uniformo il filo con piccoli colpi leggeri lungo tutta la superficie. Maria mi osserva rapita.

"Vi capita spesso di usarle?"

"I combattimenti in mare sono frequenti."

Poi afferro una lima piatta e gliela mostro. "Questa serve per rimuovere eventuali bave che si possono formare sia in battaglia che dopo la battitura."

"E se dovesse accadere? Se ci fosse un combattimento?"

"In tal caso" le rispondo mentre avvolgo l'elsa con della carta abrasiva "ogni componente dell'equipaggio ha il proprio compito a seconda della preparazione ricevuta" e con dei piccoli movimenti circolari comincio dall'elsa e lucido tutta la lama.

"E io, che cosa dovrei fare?"

La guardo distogliendomi dal mio lavoro. "Niente" le rispondo deciso "solo correre a nasconderti. I luoghi più sicuri sono sotto coperta e nelle stive. Evita la tua cabina e soprattutto quella del capitano. Le cabine sono spesso soggette a saccheggi."

In ultimo passo uno straccio asciutto per rimuovere eventuali residui.

"E a te che ruolo è stato affidato?"

"Io sono uno spadaccino" affermo sollevando il mento orgoglioso.

Poi, dopo aver imbevuto un panno con dell'olio, lo passo a Maria.

"Tocca a te" le dico "ma fai attenzione."

Lo afferra con le sue dita sottili e con una delicatezza non comuni, passa lungo tutta la lama con movimenti concentrici per lubrificarla, affinché si mantenga lucida.

"Perfetto" dichiaro sempre più ammirato da ogni suo gesto.

"E se io non volessi nascondermi?"

Improvvisamente afferra l'elsa e punta l'arma verso di me. Resto di stucco, come un mozzo alle prime armi, spiazzato da un gesto inaspettato che mi lascia senza fiato.

"Ma ...Maria che ... che ti prende?" balbetto.

Lei sorride. "Se sei tanto esperto, perché non me lo dimostri?"

Con un cenno del capo mi indica una delle spade appese alle mie spalle. "Coraggio" mi dice "non affronto avversari disarmati."

"Ma ... fai sul serio?"

"Perché non lo verifichi tu stesso?"

Mi lascia appena il tempo di afferrare una sciabola e mi si para contro con la disinvoltura di un'abile spadaccina. Sono costretto a superare all'istante l'esitazione di confrontarmi con una ragazza, ma lei non mi lascia scelta. Ci muoviamo nel quadrato ed io mi sento messo a dura prova, come se si trattasse di un'esercitazione a tutti gli effetti. Nell'avvertire il rumore delle nostre spade che s'incontrano, parte dell'equipaggio si affaccia dal ponte di coperta per vedere che cosa stia accadendo.

"Maria, non è divertente" le dico nel tentativo di farla desistere "potresti farti male."

"Chi ha davvero paura di farsi male?" mi domanda attaccando di nuovo.

In effetti, è davvero abile e se non ci sto attento, l'unico che rischia di ferirsi sono io. Tutti ci osservano a bocca aperta e in pochi minuti, non solo mi ritrovo sopraffatto dalla capacità di Maria di tenere testa a un duello, ma noto che si è conquistata il benestare di tutti gli uomini, anche di coloro che ancora avevano delle riserve nei suoi riguardi, al punto di meritarsi un applauso.

"Com'è che la figlia di un contadino sa destreggiarsi con la spada in questo modo?"

"Mio padre mi ha sempre detto che bisogna sapersi difendere. Così mi ha insegnato a usare la spada."

"Mi prendi in giro?" domando perplesso.

"Perché mai dovrei?"

"I contadini non si difendono con la spada, alcuni non sanno nemmeno che cosa sia e in caso di necessità, usano i forconi. Le armi sono un privilegio di nobili e militari. Come fa tuo padre ad averne una?"

"In realtà ne ha due" mi corregge.

"Queste armi sono molto costose. Chi le ha forgiate?"

"Ecco, proprio non saprei."

"Chi gli ha insegnato a tirare di spada?"

"Forse ha imparato da solo."

Rido di gusto considerandola una battuta. Poi la guardo e noto che lei non si diverte affatto. "Non dici sul serio!"

"Perché no?! Mio padre è un uomo molto in gamba."

"Si impara con la pratica quotidiana e, da quel che mi hai raccontato, non credo sia il caso di tuo padre."

"Gabbiani a dritta!" urla la vedetta sopra di noi.

"Che succede?"

"Terra in vista" rispondo riponendo la sciabola e invito Maria a fare lo stesso "ci fermiamo a fare provviste."

"Forte!"

"Ora scusa" le dico "devo occuparmi della velatura."

Maria corre all'impavesata per osservare le manovre che ci porteranno ad avvicinarci al punto di attracco. Per un attimo osservo i suoi occhi brillare di gioia e spiccato interesse.

Mary

"Come sta la nostra signorina quest'oggi?" mi domanda Chris avvicinandosi a me, mentre la nave accorcia le distanze dalla terra ferma. "Paul ti sta dando del filo da torcere?"

"Oh no, è piuttosto il contrario!" ammetto. "In effetti lo sto mettendo a dura prova" dichiaro soddisfatta.

"Ah."

"Dove stiamo andando?" chiedo, mentre ammiro delle colline rigogliose stagliarsi innanzi a noi.

"Ci fermiamo qualche ora per racimolare un po' di provviste."

"Solo qualche ora?"

Annuisce. "Entro sera dobbiamo essere di nuovo in mare."

"Ma sembra un bel posto!" Il paesaggio si delinea in modo sempre più nitido. "Perché non restiamo qualche giorno?"

"Sarebbe troppo rischioso" mi spiega "questa rada di acque tranquille è l'ideale per i lavori di manutenzione delle imbarcazioni e i pirati vanno sempre in cerca di luoghi come questo per carenare le navi e fare provvista di acqua, raccogliere legna e nascondere il bottino. Fermarsi qui per troppo tempo significherebbe sfidare la sorte e io non metto a repentaglio la vita dei miei uomini."

"Conosci proprio bene i pirati, vero Chris?"

Lo osservo con ammirazione e lui mi sorride.

"Li conosco, sì. Dai, ora preparati. Poco distante dalla spiaggia c'è anche un torrente di acqua dolce, potrai approfittarne per farti un bagno."

"Oh, questa sì che è una bella notizia!"

"Allora andiamo?"

"Siii!"

Mary

La scialuppa giunge a riva e tutti saltano in acqua per trascinarla sulla sabbia. Non appena mettiamo piede a terra, si fiondano verso la radura. Li seguo immaginando dove possano essere diretti e il sentiero ci porta dritti al torrente di acqua dolce. Con stupore noto che anche Chris e Sebastiano, che non stanno mai in mezzo alla ciurma, si sono uniti alle nostre grida festanti. La giornata trascorre veloce, tanto da perdere la cognizione del tempo e ci ritroviamo sfiniti al tramonto, senza nemmeno aver considerato il discorso provviste. Lungo la via del ritorno ognuno di noi raccoglie un fascio di rametti secchi con cui prepariamo un grande fuoco sulla spiaggia, vicino alla nave, per riscaldarci e asciugarci. Sebastiano avvicina la miccia di un archibugio* e in un attimo il falò è pronto.

Spuntano un liuto e un piffero e accompagnati dalle note allegre, ci sediamo in cerchio sulla sabbia intonando canzoni. Non le conosco, ma seguo la melodia e mi diverto.

---

*ARCHIBUGIO: antica arma da fuoco portatile ad avancarica. Il termine "archibugio" (*hacuebuche* in lingua francese), intrusione delle parole "arco" e "buco", potrebbe derivare dal vocabolo in lingua olandese *hace-bus* ("scatola con uncino"), o più verosimilmente dal tedesco "Haken Büchs" (bocca da fuoco ad uncino). Esso può essere considerata la prima vera arma da fuoco portatile capace di garantire una certa precisione nel tiro. Evoluzione del più primitivo e pericoloso schioppo, anche noto come "cannone a mano" (*handgun* in lingua inglese), l'archibugio trovò poi sviluppo nel moschetto, dando origine al fucile moderno.

Dalle case sui promontori, le luci delle lanterne ci fanno capire che qualcuno sta camminando verso di noi. Alcuni uomini, probabilmente sentendo la musica provenire dal nostro accampamento, si avvicinano. Portano forme di pane e pagnotte, altri formaggio, pezzi di carne secca e pesce affumicato. Altri ancora trascinano otri di vino.

Guardo i volti rilassati dei miei compagni di viaggio, il viso di Chris, presente con il suo affetto e la sua dedizione, le occhiate di Paul, non sempre discrete e Sebastiano, più riservato, ma attento ad ogni mio movimento.

Mi sento accudita e protetta da questa banda non solo di corsari, ma di brave persone. Osservo le fiamme salire fino al cielo dove incontrano le stelle di questa notte unica nel suo genere e credo di non essere mai stata più felice.

14.

Conflitto

"Jack!"

Alle prime luci di un'alba senza sole, Saverio trova Jack al timone con gli occhi fissi all'orizzonte, privi di luce, come iptnotizzati.

"Jack! Jack!"

Al terzo richiamo lui scuote il capo e torna presente.

"Saverio?" Lo guarda poco convinto, come se non riconoscesse più il capitano dell'Atlantic.

"Jack, stai bene? Sei pallido."

"Sì, sto bene" risponde portandosi una mano alle tempie "almeno credo."

"Che ti è successo? Che ci fai al timone?"

Jack ricorda gli espisodi di quella notte. "Sto seguendo una rotta."

"Quale rotta?"

Saverio gli si affianca per guardare nella sua stessa direzione.

"Quella che ci porterà sulla scia della Lane.G."

"La Lane.G.? Scherzi?"

"No, affatto." lo osserva stranito. "Perché?"

"Oh, al diavolo Jack! La Lane.G. naviga su queste rotte da anni. Non è necessario che tu le vada incontro, sarà lei ad imbattersi in noi."

Jack cambia espressione che da assente diventa stralunata. Saverio lo guarda e ride di gusto.

"Perché vuoi trovare la Lane.G.? Siamo forse in pericolo?"

"In pericolo? No …"

Nello sguardo perplesso di Jack, Saverio comprende che lui non sia al corrente di determinate situazioni che si sono modificate con gli anni e si sente in dovere di specificare.

"Le navi corsare spagnole ci difendono da diversi anni dagli attacchi di brigate straniere, salvaguardando il carico e assicurandosi di farci attraversare l'oceano indenni, fino a destinazione."

In quel momento spunta Angel con la sua mantella. Ha gli occhi sgranati e l'aspetto di chi non ha chiuso occhio.

"Oh, buongiorno Angel, anche voi non avete una bella cera questa mattina" dichiara Saverio.

"Vi ringrazio capitano, voi sì che sapete come lusingare una donna."

"Anche voi con l'ansia di trovare la Lane.G.?" Angel lancia un'occhiata fulminea a Jack. "Non dovete temere" dichiara Saverio "la Lane.G. è nostra alleata."

"Come fai a essere così sicuro che la Lane.G. incrocerà la nostra rotta?" gli domanda Jack.

"Perché sono sei anni che pago la tassa per i mercanti autorizzati a finanziare le spese dei galeoni che proteggono le flotte mercantili e delle armate che difendono la navigazione sulle rotte per le Indie. In pratica, noi e la Lane.G. siamo colleghi."

"E' la nave dove abbiamo ragione di credere che si trovi Maria" dice Angel.

"Non era stata rapita a Genova?" chiede Saverio perplesso. "La Lane.G. non arriva mai fino Genova, né tantomeno rapisce bambini!"

"Infatti è così" interviene Jack "credo che l'abbiano tratta in salvo."

"Come vi dicevo" continua Saverio "la Lane.G. agisce in nostra difesa."

Angel abbassa lo sguardo e fissa il tavolato. "Non mi stupisce. Alla fine è prevalso il suo animo gentile e si è messo al servizio degli altri."

Ancora una volta Jack non può fare a meno di notare, negli occhi di sua moglie, una bagliore che non vorrebbe trovare, almeno non mentre parla di Chris.

"Potete spiegarmi che tipo di legame avete con quella nave?"

"Si tratta del Fantasma" risponde Angel "o, almeno, da voi è ricordato come tale."

"La sloop fantasma di Capitan Morgan tornato per vendicarsi?!"

Angel ciondola tristemente il capo. "Così credono. Ma deve sapere che non c'era il fantasma di mio padre al comando" solleva lo sguardo "bensì io."

"Capitan Angel Morgan" attesta Tonino quando compare alle loro spalle, dopo essere rimasto in disparte ad ascoltare "ma certo, ora è tutto chiaro!" Esulta come se avesse appena risolto il più complesso degli enigmi.

"Beh …" esclama il comandante "adesso si spiegano molte cose."

"Non l'ho fatto per vendetta e nemmeno per cattiveria. Ero solo terribilmente in ansia … come ora."

"Capisco."

Saverio si congeda immerso nelle sue analisi. Angel si gira verso Jack in cerca dei suoi occhi, ma il suo umore è rimasto quello della notte appena trascorsa e lo vede lasciare il timone senza degnarla di uno sguardo.

L'atmosfera sull'Atlantic è più che mai avversa e dolorosa. Angel e Jack sono affranti, in balìa degli eventi e poco lucidi. Questo li sta mettendo l'uno contro l'altra. Non solo, questa confusione, giunta da influenze esterne, non è loro d'aiuto, ma superare le avversità che si stagliano sulla loro rotta non sarà sempre possibile.

15.

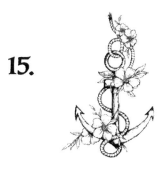

Chiamatemi Jackie

Sebastiano

"Giovane timoniere, mantenere la rotta! Nostromo, scandagliare* i fondali!"

"Sì capitano, agli ordini signor capitano!"

"Non così" correggo Maria alle prese con le prove da esperta timoniere "è sufficiente solo un *sì signore!* Intesi?"

"Bene, lo rifaccio: Sì, signore!" si volta con un sorriso aperto "sono stata abbastanza convincente?"

"Ci lavoreremo. Ora attenta! Un timone non è cosa da sottovalutare."

"È pesante."

"Ti aiuto" intervengo per sostenerla.

Con le sue esili braccia sarebbe improbabile che riesca a mantenere saldo il timone. Siamo appena ripartiti, lasciando alle nostre spalle la radura florida e il suo cibo fresco e prelibato. Navighiamo rasenti le coste della Spagna, senza allontanarci e mantenerla a vista per intercettare dei centri abitati.

---

*Misurare la profondità delle acque marine, lacustri o fluviali per mezzo dello scandaglio.
SCANDAGLIO: strumento di varia forma e variamente azionato, per misurare la profondità delle acque e anche per prelevare campioni del fondo marino; il tipo più semplice è quello detto *a sagola*, costituito da un peso di piombo o ferro legato a una funicella (sagola) graduata in metri per mezzo di nodi o di tacche ben evidenti

Ci troviamo in acque pacifiche, ottime per allenare un giovane e inesperto timoniere. Il mare è una tavola e soffia una brezza leggera. La nave corre liscia sull'acqua priva di increspature. Le condizioni ideali per soddisfare l'enorme curiosità di Maria e giocare con lei a fare i pirati.

"Il tuo compito mi affascina, Sebastiano, anche se molto impegnativo, ma che cosa accade quando il mare è in burrasca?"

"In condizioni tanto avverse, il timone è tra le cose più importanti da non abbandonare mai. Se il timoniere non ce la fa, interviene il capitano e altri ufficiali esperti che lo aiutano a governarlo per dividersi lo sforzo."

Maria mi guarda con occhi ricolmi d'interesse ed è piacevole e gratificante fornirle ogni tipo di informazione.

"Se la nave dovesse rimanere in panne, senza controllo, il rischio è quello di spezzare l'albero maestro."

"E sarebbe un guaio?"

"Un enorme guaio!" veniamo raggiunti da Chris che si unisce al nostro discorso "priva di albero maestro una nave non sarebbe più in condizione di navigare."

"A te è mai successo, Chris?"

"Solo una volta, ma ce la siamo cavata."

"Ora dove siamo diretti?"

"Ti riportiamo a casa."

"Davvero?" sembra sorpresa.

"Non senti la mancanza della tua famiglia?"

"Mi manca mio padre" guarda l'orizzonte e nel suo sguardo leggo qualcosa di diverso da ciò che mi sarei aspettato "ma se torno a casa, i miei genitori mi riporteranno a vivere lontano dal mare e non voglio, perché io adesso sono felice" si volta verso di noi "e chiedo di rimanere su questa nave. Voglio vivere qui, con voi."

"Tesoro, in non credo di potermi assumere una simile responsabilità" dichiara Chris.

"Chris, ti prego, non mi portare a casa!" lo supplica Maria. "Anche se glielo spiegassi, loro non capirebbero, non possono capire e mi proibirebbero qualsiasi contatto con voi e con il porto."

"Come dar loro torto?"

"Se solo vi conoscesse, cambierebbe opinione. Voi non siete come gli altri."

"Pirati e corsari non godono di rispetto e vengono classificati tutti alla stessa stregua."

"La cosa migliore da fare in questo momento è riportarti alla tua famiglia" confesso, anche se l'idea di separarci da Maria non mi entusiasma "una volta a casa, li metterai a parte della tua decisione."

"E questo mi aiuterà?"

"È una possibilità."

"Chris ha ragione, dobbiamo almeno tentare."

"Quindi, significa che per voi, posso restare?"

Io e Chris ci scambiamo un'occhiata, poi, con fare indifferente, ci guardiamo attorno gesticolando.

"Mah … non saprei …" Chris mantiene un atteggiamento vago e io gli vado dietro.

"È risaputo che tenere una donna a bordo … porta male!"

"Come?!" e la reazione di Maria arriva puntuale "fino a prova contraria il capitano di questa nave era una donna!"

"In effetti …"

"Io non porto iella!"

Chris ed io scoppiamo in una sonora risata.

"E adesso cosa ci sarà mai di tanto divertente?"

"La tua faccia!" esclama Chris.

Mi avvicino a Maria mollando il timone. "Sei forte, lo sai?"

"Mi state prendendo in giro?"

"Certo che sì!"

"La superstizione esiste, però!"

"Paul, non ti ci mettere anche tu" esclamo, quando anche lui si unisce alla nostra conversazione.

"È solo una vecchia credenza" ribadisce Chris composto "alla quale quasi nessuno dà più peso."

"Ma io so che …" il tentativo di Paul di sostenere il concetto, viene smorzato dalle abili mani di Chris che gli chiudono la bocca, zittendolo all'istante.

"E comunque, per quanto mi riguardi" continua "Maria può restare con noi se lo desidera."

"Siiii" risponde lei con le braccia alzate verso il cielo "non desidero altro!"

"Signori" esclama Paul "ero venuto per avvisarvi che abbiamo avvistato la costa della Spagna, signori."

"Molto bene Paul" risponde Chris.

"Spagna?" chiede Maria perplessa "è lì che siamo diretti?"

"Ho ricostruito la rotta per identificare il punto in cui ti abbiamo recuperata in mare" le rispondo, mentre riprendo il timone.

"E perché?"

"In questo modo speriamo di avvicinarci alla costa dove si trova la tua casa" spiega Chris.

"Non serve. Se volete riportarmi a casa è in Italia che dobbiamo andare."

A quelle parole mollo di colpo il timone che inizia a oscillare su se stesso, mentre Chris lascia cadere il cannocchiale che reggeva tra le sue mani che ora tremano senza controllo. Entrambi guardiamo Maria con il volto stupito e gli occhi colmi di una speranza che ci sembra di poter toccare con mano, persa nei suoi occhi.

"In Italia?" chiedo avvicinandomi a Maria che ora ci guarda stranita "non sei spagnola?"

"Non ho mai detto di esserlo. I pirati mi hanno sottratta dal porto di Genova."

"Cosa?" emetto un sibilo lieve "vivevi a Genova?"

"Vivevo in campagna, sulle colline vicino a Genova."

Ci ritroviamo sbalorditi e incapaci di muoverci, travolti da un'emozione per cui non eravamo pronti. Eppure …

Eppure questa ragazzina di segnali ne ha inviati! La sua confidenza con il mare, l'abilità dimostrata a bordo, quella fragilità e sicurezza, il suo viso familiare e il suo lieve accento inglese così somigliante a …

"Come si chiama tua madre?" Chris la prende per le spalle avvolgendola, per guardarla dritta negli occhi, ma lei si spaventa.

"Che cosa succede? Cos'ho detto di male?"

"No, tesoro …" Chris si accorge di averla aggredita e torna sui suoi passi. C'è un momento carico di agitazione che ha preso il sopravvento, così cerca di tranqullizzarla scusandosi. Il viso di Maria fa un balzo mentre lo guarda scossa e lui allenta la presa allontanandosi.

"Perdonami, non ti volevo spaventare" le sorride, mentre io sono ancora immobile come un ebete. "Non temere, non è successo niente … è solo che tu …"

"Angel" risponde con la sua voce carica di decisione "mia madre si chiama Angel."

"Mary!" esclamo e lei strabuzza gli occhi. "Allora tu sei Mary!"

Si agita. "E voi come fate a saperlo?"

"Perché ti fai chiamare Maria?" le domando in un momento che ha del surreale per tutti e tre.

"I miei genitori mi hanno detto di usarlo con gli estranei."

"Maria Guglielmo" come ho fatto a non capirlo prima? Sono stato davvero uno sciocco! "Angel ha usato il cognome di nostro padre. In questo modo ti ha tenuta al sicuro."

"Continuo a non capire" sbotta Mary "al sicuro da che cosa? E voi come fate a sapere di mia madre, chi siete?"

"Mary, tu hai ragione a essere confusa."

"Angel è mia sorella" rispondo.

"Io non …" scuote il capo in preda alla confusione.

"E tuo padre si chiama Jack, giusto?"

"Ma voi chi caspita siete?!"

"Sebastiano aspetta" mi intima il mio caro amico "forse lei non lo sa. Credi che Angel abbia potuto …?"

"… per lo stesso motivo per cui non voleva che usasse il suo vero nome."

"Non possiamo sconvolgerla in questo modo."

Mary, in piedi di fronte a noi, ci osserva come se improvvisamente fossimo diventati degli estranei. Chiedo di essere sostituito al timone e mi avvicino per offrirle il mio sguardo comprensivo.

"Mary, ti dobbiamo delle spiegazioni."

"Siete davvero chi dite di essere?"

"Credo proprio di sì."

Il suo sguardo acuto ci studia attentamente. Ci sentiamo sotto esame e con la netta sensazione che abbia già capito tutto, ancor prima di poterglielo esporre. Allora è questa la ragione che l'ha portata in mare: era alla ricerca delle sue origini.

"Ci sono tante cose che devi sapere" le dice Chris spezzando il silenzio.

"Qual è il mio nome?" chiede seria "voi lo sapete, vero?"

"Tesoro, prima dovresti sapere che …"

"Tu lo sai Chris, non è così?!"

È una tipa tosta, in lei c'è la dolcezza e fermezza di Angel, ma anche l'intraprendenza di Jack. Ora riconosco entrambi ed ecco svelato il motivo per cui, osservandola, aveva un'aria tanto familiare. So che Chris non può sottrarsi alla sua richiesta, ma se lei, come credo, non è a conoscenza di chi siano davvero i suoi genitori, sarà un duro colpo.

"Il tuo nome è Jackie, come tuo padre" confessa tentennando.

"Stella" gli vengo in aiuto "come la protettrice dei mari."

"E Mary, come tua nonna" risponde Chris, mentre lei si aggrappa al bavero della sua giacca.

"E il mio cognome?" silenzio e indecisione che la fanno innervosire. "Il mio cognome Chris!"

Lui sospira quando comprende che non ci sta lasciando scampo.

"Sparrow …" risponde rassegnato.

Lei si stacca con violenza da Chris e indietreggia di qualche passo.

"Sparrow? Il pirata!"

"Jack è nostro amico" dichiara.

"Non è possibile" si volta verso il mare con una mano sulla fronte "mio padre è un contadino" afferma.

Mary resta immobile per alcuni minuti, un tempo che le concediamo, necessario affinchè riesca a digerire una notizia tanto sconvolgente. Quando si volta, i suoi occhi sono arrossati.

"Mio padre non è un pirata!"

"Tesoro …"

"Che razza di storia è questa?"

"Noi siamo sconvolti quanto te."

"Mary va tutto bene" interviene Paul quando la vede agitarsi.

Lui afferra le sue mani con dolcezza e quel gesto la rassicura e inizia a piangere cadendo sulle ginocchia. "Non è niente."

Paul si china per abbracciarla e questo ha su di lei un effetto calmante. Quando i singhiozzi cessano, si scosta e torna alla carica asciugandosi il viso.

"Un tizio al porto mi disse: trova la Lane.G. e troverai la Perla Nera. Perché? Che cosa vi lega?"

"Tua madre" risponde Chris.

"Mia madre?"

Chris si volta e cerca il mio sguardo. Rivelare la sua identità, per lui, significa mettere a nudo anche una parte di se stesso. Gli faccio un cenno d'incoraggiamento "era lei il capitano di questa nave."

"Non è vero!" sbotta Paul "il capitano di questa nave era Morgan!"

"Sì, Paul. Angel Morgan, la figlia di Henry."

Ora i due ragazzi ci osservano immobili, sciocati e increduli, anche se per due ragioni differenti. Chris non è mai riuscito a confidare alla sua ciurma le vere origini della Lane.G., lasciando che tutti la credessero il Fantasma di cui tanto si era parlato in passato. Navigare su un vero e proprio mito leggendario, che fu sotto il comando di Morgan, è un privilegio a cui in pochi si sono sottratti. Entrare a far parte di quell'equipaggio era qualcosa di molto ambito e Chris non ha mai voluto spezzare la magia.

"Mary, tu sei la figlia di Capitan Angel Morgan e di Capitan Jack Sparrow" dichiara infine Chris con tono liberatorio.

"Nooooo!" lo attacca Mary "se fosse vero loro me lo avrebbero detto!"

"Due capitani in una botta sola!" esclama Paul esaltato.

"Mary, ora calmati" le intima Chris risoluto.

"Non voglio calmarmi!"

"E invece sì" il suo tono sa di un ordine senza obiezioni. L'afferra per le spalle portandola seduta di fronte a lui "ti calmerai e mi starai a sentire, d'accordo?!"

Si blocca con il respiro affannato, mentre lo fissa ansimando.

"Sì signore" risponde confusa.

"Quando i tuoi genitori hanno deciso di abbandonare il mare, quel giorno io e Sebastiano eravamo presenti. Non è stata una scelta facile per loro. Lo hanno fatto per te, per tenerti al sicuro. Come avrebbero potuto farlo se tutti avessero saputo chi fossero in realtà? Prova a pensarci …." Chris parla a Mary con una saggezza innata. "I pericoli non sono solo in mare. Genova è una città portuale che negli anni si è potenziata. Se la gente avesse saputo che due pirati alloggiavano nella casa in cima alla collina, quanto credi che ci avrebbero impiegato gli ufficiali della marina ad arrestarli? E a quel punto, che ne sarebbe stato di te?"

Alla piccola tornano le lacrime agli occhi.

"E hai pensato ai tuoi amici? Come ti avrebbero trattato? Come saresti apparsa ai loro occhi, se avessero saputo davvero chi sei?"

Non dice più niente, sospesa nel turbinio dei suoi pensieri. Allora la raggiungo, incapace di restare solo a guardare e con l'esigenza di avere un contatto con lei.

"Tu sei mia nipote, Mary" m'inginocchio anch'io, preda delle emozioni più profonde e intime "non puoi ricordarti di me, sono passati troppi anni. L'ultima volta che ti ho vista ne avevi appena due."

Commosso osservo la piccola come una creatura appena caduta dal cielo. Apro le braccia e le allungo sperando che possa cogliere il mio gesto. Per lei potrebbe non significare nulla, per me è l'apertura di un mondo che avevo chiuso con un lucchetto senza combinazione, dove ci ho lasciato la terraferma e l'Italia per tutti questi anni, per non dover più soffrire. Mai avrei creduto che un giorno, una piccola superstite del mare, mi avrebbe restituito una parte di quel passato e di me.

Lei accetta il mio abbraccio ed io scoppio in un pianto liberatorio. Anche Chris ci avvolge con le sue braccia e rimaniamo così, colmi di gratitudine, con quel nodo che si scioglie nella brezza leggera e spazza via, come una spugna, tutta la solitudine e sofferenza di questi anni.

Poi lei si stacca e ci guarda. L'incertezza di poco prima ha lasciato spazio a una sorta di esaltazione e con un balzo è davanti al timone che impugna con sodisfazione e s'intravvede una nuova luce nei suoi occhi.

"Niente più Mary!" esclama a gran voce. "Da oggi mi chiamerete Jackie: Jackie Sparrow, come mio padre."

Chris si volta e ci fissiamo attoniti.

"Credo che il permesso dei genitori non sia più necessario."

16.

Origini negate

Jackie

Calano le ombre sulla Lane.G. quando rientro nella mia cabina. Ho un'andatura pesante e l'aria che soffia sul ponte a quest'ora della sera mi aggredisce. Entro e mi siedo davanti alla piccola finestra. Il respiro mi porta d'improvviso all'affanno e sono costretta ad aggrapparmi alla sedia per evitare di cadere. Chiudo gli occhi e vedo i volti dei miei genitori avvolti da un'ombra scura. Rivivo alcuni ricordi legati alla mia infanzia, rivedo gesti e sguardi. Le suore, gli amici e Tonino, che ho lasciato solo al porto e che non vedendomi tornare sarà morto di paura. Tutto questo mi investe con la sua potenza. Porto le braccia attorno alla testa e rimango immobile. Resto in ascolto del mio respiro, spezzato solo dal beccheggio della nave, riflettendo su questa giornata a dir poco sconcertante, ma i pensieri che s'innestano nella mia mente sono strani, si generano le domande più assurde e avverto un senso di disagio crescente.

Toc! Toc!
"Chi è?"
"Sono Chris, posso entrare?"

Corro ad aprire e lui è davanti a me. Tra le mani tiene la bambola di pezza che avevo trovato nella sua cabina. Me la porge con un gesto emozionato e gentile.

"Ecco ... questa è tua."

La prendo tra le mani e la osservo, ricordando il giorno in cui sono arrivata sulla Lane.G. e tutte le incredibili sensazioni provate qui, su questa nave. Per me è stato come rinascere.

"Ho aspettato e sperato di vedere il giorno in cui te l'avrei restituita."

"Grazie Chris."

"Come ti senti?"

Faccio spallucce. "Bene."

Ci guardiamo. Tra di noi, dopo le scorribande e i giochi che hanno coinvolto tutta la nave, ora si è creata una sorta di strano e assurdo imbarazzo.

"Chris, posso chiederti una cosa?"

"Tutto quello che vuoi."

"Mia madre" appena la nomino lui cambia espressione "com'è diventata capitano di questa nave?"

Dopo un suo cenno ci sediamo, uno di fronte all'altra, accanto allo scrittoio.

"Angel ha affrontato un duro addestramento, pari a quello che viene imposto agli allievi uomini, confrontandosi con una realtà spietata."

"Su questa nave?"

"A bordo dell'ammiraglia inglese di capitan Edward Warley."

Stento a crederlo, questa storia è pazzesca e le sue parole mi rapiscono. Sono stata cresciuta da due pirati! E non due pirati qualunque.

"Lei ha sofferto" continua Chris "e ha lottato con tutte le sue forze. La sua ricompensa è stata la carica di comandante, conferitagli da Warley."

"E tu eri con lei, vero?"

"Sì, ogni giorno, ogni istante. La tenevo d'occhio da lontano, perché non mi avrebbe mai permesso di interferire."

"E io?"

"Tu eri con noi. Warley ti teneva con la tata nella sua cabina, il posto più sicuro della nave."

"Cioè, io ero sulla nave con voi?" chiedo impressionata.

"Tua madre non si sarebbe mai separata da te, per nessuna ragione."

"E dov'era mio padre?"

"Lontano, non sapevamo nemmeno noi dove. Angel è diventata capitano per salvare tuo padre e, come ben sai, ci è riuscita."

Chris mi racconta ogni cosa. Lo ascolto con estremo interesse, mentre le mie dita scorrono tra le ciocche morbide dei capelli della mia bambola e, come un sogno ad occhi aperti, si materializzano alcune sensazioni di quel passato che tanto vorrei rivivere e ricordare, ma che mi restituisce solo poche e sfuocate immagini. Qualcosa di antico riemerge dal fondo dei suoi occhi blu e che riconosco come un'eco del passato, flebile e leggero, ma che, all'epoca, dov'essere stato un incendio indomabile.

"Tu la ami, vero?" Gli domando, cogliendolo alla sprovvista, presa dalla passione che emerge dal suo racconto, dai suoi gesti e dai suoi occhi che non sanno mentire.

"L'ho amata, sì" risponde "ma è stato tanto tempo fa."

"Come l'hai conosciuta?"

"Grazie a tuo padre" sospira con un sorriso amaro "è stato lui a portarla sulla Perla Nera."

"La Perla Nera? Ma allora …"

"Sì, Jack Sparrow fu il mio capitano."

"È tutto così strano, Chris."

"Col tempo ti spiegheremo ogni cosa. Ora riposati. Tra una settimana saremo a Genova, ti staranno aspettando e saranno anche molto in pena per te."

Annuisco. Chris mi accarezza il viso. "Sono così felice di averti qui, Jackie. Tu sei un dono, per tutti noi" poi raggiunge la porta e lascia la cabina.

Non misuro il tempo che mi tiene inchiodata a questa sedia a fissare la mia bambola, ma per quanto mi stia sforzando, non emergono altri ricordi e mi agito nel disperato tentativo di raccogliere informazioni, immagini, qualsiasi cosa possa ridarmi un pezzetto di quella vita che ho tanto sognato e che ho vissuto solo per un brevissimo periodo.

Un lieve cigolio mi distrae e alzo lo sguardo.

"Jackie, posso entrare?"

Non sono sorpresa di vederlo. "Entra pure Paul."

Quando si avvicina, lui si accorge che qualcosa non va e lo invito a sedersi accanto a me.

"Che ti succede, stai male?"

"Insomma …"

"Ti ho osservata per tutto il tempo e anche se non vuoi darlo a vedere, so che sei turbata."

Mi prendo un minuto per uscire dall'affanno e recuperare un po' di energie.

"Il punto è che ci sono troppe cose che non capisco."

"Beh, che vuoi pretendere? È normale! Insomma: dovresti essere felice! Volevi diventare un pirata e oggi scopri che lo sei già. È sbalorditivo oltre ogni dire."

Sospiro. "Sì, forse …"

"Ehi, che ti prende?"

"Mi sento come se mi avessero privato per tutta la vita di qualcosa che mi appartiene di diritto: la mia identità. Forse, avrei preferito non sapere niente."

"Che dici, sei matta? La verità, anche quando è difficile, è sempre necessaria. Non possiamo sottrarci. Così come non possiamo rinnegare ciò che siamo realmente."

"Io, però, sono cresciuta senza sapere chi sono!"

"Questo non è vero e tu lo sai" a quelle parole cambio espressione "pensaci: il fatto che la tua famiglia non te ne abbia mai parlato, non ti ha impedito di recarti al porto e saltare su quella nave per arrivare fino a qui o sbaglio?! Tu hai sempre saputo chi sei."

Guardo fuori e vedo il mare, invasa da una splendida sensazione di gratitudine. Poi guardo Paul, con i suoi occhi verdi, i capelli neri scompigliati e la sua camicia, messa in qualche maniera e tenuta ferma da un gilet forse di una misura troppo piccola. Mi fa sorridere, è un bravo ragazzo e anche simpatico.

"Sai che ti dico? Hai proprio ragione. Grazie Paul, ora mi sento molto meglio."

Lui si alza soddisfatto e posa la sua mano sulla mia spalla. "Ne sono felice" risponde. "Per qualsiasi cosa, conta pura su di me."

"Sei un buon amico" dichiaro alzandomi in piedi e ci ritroviamo uno di fronte all'altro.

Lui prende una ciocca dei miei capelli sfuggiti al foulard e la riporta con garbo dietro il mio orecchio. "E tu sei bella" mi dice subito dopo e fugge via.

Nel momento in cui resto sola, un istinto che non avevo mai sperimentato prima d'ora s'impadronisce di me. Di nuovo il respiro pesante mi sorprende facendomi sentire debole. Allora rifletto e mi domando: che cosa voglio davvero?

Voglio tornare a Genova e affrontare la mia famiglia? Che cosa faranno? Che cosa mi diranno? E se modificassero il loro comportamento nei miei riguardi?

Forse non so ancora che cosa voglio, ma di sicuro so che cosa non voglio, vale a dire: tornare ad essere la figlia dei contadini della casa sulla collina.

"Io ho bisogno di questo" dico stringendo a me la bambola, quando guardo ancora il mare tranquillo.

Afferro il mio pastrano ed esco dalla cabina. Fuori è già buio e sarà più facile confondermi, prestando l'attenzione necessaria, affinché nessuno possa vedermi, come una ladra che scappa col favore delle tenebre. Cammino lenta, in punta di piedi, per evitare di far gracchiare le tavole di legno del pavimento. Mi affaccio dall'impavesata e vedo la barca, quella che mi ha tratto in salvo dalla tempesta, fissata con del cordame alla fiancata. Sollevo lo sguardo e in lontananza già si vedono le luci della costa. Attorno a me ancora nessuna guardia e la vedetta è assente, ma potrebbe tornare. Probabilmente sarà scesa dalla coffa grazie a questa luna piena che offre una visuale perfetta da qualsiasi punto dell'imbarcazione. Questo è il momento giusto: o adesso o mai più.

Afferro una sartia e mi calo lungo la banda per scendere fino alla barca. Cerco di capire come sganciare i lacci, ma i nodi sono saldi e spessi, difficili da slegare a mani nude.

"Jackie!"

Guardo verso l'alto spaventata e con il cuore in gola.

"Paul, che stai facendo?"

"Io vengo con te."

"Cosa? No, fermo dove sei, razza di idiota!"

"Non andrai molto lontano."

"Fatti i cavoli tuoi!" rispondo seccata, mentre tento in ogni modo di mollare le cime.

"E dimmi, come pensi di tagliare quelle cime?"

Mi blocco e volgo di nuovo lo sguardo verso l'alto. Paul sorride e con un balzo si cala verso di me. Piomba sulla barca ed estrae un coltello.

"Hai un bel carattere" esclama "ma ti manca l'esperienza."

Con un colpo secco recide le cime e in un attimo siamo in mare.

"Ora tieniti forte" mi dice quando afferra i remi.

"Non sei tenuto a seguirmi."

"Ormai ci sono dentro, non posso lasciarti sola."

"Lo avrei fatto comunque, con o senza il tuo aiuto, lo sai?"

"Per questo sono qui."

La barca si muove lenta e la corrente favorevole ci sospinge verso la riva che si staglia nel buio davanti a noi.

"L'hai visto anche tu?" esclamo con un sussulto quando, nelle acque buie, scorgo una scia argentata.

"Che cosa dovrei vedere?"

Fisso l'acqua ed eccola di nuovo. "Lì" punto il dito "è proprio lì, guarda!"

Paul si affaccia tenendo saldi i remi tra le mani, ma non riesce a vedere niente.

"Jackie se hai qualche ripensamento possiamo tornare indietro" mi dice osservandomi con attenzione.

"Non ho nessun ripensamento" rispondo determinata. "Nell'acqua c'è davvero qualcosa che si muove, mi devi credere!"

"Sarà un grosso pesce" mi dice con indifferenza "o uno squalo."

"Un che?"

Paul ride di gusto prendendosi gioco di me.

In quel momento dall'acqua spunta una figura non ben definita. Sembra una donna, insomma, più o meno. Salta fuori dall'acqua e si appoggia con le braccia alla barca. Paul molla i remi e indietreggia con un volto colmo di orrore. Io, invece, la osservo estasiata. Non ha mani, ma pinne sottili ed eleganti, la sua pelle viscida brilla sotto la luce debole della luna come se fosse tempestata di tante piccole stelle e i suoi occhi sono due perle nere che mi osservano con intensità.

"Chi sei?" le chiedo.

"Un'amica." risponde.

"Quella è una sirena!" urla Paul scalciando come un cavallo pazzo. "Aiuto!"

Vado verso di lui e gli tappo la bocca. "Sei impazzito?! Vuoi farci scoprire?"

"Ma quel mezzo pesce è pericoloso!" dichiara visibilmente provato.

"Non essere sciocco, ha appena detto di essere un'amica e io le credo" torno a guardarla e tra di noi è subito simpatia reciproca. "Come ti chiami?"

"Il mio nome è Kimera, piccola Jackie."

"Conosci il mio nome?"

"Conosco i nomi di tutti i pirati. Non temete, vi aiuterò a raggiungere la costa."

In un batter d'occhio la nostra barca si muove veloce sul pelo dell'acqua e in un tempo brevissimo approdiamo su una spiaggia, sospinti dalla marea. Non appena metto piede sulla sabbia, mi volto per poterla vedere, ma si è già dileguata nel nulla.

"Paul, dov'è andata? Tu la vedi?"

"No, è sparita."

Restiamo a fissare l'orizzonte e laggiù, nel buio, spero di vedere di nuovo, tra quelle onde, la sua scia argentata, ma niente, è sparita nel nulla.

Pirata. Mi ha chiamato pirata. Per la prima volta so chi sono e che cosa voglio. Se nel passato ho dovuto, a mia insaputa, accettare una realtà che sentivo non appartenere alla mia vita, non significa che debba continuare a farlo. Da oggi in poi andrò incontro al mio destino, quello per cui sono nata, qualunque esso sia. E lo farò in mare, qui, dove voglio vivere. Io non rinnegherò me stessa e le mie origini. Chi sono lo so ed è giunto il momento di mostrarlo al mondo.

17.

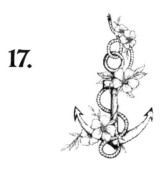

Presso le coste spagnole

Dopo una settimana di navigazione, l'Atlantic arriva nei pressi dei litorali spagnoli. Il capitano ordina di navigare sotto costa per essere intercettati da una delle navi corsare in missione che possa scortarli. Il cielo, di nuovo sereno, offre un sole caldo e gradevole, tanto che l'intero equipaggio si porta sul ponte per scaldarsi e asciugare le ossa dall'umidità del mediterraneo.

"Jack!"

Quando si sente chiamare si volta appena. Angel gli si avvicina prima che possa raggiungere il ponte del cassero con il capitano Alfieri.

"Per quanto andrà ancora avanti questa pagliacciata?" gli domanda stanca e seccata del suo atteggiamento.

"Pagliacciata?"

"Insomma, non mi parli da giorni, Jack! Perché ti comporti così? Io non capisco…"

"Non c'è niente da capire" si volta nella direzione opposta ed Angel con uno scatto gli si para davanti.

"Invece sì, mi devi delle spiegazioni."

Jack sospira irritato. "Ho solo bisogno di tempo. Ora lasciami in pace."

Angel, confusa e con il cuore a pezzi, lo guarda affiancarsi al comandante come se non fosse quell'uomo che ha amato per più di dieci anni. Avverte di subire una terribile ingiustizia e questo la ferisce più di quanto farebbe una spada. Non si dà pace e cerca una spiegazione, un gesto, una parola, qualsiasi cosa possa aver fatto di sbagliato per indurre Jack ad evitarla in quel modo. Mentre si pone tutte queste domande, la vedetta lancia un allarme.

"Nave in vista!"

Saverio si sposta all'impavesata e afferra il cannocchiale. Angel, che sta guardando nella stessa direzione, si accorge che qualcosa non va e corre ad avvertire il capitano.

"Che succede, Saverio?" gli domanda Jack.

"Non è la nave che mi aspettavo di vedere sotto le coste spagnole" dichiara.

"Capitano!" urla Angel allarmata "sono pirati."

"Angel dovresti sapere meglio di me che i pirati non navigano sotto costa."

"Questo è vero, signore, ma loro hanno lo scafo intorpidito, si capisce da come la nave ciondoli sull'acqua. Con tutta probabilità sono vicini alle coste, perché in cerca di una radura per il carenaggio*."

Saverio guarda meglio.

"Signore" insiste Angel "dovete prendere il mare aperto e modificare subito la rotta. Questa nave è appesantita dal carico di merci e tra non molto ci saranno addosso!"

"Se sono in difficoltà come dite, che motivo avrebbero di attaccarci?"

"Saverio ascoltatemi, vi prego. Detesto contraddirvi, ma stiamo parlando di pirati!" inevitabilmente Jack e Angel si scambiano uno sguardo d'intesa.

"Angel ha ragione. Quella nave punta dritta verso di noi e anche con lo scafo mal ridotto è più veloce e manovriera dell'Atlantic."

"Con tutto il rispetto" tuona Saverio "non prenderò il mare con il rischio di incappare in altre navi più pericolose."

---

*CARENAGGIO: operazione mediante la quale si porta una nave completamente o parzialmente in secco, per eseguire lavori di manutenzione o di riparazione della carena.

"Saverio non fare pazzie!" lo rimprovera Jack "questo mercantile è vecchio e con le stive colme. Credi che loro non lo sappiano? Stiamo parlando di cani affamati in attesa di banchettare."

"Dov'è Toni?"

Nel momento in cui Angel si guarda intorno per intercettare il ragazzo, un rombo simile a un tuono fende l'aria e una bordata sfiora l'Atlantic.

"Ci attaccano!" strilla la vedetta.

Non c'è tempo per cambiare rotta, né per prepararsi. L'Atlantic, proprio per il fatto di essere un mercantile, è più debole e nessuno dell'equipaggio è pronto ad affrontare un pericolo del genere. Al sopraggiungere di una seconda bordata che colpisce parte del parapetto mandandolo in frantumi, sul ponte è panico generale.

"Armati e se puoi mettiti al sicuro" intima Jack ad Angel afferrandola per un braccio.

"Non prima di aver trovato Tonino" dichiara lei.

"D'accordo, ma fai in fretta. Io mi occupo di tenere al sicuro il capitano."

"Jack!" Lo blocca prima di vederlo andare via "vi prego state attento, capitano" sussurra con gli occhi spalancati e colmi di trepidazione.

Lui non risponde e la bacia nel bel mezzo del trambusto generale con la foga di chi lo vive come un addio "non dimenticare di guardare dove il sole sfiora il mare" e scappa via.

Le bordate piombano sull'Atlantic come pioggia, spazzando via uomini, carichi, vele. L'intera nave viene aggredita senza pietà da una ciurma sconosciuta di pirati e schiavi. Un connubio rovinoso che li rende ancora più violenti e spietati. Dopo aver indebolito l'albero maestro, si affiancano con rapidità. Parte della nave prende fuoco, l'albero di trinchetto si spezza e i pirati indemoniati si disseminano in pochi secondi, creando panico e terrore.

"Capitano!"

"Dite Fred."

"Quello laggiù è fumo?"

Strizza gli occhi. "Immagino si tratti di un banco di nebbia."

"Ne siete certo, signore? La nebbia si muove verso l'alto?"

Chris prende un binocolo e scruta con attenzione quella nuvola nera in lontananza che, invece di dissolversi, si allunga a flutti verso il cielo.

"Avete ragione, Fred" posa il binocolo e corre ad avvisare la vedetta "Lassù, che cosa vedete a est?" urla con il volto sollevato, dove l'unica cosa che trova è la luce accecante del sole.

"Due navi, signore!" risponde la vedetta "una sotto attacco!"

"Riesci a vedere la bandiera?"

"Si tratta dell'Atlantic, signore!"

"Maledizione" impreca Chris e corre al timone. "Sebastiano dobbiamo andare in aiuto dell'Atlantic."

"Sì, capitano. Ho sentito."

"Hai visto Jackie?" gli domanda turbato.

"Credo stia ancora dormendo."

"A quest'ora?" esclama incerto "lei è sempre tra i primi a raggiungere il ponte al mattino."

"Per lei, quella di ieri è stata una giornata emotivamente intensa. Magari non se la sente di stare tra di noi come se nulla fosse. Diamole tempo."

Ma la tranquillità di Sebastiano non è condivisa da Chris che, a quelle parole, si precipita a cercarla nella sua cabina con un terribile presentimento che gli frulla nella testa e nel cuore. Quando apre la porta e la trova vuota, quella percezione si materializza come il peggiore dei suoi incubi. Torna di corsa sul ponte, giusto in tempo per vedere stagliarsi lo scafo dell'Atlantic che mostra enormi voragini e lancia l'allarme.

"Prepararsi al contrattacco!"

"Sì, signore!"

"Artiglieri, ai vostri posti, svelti!"

"Sì, signore!"

Tutto l'equipaggio si arma e si tiene pronto ad agganciare l'Atlantic in balìa del nemico e sferrare un eventuale contrattacco in loro difesa

"Nella sua cabina non c'è!" urla Chris.

"Non può essere sparita nel nulla!" risponde Sebastiano interdetto.

"È scomparso anche Paul" dichiara Fred "non lo vedo da ieri sera."

"La barca!"

"Che cosa?!"

Chris si lancia a prua e si affaccia appena in tempo per vedere le cime recise. "La barca non c'è più!"

Nel medesimo istante la ciurma inizia a lanciare i grappini di abbordaggio per accostarsi alla fiancata di dritta dell'Atlantic. La distrazione dei pirati fa sì che i nuovi arrivati riescano a passare al contrattacco pressoché indisturbati, cogliendoli di sorpresa, tra le urla di un equipaggio martoriato. Chris lascia che i suoi uomini si occupino della nave nemica, mentre continua a cercare Jackie sulla Lane.G., nella speranza di essersi sbagliato e di trovarla impaurita, nascosta in qualche angolo sotto coperta. Mentre lo pensa, però, sa di mentire solo a sé stesso: Jackie è tutto, tranne che una ragazzina impaurita.

"Capitano!" A quel richiamo risale sul ponte.

Le bordate iniziano a colpire la nave pirata e, a una distanza tanto ravvicinata, l'imbarcazione affonda dopo alcuni minuti. I nemici rimasti sull'Atlantic, vengono fatti prigionieri e ora si contano i danni.

"Capitano! Capitano!"

Sebastiano, che si trova già sul veliero colpito, lo chiama ripetutamente. Con una cima, Chris raggiunge l'Atlantic e la prima immagine ad accoglierlo sul ponte, è quella dei corpi straziati del mercantile, tra cui Saverio, il comandante.

"Capitano!" Sebastiano gli corre incontro. Ha il volto pallido e trasfigurato di chi ha appena visto uno spettro.

"Sebastiano, che cosa ti succede?"

"Vieni con me" gli dice con la voce troncata, come se gli avessero spezzato le corde vocali.

Chris lo segue con il cuore in gola. Non lo aveva mai visto in quello stato. Sotto il ponte del cassero, incastrata tra una parete e parte dell'albero di trinchetto c'è lei: Angel.

18.

Di nuovo lei

Chris

Il suo volto si solleva rivelando due occhi disperati e un fiume in piena che ha rotto i suoi argini scorre inesorabile dentro di me.

"Chris!" quando mi riconosce quel fiume di acque chete m'invade.

"Angel" m'inginocchio per verificare le sue condizioni. "Chiama subito aiuto, dobbiamo tirarla fuori di qui!" ordino a Sebastiano.

Lei si aggrappa al mio braccio. "Dov'è Jack?"

"C'è anche Jack?"

"Sì, ma è da prima dello scontro che non lo vedo" mi dice disperata. "E Tonino" continua con foga "non sono riuscita a trovarlo. Chris aiutami!"

"Angel, adesso dobbiamo pensare a liberarti da qui" le rispondo pacato, ma lei è fuori di sé e continua a invocare Jack e un certo Tonino.

Veniamo raggiunti da quattro degli uomini più robusti, richiamati da Sebastiano che ora si avvicina alla sorella per incoraggiarla.

"Fate attenzione" dichiara "queste assi sono malridotte, rischiamo di ferirla mandandole in frantumi."

Angel si trova incastrata dal bacino in giù, sotto l'enorme peso delle travi crollate, parte dell'albero di trinchetto e la tramezza di un lato del ponte. L'idea mi fa stare male, così come pensare di estrarla viva da una condizione tanto drammatica, possa trattarsi solo di un miracolo.

"Dobbiamo tentare!" sbraito adirato "non possiamo lasciarla!"
"D'accordo, capitano." Sebastiano si rende conto che non sono in grado di impartire alcun ordine e pensa lui a fornire istruzioni.
"Inizieremo con l'albero. Solleviamolo tutti insieme, siete pronti?"
Serve l'intervento di cinque uomini per rimuovere parte dell'albero spezzato che viene gettato in mare. Possiamo così togliere le travi, una alla volta, con un'attenzione rigorosa e una lentezza esasperante, per evitare che partano schegge.
"Jack!"
"Angel, stai tranquilla" la esorto a calmarsi, ma lei mi supplica di cercare Jack.
"Chris, maledizione" impreca Nick giunto in soccorso "trova Jack! Anche lui potrebbe essere ferito."
Sollevo lo sguardo e incontro quello di Sebastiano. Con uno dei suoi eloquenti gesti affermativi, mi fa intendere di fare quello che mi chiede.
"D'accordo, vado a cercarlo."
"Grazie" risponde Angel. Se pur attanagliata da un dolore atroce, riesce ad accennare un debole sorriso.
"Fate attenzione, per l'amor di Dio" mi rivolgo agli uomini impegnati nella delicata rimozione.
"Sì, signore. Faremo quanto è in nostro potere per salvarla."
Mi allontano, sopraffatto dall'ansia, nel disordine di una nave che rischia di affondare da un momento all'altro. La nebbia causata dal fumo che va diradandosi, non permette di avere una visuale precisa. Molti dei feriti sono già stati trasportati sulla Lane.G. e quelli che non ce l'hanno fatta, vengono raccolti in una fila ordinata di corpi. Li osservo uno dopo l'altro, ma di Jack nessuna traccia. Passo a setacciare ciò che è rimasto del ponte, ma anche qui non c'è più nessuno. Allora scendo sotto la prima coperta che si presenta intatta, ma deserta. Vado più giù, alla seconda coperta di questo enorme mercantile. Qui è buio, c'è del fumo ancora denso. Mi addentro e l'odore di acqua marina e di sangue è nauseante. Alcuni corpi sono accasciati sulle botti e sui tavoli. Li muovo uno alla volta, sono tutti morti. Continuo la perlustrazione, quando un rumore alle mie spalle mi fa sobbalzare. Mi volto di scatto.

"Jack!"
Lui è di fronte a me con un moschetto puntato. Mi vede e lo ripone all'istante.
"Chris! Com'è possibile che ogni nostro incontro debba iniziare così?" chiede sbalordito.
"Lo chiamano destino, Jack" gli tendo le braccia e lui mi viene incontro. "Sei vivo. Che Dio sia lodato" dichiaro osservandolo.
"C'è anche Angel su questa nave."
"Lo so."
"L'hai trovata?"
Annuisco senza parlare.
"Cosa c'è Chris, dov'è adesso?"
Ciondolo in capo. "Jack, non ti piacerà saperlo."
"Andiamo, portami da lei."
Faccio strada a Jack che mi segue ad un passo troppo rallentato. Sorveglio i suoi movimenti con la coda dell'occhio e ho come la terribile sensazione che sia ferito e voglia nasconderlo. Dopo poco siamo sul ponte dove verifichiamo con orrore che la nave si sta piegando rapidamente su una fiancata.

Quando Angel vede Jack, i suoi occhi cambiano luce, così come sembra dare tregua alla sua sofferenza. Anche altri degli uomini rimasti illesi sono accorsi in aiuto e stanno collaborando per rendere l'operazione il più rapida possibile.

"Questa nave sta affondando!" urla Sebastiano agitato "dobbaimo muoverci!"

"Jack, stai bene?" gli domanda Angel.

"Sì, è tutto a posto" le risponde con un volto provato e una voce fiacca. "Ora ti tiriamo fuori di qui."

Lei, però, è troppo debilitata. Non sappiamo quanto sangue possa aver perso e in che condizioni si trovino le sue gambe, sepolte sotto quelle assi. Poco dopo perde i sensi, proprio quando l'ultima asse, ampia e pesante, viene finalmente rimossa.

"Angel!"
Proviamo a chimarla, ma non c'è risposta.

"Fatemi strada, dobbiamno portarla subito sulla Lane.G., presto!" ordina Jack mentre la solleva con un riguardo assoluto, consapevole che potrebbe avere molte fratture e muoverla, se pur con cautela, significa peggiorare il danno, ma non ha altra scelta.

"Preparate la sua cabina e chiamate il medico, che venga subito!" ordino agli uomini che ci hanno aiutato nel salvataggio e che ora osservano la scena con timore.

Tra le braccia di Jack, Angel appare completamente priva di vita. Il suo viso è cereo e il respiro si avverte appena, ma è viva. Non ha riportato ferite evidenti anche se una rapida occhiata fa gà intendere che le sue gambe sono compromesse.

"Deve vederla subito il medico" implora Jack.

"Andiamo."

Io e Sebaastiano li scortiamo fino alla Lane.G. in un passaggio difficile, perché la nave è ormai quasi interamente piegata su se stessa. L'acqua ha riempito le stive e tra non molto l'Atlantic si ritroverà sul fondo dell'oceano. Formiamo una catena umana stretta attorno a loro per evitare che possano cadere fuori bordo.

"Signore!" Nick mi corre incontro "dobbiamo allontanarci subito dall'Atlantic prima che ci trascini a fondo con lei!"

"Bene Nick, impartisci tu per me l'ordine di riprendere il mare, per favore."

"Sì signore."

Raggiungo la cabina dove Don è già lì ad aspettarci. Lasciamo Angel alle sue cure, titubanti e con una forte apprensione, ma ora possiamo solo affidarci alle sue competenze e pregare.

Esco sul ponte e raggiungo Jack che si è seduto in un angolo. Non l'ho mai visto così solo e smarrito.

"Jack hai bisogno di aiuto?" gli chiedo sedendomi accanto a lui, metre sulla Lane.G. tutto è in subbuglio e si sta cercando di creare spazi per i nuovi arrivati e per i feriti distribuiti sul ponte.

"Ho bisogno di sapere dov'è mia figlia."

Nella mia mente si materializza l'immagine di Jackie, delle rivelazioni del giorno appena trascorso e della sua scomparsa. Gli eventi hanno fatto sì che non ci avessi più pensato, ma ora …

"Jack c'è una cosa che devi sapere."

"Avanti, parla!"

"Abbiamo recuperato Jackie in mare circa un mese fa, dopo che una tempesta ha messo in difficoltà la nave dei suoi rapitori."

"Jackie?"

"Sì, è così che vuole essere chiamata."

"Quindi conosce il suo nome."

"Quando ci ha parlato di Genova, per noi è stato inequivocabile. Il temperamento, la somiglianza, l'indole non mentivano. Abbiamo capito che era tua figlia e abbiamo anche cercato di non passarle troppe informazioni, ma è stata irremovibile. Ci ha costretto a vuotare il sacco."

"Non mi è difficile crederlo" commenta con un mezzo sorriso.

"Mi ha chiesto ripetutamente quale fossr il suo vero nome. Da quel momento ha scelto di essere chiamata come te."

Jack si copre il viso con una mano, commosso.

"D'accordo, ma ora perché non è qui?"

"Per la stessa ragione per cui ora conosce la verità. Abbiamo motivo di credere che se ne sia andata ieri notte, sulla barca su cui si è salvata."

"Quindi ora mia figlia si trova sola in mare?!"

"Sappiamo che non è sola. Un nostro giovane marinaio l'ha seguita ed è un bene, Paul è un allievo esperto."

"Un allievo?" Jack riflette e resta in silenzio guardando lontano in cerca di risposte.

"Hanno legato molto in questo periodo e lei si fida di lui, Jack. Se la caveranno."

"I pirati sono la sua ossessione da mesi. Conoscere la verità, l'avrà resa instabile e starà inseguendo quello che le manca da sempre" riflette. "Devo andare a cercarla."

"Come pensi di trovarla?"

"Dimentichi che abbiamo un'informatrice per mare."

Metto in ordine i pensieri "Kimera."

"Sapeva che era con te, saprà dirmi anche dove sia diretta."

Aiuto Jack che, con difficoltà, raduna alcuni uomini dell'equipaggio. Nello stesso momento Don esce dalla cabina di Angel e viene verso di noi. Ci raggiunge anche Sebastiano e insieme ci stringiamo attorno a lui, ascoltando con apprensione le sue parole.

"Ci sono fratture multiple, ma non esposte e questo è un buon segno. È presente una brutta incrinatura del bacino che ha compromesso la schiena, ma non ho trovato emorragie."

"D'accordo ..." dice Jack "cos'altro?"

"Perché?" chiede Sebastiano "c'è dell'altro?"

Il medico sospira e si prende un attimo per rispondere.

"Dottore allora!" lo esorto.

Mi rendo conto che la mia apprensione sia incontenibile e non riesco a nascondere quel coinvolgimento che per tanto, troppo tempo, ho dovuto gestire.

"E' molto debole. L'urto deve averle compresso un polmone e il tempo trascorso sotto quelle travi l'ha indebolita, provandola fisicamente. Respira a stento e non reagisce. In tutta onestà, sarà un miracolo se riuscirà a superare la notte."

Ora l'apprensione diventa panico.

Jack aggredisce il dottore. "Cosa significa che non supererà la notte?!"

Ma il medico non si scompone e risponde con la diplomazia e quella freddezza tipica di chi, con la morte, ha da sempre a che fare.

"Non amo mentire, né prendermi gioco di nessuno. Al momento l'unica cosa che potete fare è evitare che vada in ipotermia. Va tenuta al caldo e sorvegliata con costanza. Come dicevo: è molto debole."

Jack si stacca dal gruppo e rientra nella cabina dove sua moglie sta lottando tra la vita e la morte. Sebastiano cerca delle coperte e io lo aiuto, portandone delle altre recuperate dai vari alloggi. Dopo aver creato uno spessore sufficiente, la spostiamo nel letto, lì dove sua figlia ha dormito fino a ieri notte. Ora c'è lei, sembra surreale, eppure è qui, non è solo frutto della mia immaginazione e non sto nemmeno sognando. Non avrei mai pensato, però, di ritrovarla in condizioni tanto critiche e sentirmi impotente è tra le sensazioni più sgradevoli che conosca.

"Capitano!" Nick irrompe all'improvviso e spalanca la porta.

"Che ti prende, Nick?"

"Jack, devi venire a vedere" risponde.

"Ti rendi conto della situazione?!" lo aggredisce.

"Sì signore e mi dispiace, ma fidatevi, dovete venire sul ponte … subito!"

Jack lo segue con riluttanza, senza commentare. Una volta usciti la sorpresa è forte. Jack si arresta e credo che sia la prima volta che lo vedo rimanere a bocca aperta.

Si affaccia per guardare in mare. Laggiù ci sono ancora loro, fedeli compagne, senza le quali molte delle nostre avventure non avrebbero avuto lo stesso lieto fine: le sirene. A capo di tutte, Kimera, che si dibatte lungo lo scafo di quel veliero che meglio di ogni altro abbiamo imparato ad amare e conoscere, rimasto presso la baia delle sirene per tutti questi anni. Loro lo hanno vegliato con cura, tanto che la nave non ha nemmeno accusato i danni del tempo. Per essere qui, è perché ha ancora un'ultima missione da compiere e noi tutti sappiamo quale. Davanti a noi, in tutto il suo splendore, domina la Perla Nera.

⚓ ⚓ ⚓

"Jack, aspetta, io vengo con te!"

"No, Chris. Tu devi rimanere."

"Ma, Jack, può essere molto pericoloso e …"

"Ho già alcuni membri dell'equipaggio disposti a seguirmi, tu non sei tra questi."

"Jack, non capisco …"

"Christopher Condent" mi afferra le spalle bloccandomi "tu devi rimanere con lei. Ho bisogno di sapere che resterai con Angel."

Muove un lembo del suo cappotto per mostrarmi la ferita che riporta sul fianco. Il fiato mi si blocca in gola per alcuni istanti.

"Capitano, siete ferito, avete bisogno di cure immediate!"

"Se c'è qualcuno che ha bisogno di attenzioni, quella è Angel. Io devo andare da mia figlia, non c'è tempo da perdere. Lo comprendi, vero?"

"Jack ... perché?" ci fissiamo intensamente per un tempo brevissimo, ma che, per me, vale un'eternità.

"Io non sarò solo a combattere questa battaglia" si volta verso il mare e so bene che cosa voglia intendere "ma Angel, se sopravviverà, potrebbe esserlo e questo non lo posso sopportare."

"Ma Jack lei è ..."

"Giurami che qualunque cosa accada, tu ci sarai per lei. Ora più che mai ha bisogno di te e tu lo sai, lo sapete entrambi. Giuramelo Chris!"

Lo osservo disorientato mentre i suoi occhi supplicano il mio supporto. Mai prima d'ora, avrei creduto che un giorno i nostri ruoli si sarebbero ribaltati e che Jack, il mio comandante, colui che mi ha raccolto quando ero solo, salvato da un destino spietato e addestrato come gabbiere, avrebbe avuto bisogno di me.

"Hai la mia parola, Jack. Fino al giorno del tuo ritorno, io starò accanto ad Angel."

Lui annuisce e si volta. Mentre si allontana per raggiungere la sua nave, trattengo a forza ogni istinto che mi porterebbe a fermarlo per impedirgli di lasciare la Lane.G..

Gli corro incontro. "Perché voi tornerete, vero capitano?"

Jack si volta e con pochi passi copre la distanza che ci separa. Mi tende il braccio e le nostre mani s'intrecciano in segno di alleanza. Sento la sua stretta sincera, decisa come il suo carattere battagliero e forte, come la sua determinazione nel portare a compimento ogni obiettivo. Non dice nulla.

"Abbiate cura di voi, capitano."

Lo guardo allontanarsi, ma è solo questione di brevi istanti. Il richiamo allarmato di Sebastiano riporta tutte le mie attenzioni sullo stato di salute di Angel. Corro nella sua cabina dove trovo Don cupo in viso.

PARTE 2.

TRE VITE

19.

Clandestini

Jackie

Ci siamo nascosti in una delle stive, dietro fagotti, botti e casse di mercanzia. Poco dopo l'inizio dell'assalto, nel pieno fragore dello scontro e sentendo gli spari degli archibugi, Paul mi trascina nei dormitori dei passeggeri.

"Presto, indossa i miei vestiti!" mi dice facendo scorrere il telo che seprara i giacigli.

Non comprendo subito la sua strana richiesta quando mi passa degli abiti da uomo. Ancora sconvolta dal pericolo e dal rumore, mi tolgo l'abito e faccio ciò che mi dice, trasformandomi in un ragazzo con una giubba scamosciata, una casacca di pelle e un paio di brache.

"Mettiti gli stivali" mi sollecita "e nascondi i capelli."

Dopo aver raccolto i miei lunghi capelli castani sulla testa, Paul mi infila un cappello marrone di tela spessa. Il clangore delle spade e le grida degli uomini risuonano sempre più vicini, sotto la seconda coperta.

"Voglio anche una daga*" reclamo.

"Che altro desiderate, madame? Una ferro dall'elsa forgiata in Inghilterra?"

"Non sarebbe male, ma per il momento mi dovrò accontentare."

Paul scuote la testa e mi afferra per un braccio.

---

*DAGA: corta e robusta spada a due tagli.

Cominciamo a correre verso poppa, facendoci strada tra una gran quantità di oggetti che ingombrano gli stretti corridoi. Non ho idea di dove siamo diretti, ma non mi oppongo. Indossare abiti da ragazzo mi conferisce sicurezza e intraprendenza. - Piarti? Che li lascino tutti a me, sono pronta a sfidarli! Eccomi: sono Jackie Stella Mary, figlia di Angel Morgan e Jack Sparrow!

Io sono un vero pirata e non ho paura di niente e nessuno! – Penso queste cose, mentre saliamo una scaletta che ci porta sulla tolda* e proprio dirigendoci verso il punto più alto della nave, vedo un uomo che viene colpito brutalmente alla testa. Rimango pietrificata, mentre Paul mi strattona per impedire che mi possa bloccare nel bel mezzo di quel delirio. Gli assurdi pensieri che un attimo prima mi avevano infervorata, sono scomparsi. Ora addosso ho solo la sensazione di poter morire anch'io massacrata come quella povera anima. Per allontanarci da quell'orrore, la mano di Paul mi trascina via con forza.

Entriamo in una cabina, Paul rompe la finestra e solleva lo scrittoio gettandolo in mare. Lo osservo perplessa.

"Sei pronta?" mi chiede.

"Per cosa?"

"Per saltare!"

Non ho il tempo di decifrare il suo suggerimento e mi ritrovo in volo verso le fredde acque dell'oceano, dopo uno spintone deciso di Paul. Quando il mio corpo affonda nelle profondità del mare sono convinta di morire annegata, ma la spinta dell'acqua mi riporta a galla dove prendo una grande boccata d'aria. Il peso degli abiti e delle armi mi spinge verso il fondo, così cerco di muovermi veloce usando gambe e braccia per fare in modo che questo non accada. Poco più in là lo scrittoio, dove posso vedere Paul chiamarmi con un braccio teso verso di me. Io, però, sono disorientata dal freddo e dall'incapacità di muovermi. Non ero pronta a questo e mi sento improvvisamente indifesa. Inizio a bere. Il sale scorre nella gola facendomi tossire. Nel frattempo le braccia vagano nel nulla e le forze iniziano a mancare.

---

*TOLDA: primo ponte scoperto delle navi a vela del passato.

Avverto appena la voce di Paul che mi chiama, tra le onde frenetiche. All'improvviso mi sento emergere fino alle spalle. Apro gli occhi e la luce del sole mi acceca. Dopo poco mi ritrovo aggrappata allo scrittoio e Paul mi afferra saldamente per la giacca, trascinandomi vicino a lui.

"Cos'è stato?"

"Voltati" mi dice.

"Kimera!"

La sirena è dietro di me e mi sorride, prima di scomparire come un fantasma nelle acque scure.

"Te l'aveo detto che non era cattiva."

Paul è sconvolto. Non tanto dalla presenza della sirena, ma dalla situazione in cui siamo piombati. Da clandestini di un galeone mercantile, ci ritroviamo soli, in balìa della corrente che ci spinge lontano dalle navi e presto siamo circondati solo dalle onde del vuoto oceano, immersi in un silenzio inquietante. Con non poche difficoltà, riusciamo a ribaltare il nostro vascello a quattro gambe, rannicchiandoci sopra. Passiamo tre giorni e tre notti nella medesima posizione, perché qualunque incauto movimento, potrebbe farci ricadere in mare. Sto male, inizio a piangere. La gola mi arde dalla sete, i miei occhi sono bruciati dal sale e dai riflessi del sole sull'acqua. Guardo Paul, da ieri è immobile ad occhi chiusi, ma ancora respira. Ciondola pericolosamente e ho il timore che il suo corpo, ormai privo di forze, possa scivolare via. Così lo cingo con un braccio tenendolo saldo a me. Le labbra mi sanguinano da ore e si sono riempite di croste. Mi appoggio a lui, ascoltando il suo debole repiro con il terrore di sentirlo cessare da un momento all'altro.

"Paul, non mollare, non lasciarmi" gli sussurro stremata.

E mentre appoggio il capo con l'ansia di addormentarmi, lo scrittoio urta qualcosa girando su se stesso. È notte, ma la luce della luna permette di intravedere delle ombre. Una gigantesca montagna scura occupa parte del cielo e avverto il tranquillo sciabordio delle onde.

"Terra!" urlo rianimata "Paul!" lo scuoto per svegliarlo "siamo salvi, Paul!"

Ci metto tutta la mia energia, ma lui non reagisce. Così trascino il tavolo che ci ha salvati fino alla spiaggia e trasporto Paul sulla sabbia asciutta. Lui emette un debole lamento. Guardo verso il mare dove il tratto di onda che si arriccia verso la spiaggia, mi restituisce una visione argentata che ho iniziato a riconoscere. C'è qualcuno, o qualcosa, che veglia su di noi e il pensiero mi rincuora. Mi lascio andare e cado a terra accanto a Paul, più morta che viva, sfinita da tre giorni di veglie, ansie e paure.

20.

Il passato bussa alla porta
Angel

"Jack ..."
L'aria ha iniziato a roteare attorno a me e porta un forte odore di alcool che passa dalle mie narici fino alla gola.
"Jack ..."
Forse quello che sento è un soffio che arriva da dentro di me diventando un suono fragile e tenue. Sto parlando oppure è solo la mia testa?
"Angel, mi senti?"
Il mio cervello è come un tamburo che mi restituisce ogni suono e ogni rumore amplificato. Perfino il semplice battere delle onde contro la nave m'infastidisce. Apro gli occhi. Dapprima vedo solo delle ombre, tante ombre dissipate come in un cerchio. Ombre che assumono forme, poi colori per diventare nitide.
"Angel!"
Il suono del mio nome mi arriva come dal fondo di un abisso. La voce echeggia verso di me. Quando gli occhi mi permettono di mettere a fuoco i dettagli, il viso di un uomo, capelli castano chiaro e barba color sabbia, si delinea davanti a me. E' un volto di notevole simmetria, a parte un pelo del sopracciglio, arricciato e fuori posto. Conosco questa faccia e tuttavia non riesco a collocarla.

"Come stai?"

Sembra preoccupato. Una profonda ruga appare sopra l'occhio destro e posso leggere i suoi stati d'animo che gli attraversano il viso come il tempo che cambia.

"Ho sete."

La gola brucia ad ogni repiro, come se al suo interno si fosse accesa una miccia. Il mio capo si solleva, sostenuto da una mano, un liquido fresco scorrere lieve spegnendo quella fiamma ed è un tale sollievo che le mie mani si aggrappano alla tazza reclamandone dell'altra.

"Piano, vai piano o ti si rivolterà lo stomaco."

"Chris?" domando incerta "sei tu?"

"Grazie al cielo. Sì, sono io Angel!"

Per qualche secondo scelgo di rimanere in questo limbo protettivo, come se la mia mente avesse scelto una storia più facile da digerire, per darmi la forza di affrontare la realtà. Improvvisamente tutto è chiaro e i ricordi di quanto accaduto mi crollano intorno, rovesciandosi come una cascata che prepotente m'investe. La nave nemica, un attacco spietato, compagni e amici massacrati, l'ombra di Tonino che non sono riuscita a raggiungere e il peso grave quanto un macigno, urtarmi all'imrpovviso. Ho visto il tavolato del ponte, il viso di Jack, poi più nulla.

"Angel..."

Mi volto e vedo Sebastiano, mio fratello, anche lui qui con me, ma: sono sicura di essere viva?

Ci sono anche altre persone che non riesco a identificare. Mi guardano, sorridono, hanno i volti provati e poi c'è un uomo che maneggia delle bende, forse un medico.

"Angel riesci a sentirmi?"

"Sì."

"Sei sulla tua nave."

"Chris, che cosa mi è successo?"

A questa domanda tutti si spostano, mossi da una sorta d'imbarazzo e lasciano la cabina, ad eccezione di Chris e Sebastiano che mi restano accanto.

"C'è stato un attacco e sei rimasta ferita."

"Oh …" porto una mano alle tempie "l'Atlantic, le bordate e quegli uomini orribili."

"L'Atlantic è bruciata e affondata" mi dice Chris "e anche gli uomini orribili."

"Dov'è Jack?"

Chris mi guarda come se si aspettasse questa domanda.

"E' partito, ma non so dove si trovi di preciso."

"Partito?! E quando?"

"Tre giorni fa."

"Tre … vuoi dire che sono rimasta priva di conoscenza per tre giorni?"

"Abbiamo temuto il peggio, Angel" dice Sebastiano.

Faccio per alzarmi, ma il corpo non risponde, è incollato al letto.

"Che mi succede?"

"No, ferma, non ti devi alzare."

"Chris non sento più il mio corpo, che cosa mi è accaduto?"

"Non lo senti?"

Riesco a mala pena a sollevare il capo e parte delle spalle. Scuoto la testa in preda al panico.

"Non hai dolore?" mi chiede Sebastiano.

"No." Tutto quello che riesco a fare è sollevarmi di poco con le braccia. "Non sento più le gambe" dichiaro fissandole. "Non sento niente."

"D'accordo, chiamo il medico."

"No!" blocco Chris con una mano "aspetta, prima devo sapere dove sono gli altri."

"La maggior parte dell'equipaggio del capitano Alfieri non ce l'ha fatta."

"Compreso il capitano" aggiunge Sebastiano.

Le labbra raggrinzite non mi permettono di parlare. Chris si alza e va a prendermi dell'altra acqua. Me la porge e io la bevo tutta d'un fiato.

"Jack è partito alla ricerca di vostra figlia."

"Era con noi fino alla notte prima del naufragio dell'Atlantic" dice Sebastiano che, sedendosi accanto a noi, descrive quanto accaduto sulla Lane.G. dal momento del ritrovamento di mia figlia. Ascoltare le parole di mio fratello mi richiede uno sforzo, data la mia poca lucidità e le forze che non mi permettono di rimanere vigile.

Bloccata da un corpo che non reagisce, posso fare ben poco per correre in aiuto alla mia famiglia e il solo pensiero mi distrugge. Resto allibita ascoltando le parole di Chris che mi parla di Jackie come di una ragazzina sveglia e affabile, capace di cavarsela tra la ciurma, conquistando l'affetto di tutti. I suoi occhi sono lucidi mentre ricorda i momenti trascorsi con lei e anche Sebastiano è provato da una situazione che è sfuggita di mano.

Quando i loro sguardi e le parole si confondono in suoni e immagini mescolate, una debolezza atroce ha il sopravvento e piombo di nuovo in un sonno profondo.

21.

Assetati di vita

Jackie

Sono svegliata da una sete terribile. Mi volto verso Paul ancora inerme e lo scuoto violentemente per il terrore di non vederlo più muoversi. Invece si sveglia e si gira verso di me.
"Paul!" lo chiamo disperata.
Lui apre la bocca, ma non riesce ad emettere alcun suono.
"Hai bisogno di bere" dichiaro.
Mi guardo attorno per capire se dove ci troviamo possa esserci un torrente di acqua dolce. A giudicare dall'altezza di questa montagna, non dovrebbe essere così improbabile. Mi alzo in piedi tutta indolenzita, tra lamenti e sospiri, scacciando le zanzare che pungono come demoni. Mi tolgo la giubba e la casacca che mi danno fastidio sotto il sole caldo del mattino. Vacillando, muovo qualche passo verso gli alberi. Se ci sono alberi, c'è dell'acqua, ma anche ammesso di riuscire a trovarla, come potrei portarla da Paul? Mi dico che lui deve assolutamente reagire e seguirmi all'interno del bosco.
Mi inginocchio e lo esorto a sollevarsi, trascinandolo come lui ha fatto con me per salvarmi dal delirio scatenatosi sul mercantile. Una nave che ci stava portando verso le Indie orientali* e ora? Dove siamo finiti?

---

*Il termine Indie orientali (*East Indies*) è stato utilizzato, in particolare in epoca coloniale per indicare l'arcipelago malese, contrapposto al termine di Indie occidentali (*West Indies*), con il quale venivano indicati i Caraibi.

Paul fa resistenza, mi tocca insistere per parecchio tempo, ma, finalmente, lo vedo mettersi prima a carponi e, con una lentezza esasperante, riportarsi finalmente in piedi davanti a me.

"Coraggio Paul" lo esorto "puoi farcela."

Lui non dice nulla e mi segue. I nostri passi sono lenti e trascinati, ma ci permettono di raggiungere la radura dove un'ombra rinvigorente ci accoglie. Ci addentriamo in una folta boscaglia con i canti di mille uccelli diversi. Ci trasciniamo verso la cima, scostando con le mani i rami che intralciano il cammino e graffiano il volto. Ad ogni passo, Paul recupera energia e ora vedo i suoi occhi osservarmi con gratitudine pienamente ricambiata. La nostra buona sorte ci viene di nuovo incontro e, dopo quella creatura marina, ci imbattiamo in una buca nel terreno piena di un liquido pulito e trasparente. Prima di gettarci a capofitto nell'acqua fresca, ci guardiamo con un enorme sorriso. Credo di non aver mai bevuto un'acqua così buona. Ad ogni sorso mi sento tornare alla vita.

"Stai bene?" mi chiede Paul.

"Credo di non essere mai stata meglio in vita mia!" rispondo con entusiasmo.

Sguazziamo nell'acqua fresca, con schizzi e schiamazzi, felici di ritrovare le forze e la vitalità, grati di ricevere quel fresco addosso che porta via il sale dalla pelle e dai vestiti. Paul si accorge che, nell'acqua, guizzano dei pesci di modeste dimensioni e cerca di afferrarne uno. I riflessi rallentati lo tradiscono e gli vado in aiuto. Riusciamo a recuperarne diversi e tornando alla spiaggia ci sentiamo felici come il giorno di Natale.

Recuperiamo rami e legna asciutta per accendere un fuoco, asciugarci e cuocere il nostro pasto. Ormai anch'io ho imparato come fare e le nostre armi ci sono d'aiuto. Le fiamme corrono veloci e alte verso il cielo, mentre un buon odore di pesce affumicato ci investe. Non aspettiamo nemmeno che sia cotto e quando la pelle inizia a bruciarsi lo afferriamo addentandolo con vigore. È come una magia. Ogni pesce ingoiato ci restituisce le forze, dopo sei ci sentiamo risuscitare, gli occhi si aprono e anche i polmoni sembrano inglobare più aria. Dopo una decina, ci sentiamo sazi e soddisfatti. Stiamo talmente bene da sentire la necessità di alzarci da terra per sgranchirci le gambe. Sfiliamo gli stivali e ci mettiamo a correre sulla sabbia candida, nella luce di un sole che presto cederà il posto alle ombre. Quando il fiato non basta per continuare, ci fermiamo per guardare la natura imponente di cui siamo circondati.

"Dove saremo finiti?" mi chiede Paul.

"Non ne ho proprio idea, ma tra poco sarà notte" rispondo concentrandomi sulla necessità imminente e cioè, quella di trovare un rifugio.

"Mancherà ancora qualche ora prima che faccia buio" mi dice "ma hai ragione, dobbiamo organizzarci per trascorrere la notte qui."

"Ci saranno animali feroci?"

"Non credo, ma meglio tenere vivo il fuoco. Procuriamoci altra legna, ho l'impressione che farà freddo."

Dopo il tramonto siamo già ben organizzati con legna sufficiente per arrivare fino a mattina. Senza sole, la sabbia diventa fredda e indossiamo i nostri vestiti, compresi gilet e pastrani. Con il buio, così come aveva presvisto Paul, l'umidità della fitta boscaglia ci aggredisce e con lei il freddo.

"Dici che Chris ci starà cercando?" chiedo, preda della nostalgia.

"Avrà lanciato l'allarme non appena si sarà accorto della nostra assenza."

"Ci verranno a prendere?"

Paul sorride di fronte alla mia ingenutià. "Per venirci a prendere, dovrebbero prima sapere dove siamo."

"Oh ..." mi sento una stupida "capisco."

"Jackie, nel caso non te ne fossi resa conto, il capitano tiene molto a te."

"Sarà in pena?"

"Credo che lui, Sebastiano e tutta la ciurma, non stiano facendo altro che pensare a te e come fare per ritrovarti."

"Paul ..." tengo gli occhi fissi su di lui che si trova dall'altra parte del falò, mentre sprofondo nella disperazione data dalla consapevolezza dei miei gesti sconsiderati e privi di senso. Tutto solo per dimostrare di potermela cavare. Ma dimostrare che cosa? A chi? Ho messo a repentaglio non solo la mia vita, ma anche quella di un amico che mi ha seguito senza indugio. "Ti chiedo scusa."

"Per cosa?" lui pare non capire.

"Per essere stata una ragazzina sciocca ed egoista." Lui sorride e si avvicina. "Ti ho trascinato in questa assurda situazione, ti ho messo in pericolo senza badare alle conseguenze."

"Scherzi? È tutta la vita che sognavo un'avventura come questa!" esclama cercando di sdrammatizzare. "Preferirei non lasciarci le penne, ma, in fondo, questo posto non mi dispiace."

"Non sei divertente."

"Jackie, sono io che ho scelto di seguirti, non devi assumerti tutta la responsabilità per quanto accaduto."

"Non mi sarei mai dovuta allontanare dalla Lane.G."

"Questo è vero" ammette "ma quello che è fatto è fatto. Ora siamo qui, concentriamoci su come uscirne vivi."

I nostri occhi ancora incollati, brillano sotto la luce del fuoco. Lui si avvicina al mio viso dandomi un bacio inaspettato quanto gradevole. Resto stupita dalla bellezza e dal sapore dolce di questo gesto per me nuovo e così entusiasmante, da chiederne un altro e un altro ancora. Quando ci stacchiamo lui mi dedica un sorriso che non avevo ancora conosciuto, accarezza i miei capelli finalmente asciutti e mi cinge con le sue braccia.

"Non temere" mi dice "ce la caveremo, è una promessa."

Riscaldata dalla sua presenza rassicurante, mi sento subito tranquilla e quando ci addormentiamo, un infinito senso di pace ci avvolge.

Angel

La sete mi attanaglia da giorni. Vincolata qui, devo dipendere da qualcuno per ogni cosa e questa situazione sta iniziando ad andarmi stretta. In qualche modo devo rendermi indipendente, almeno per quel poco che mi è possibile, ma come? Come posso fare per muovermi da questo letto quando le gambe non rispondono a nessuno stimolo?

In me risuonano momenti già vissuti, quelli di un passato che mi è rimasto incollato addosso come resina, quando ero debole e ferita sulla Perla Nera e mi stavo lasciando alle spalle avvenimenti orrendi che volevo solo dimenticare. In quel momento guardavo verso un futuro migliore, consapevole che non sarei mai più tornata sui miei passi. E quei momenti si ripresentano ora, portandomi in uno stato di angoscia. Ricordo quanto ho sofferto, il dolore e la debolezza e adesso, come allora, in me c'è la stessa determinazione a venirne fuori, magari non del tutto illesa, ma viva e capace di affrontare ancora la vita.

Scivolo via dal letto, aiutandomi con gli unici arti ancora attivi: le braccia. Sono a terra. Ogni tentativo di risollevarmi è vano e mi ritrovo con la faccia sul pavimento, perché le mie braccia non sono abbastanza forti per sostenere tutto il mio peso. Allora cerco di strisciare verso la porta, ma con scarso risultato.

Che cosa succede al mio corpo? Perché le gambe, nonostante le fratture si siano ricomposte, continuano a non funzionare?

L'incapacità di muovermi, scatena in me pensieri contrastanti e la solitudine ha il sopravvento. Ci sono tante cose contro le quali si può lottare, ma la solitudine, quando ti attanaglia, sa essere spietata e non ti lascia alcuna tregua. Mio marito è lontano. Dopo tanti anni di vita insieme, nel momento in cui avrei più bisogno della sua presenza, non è qui con me. Con lui è scomparsa anche mia figlia, il nostro dono più prezioso, per il quale abbiamo sacrificato la nostra vita, dandoci un ruolo di importante responsabilità che ci ha reso una famiglia, un fulcro per me fondamentale che per nulla al mondo vorrei perdere. La percezione di sentire entrambi così distanti è insopportabile, come trovarmi nell'incapacità di poterli raggiungere. L'amarezza di fronte a una realtà tanto crudele che non posso accettare, mi fa cedere ad un pianto disperato.

Jack

"Ho sete, portami dell'acqua Nick."

"Avete chiesto dell'acqua capitano? Siete sicuro?"

"Mai stato così sicuro."

Nick prende una tazza e gliela porge. "Siete certo di stare bene, capitano?"

"Non precisamente."

Jack mostra a Nick la ferita e la sua reazione è immediata.

"Jack, hai bisogno di un medico!" esclama deciso.

"Lo so, ma temo sia troppo tardi" ammette. "Sono stato incauto e questa ne è la conseguenza. Ho creduto di farcela e una volta a destinazione avrei cercato aiuto."

"Allora perché ci ha chiesto di fermarci?"

"Perché sento che se continuassi a navigare perderei tutte le forze."

"Jack, che cosa stai cercando di dirmi?"

"Detesto ammetterlo, ma temo che il mio viaggio si concluda qui."

Intorno all'isolotto, per un raggio di circa duecento varas*, si estende un mare tranquillo color turchese, dove sono presenti delle insenature di roccia naturale che cedono il posto a un oceano scuro e solitario.

All'interno delle insenature la Perla Nera è incolume, protetta dalle onde. Becheggia pacifica, ignara che il suo capitano sta attraversando il momento più difficile della sua intera esistenza.

"Temo non ci sia più niente da fare" comunica Nick alla piccola ciurma che ha seguito Jack in rotta verso le Indie.

"No, non possiamo arrenderci, ha bisogno di cure, dobbiamo trovare un medico" lo esorta un compagno.

---

*1 vara equivale a 0,838 metri

"Siamo nel bel mezzo dell'oceano Atlantico, dove pensi di trovarlo un medico?" lo aggredisce Nick, ben consapevole che quella potrebbe rappresentare la sua unica speranza. "Qualsiasi cosa facessimo ora, non sarebbe di alcuna efficacia" dice amareggiato. "La situazione è troppo grave."

"Come ha potuto nasconderci che era ferito?"

"Jack sperava di farcela. Voleva a tutti i costi raggiungere la figlia e ci siamo andati vicino, molto vicino, ma ora è troppo tardi."

Gli uomini si guardano senza parole nel silenzio di una notte tranquilla, su un mare pacifico e con una luna sfacciata. Ancora un paio di settimane di navigazione e sarebbero arrivati a destinazione, ma il loro capitano non ce la farà a vedere quel giorno. Trascinati in una realtà troppo difficile da accettare, si guardano tra loro in cerca di risposte che questa volta non arriveranno.

22.

Kimera

"Qual è il tuo scopo, Kimera?"
"Non lo capisci Tiche? Non ho nessun secondo fine, voglio solo salvargli la vita. Con quella ferita non potrà sopravviere."
"Se tu gli salvi la vita, lo imprigionerai di nuovo" la rimprovera Asteria "sai che cosa significherebbe per lui?"
"So che sarà salvo e potrà continuare a navigare in eterno!"
"E se lui non volesse questo? Non puoi fare una cosa simile senza il suo consenso."
"Ho dovuto forse chiedere il suo permesso quando l'ho imprigionato tredici anni fa?"
"Kimera tu stai perdendo il senno."
"Non lo lascerò morire, Tiche!"

Kimera non vuole più discutere con le sue sorelle e lascia la baia delle sirene nuotando lontano. Sente che deve fare qualcosa, ma non può agire senza il consenso di chi ha davvero il potere di salvare Jack. Il suo intervento sarebbe vano, senza l'approvazione di Angel.

Quando arriva nei pressi della Lane.G. il suo richiamo ha già sortito l'effetto desiderato. Angel è sul ponte e guarda proprio nella sua direzione. È tra le braccia di Chris che la sostiene dopo aver perso l'uso delle gambe. Lui è spaventato, ma Angel lo tranquillizza e invita Kimera ad avvicinarsi a loro. Per raggiungere l'altezza del ponte della nave, si fa portare da un'onda che subito dopo si dissolve.

"Vederti non mi sorprende" esordisce Angel "so che porti notizie dal mare, ma il pensiero di conoscerle mi fa rabbrividire" dice con la voce che trema. "Dov'è Jack? Che fine ha fatto la mia famiglia? Tu lo sai, non è così?"

"Tua figlia sta bene" dichiara.

"Portaci da lei."

"Angel sono qui per Jack."

Angel deglutisce, trattiene il respiro e la fissa a lungo, in uno sguardo d'intesa e timore.

"Dov'è? Sta male?"

"Sì Angel, sta molto male."

"Durante l'attacco all'Atlantic è rimasto gravemente ferito" risponde Chris. "Ho cercato di convincerlo a vedere un medico, impedendogli di partire, ma è stato irremovibile."

"Non supererà la notte" conclude Kimera.

Angel cerca di reagire e, benchè il fisico ancora non glielo permetta, prova a mettersi in piedi appoggiata al parapetto, dove si aggrappa facendo appello a tutte le sue forze.

"Non dirmi che tu lo lascerai morire così, Kimera."

"Non è più in mio potere, lo sai" le risponde "ho rotto il legame con lui e in assenza di quel vincolo, non mi è possibile salvarlo."

"E allora dimmi …" Angel la fissa con le braccia che tremano "perché sei venuta da me?"

"Gli salverò la vita, se è questo che vuoi" dichiara "ma ogni cosa ha un prezzo da pagare."

"Quale prezzo?" Negli occhi di Angel si delinea la disperazione più assoluta. Ha capito, infatti, a che cosa la sirena si stia riferendo con quelle parole.

"Il mio intervento rinnoverà il vincolo che lo terrà per sempre legato a me. Tornerà tutto come prima, come prima che tu lo conoscessi. Questa volta, però, non avrai alcun modo di liberarlo. Questa catena è indissolubile."

Angel si lascia andare finendo a terra.

"Angel, non puoi permetterle di fare una cosa del genere" le dice Chris chinandosi per aiutarla.

"Ti consideravo un'amica!" la rimprovera Angel.

"Io sono tua amica, Angel. Ma non posso cambiare la mia natura e le regole del mio mondo sono diverse dal tuo. Noi sirene salviamo i marinai solo se questi si affidano a noi. Per gli altri, lo sai, le cose vanno diversamente. So che cosa significhi per te e se ritieni che sia troppo da sopportare, lo lasceremo andare."

"No!" Angel reagisce tra le lacrime "sai meglio di me che non potrei mai lasciarlo morire, sapendo di potergli dare una possibilità di salvezza" le lacrime inziano a rigare il suo viso.

Chris l'aiuta a risollevarsi da terra per guardare la sirena negli occhi.

Kimera la scruta esterrefatta. Ammira la forza d'animo di Angel e conosce bene l'amore che nutre per Jack, ma non era certa di un suo consenso così determinato. Ne resta talmente colpita da non trovare più parole.

"Devi promettermi che avrai cura di lui" le dice Angel con le lacrime che scendono copiose lungo le sue guance.

"Te lo prometto" risponde impressionata.

"Ora va', non c'è altro tempo da perdere." Kimera esita, colpita dalla volontà di Angel.

"Vattene!"

Angel urla contro di lei con tutto il fiato che le è rimasto in corpo. La osserva dalla balaustra, mentre si rituffa in mare e segue la sua scia argentata, per poi vederla scomparire nel buio delle onde. Solo allora viene sopraffatta da un dolore che prima di quel giorno non aveva mai conosciuto. Piange fino a che il bruciore agli occhi e alla gola diventa insopportabile, fino a quando i suoi gemiti svegliano tutta la nave e le grida si spingono al largo, inghiottite dall'oceano.

Quando la ciurma di Jack prova a riposare, il ponte si svuota. Rimane solo la vedetta e un paio di ufficiali a fare la ronda. Con l'aiuto delle gambe su cui può fare affidamento una volta fuori dall'acqua, per Kimera è piuttosto facile raggiungere la cabina del capitano indisturbata. Lo trova immobile e privo di energia, così come non lo aveva mai visto prima. È riverso su un lato, appoggiato in parte allo scrittoio e in parte a una sedia. Si avvicina sostenendolo e a quel punto lui si lascia andare. Kimera attutisce la sua caduta e si ritrovano entrambi sul pavimento. Jack appare privo di conoscenza e lei lo scuote per farlo reagire. Lui apre appena gli occhi, ma il dolore è troppo forte e non riesce a sostenere il suo sguardo. Allora lei lo adagia su un lato e apre la sua giacca, sposta il gilet di pelle e la camicia a brandelli. Una profonda ferita causata dalla lama di una spada gli ha trafitto il fianco. Il taglio ha provocato un'infezione e senza cure adeguate, porta a una morte lenta e dolorosa. Se poco prima avrebbe nutrito ancora qualche riserva, alimentata dalle parole di Asteria e Tiche, ora è certa della sua decisione e interviene senza remore.

È questione di pochi secondi. Il potere di una creatura del mare è immediato ed efficace. Restituisce parte della sua energia al suo corpo e Jack riprende conoscenza all'istante. Si alza dal suolo portandosi seduto.

"Che cosa è accaduto?" chiede quando, meravigliato, trova Kimera seduta accanto a lui.

"Non ricordi, Jack?"

"Ho la mente un po' confusa."

"Dopo l'attacco all'Atlantic sei stato molto male. Una ferita ti stava togliendo la vita."

"Ah …l'Atlantic. Angel …" Quel nome sembra restituirgli la ragione. Si porta una mano al volto come se avesse un capogiro.

"Ma che ci faccio qui?"

"Jack stavi morendo."

Kimera riferisce a Jack quanto accaduto. Il dolore della ferita deve avergli tolto lucidità e di questi ultimi giorni ha solo brevi e sporadici ricordi.

"E tu …"

"E io ti ho salvato." Lui le lancia uno sguardo di disapprovazione. "Avresti preferito morire in mare ancor prima di poter raggiungere tua figlia? È questo che volevi?"

Jack resta paralizzato. Sa che Kimera ha ragione, così come conosce il suo destino. Solleva le mani in segno di resa.

"Jack da oggi potrai andare per mare in eterno" lui la guarda dritto negli occhi "non dovrai pensare al sopraggiungere della morte, non dovrai temere la fame e nemmeno il freddo, ma, soprattutto, sarai libero di ritrovare tua figlia." Continua ad ascoltarla con rinnovata attenzione. "Da oggi il mare ti appartiene, sei tornato a farne parte così com'è giusto che sia. Non ti è forse mancato in tutti questi anni? Non è ciò che hai sempre desiderato dal giorno in cui hai messo piede per la prima volta su una nave?"

Kimera muove in lui ricordi e sensazioni che credeva di aver dimenticato, abbandonate per sempre per dedicarsi a una vita lontana dalla sua realtà per amore di sua figlia. Ora, però, è qui proprio per lei e questo gli fa vedere le cose sotto una luce diversa. Con un balzo è di nuovo in piedi e si stupisce di quanta energia scorra nel suo corpo. Un corpo rinvigorito e pensa di non ricordare quando sia stata l'ultima volta che si era sentito così.

Tende la mano a Kimera e l'aiuta ad alzarsi.

"Grazie" le sussurra.

Lei copre la distanza tra loro, ma il suo tentativo di baciarlo viene prontamente schivato.

"Sai che cosa significa Jack?"

"Ne sono consapevole" le risponde "ma devi darmi tempo."

"D'accordo" risponde allontanandosi. "Sei vivo, è solo questo che conta" esce e si getta in mare.

Il rombo degli stivali sopra al ponte di dritta lo raggiunge facendo svanire anche l'ultimo dubbio che potesse trattarsi di un incubo. La sua fedele e misurata ciurma lo raggiunge di corsa, schierandosi di fronte a lui.

"Quella era una sirena?" chiede Nick dopo essersi affacciato per guardare in mare.

Jack annuisce senza rispondere.

"Capitano, state bene?"

"Sì. Sto bene."

L'occhiata che si scambia con Nick è sufficiente e non servono altre parole. Lui ha già capito tutto. Perplessità, ma anche sollievo appaiono sul suo viso. Si avvicina posandogli una mano sulla spalla e Jack gli sorride.

"Siete vivo, capitano."

"La mia vita inizia ad avere un prezzo troppo alto."

23.

Jackie e Paul

Jackie

La mattina seguente ci mettiamo in cammino percorrendo tutta la spiaggia verso ponente. Ci sono insenature e calette, ma nessun villaggio. Arriviamo fino alla fine della spiaggia che cede il posto a una scogliera dove non è più possibile proseguire. La roccia appuntita cade a picco sul mare. Decidiamo di tornare indietro e recarci alla pozza per un bagno e rifornimento di cibo. Torniamo alla nostra spiaggia al tramonto, dove ci diamo da fare per riaccendere il fuoco, consumare un pasto caldo, questa volta con la pazienza di farlo cuocere a dovere e prepararci per la seconda notte all'aperto, soli, in un luogo che sembra abbandonato dal resto del mondo.

Il giorno dopo, decidiamo di perlustrare la zona nella direzione contraria. Dopo un abbondante cammino ritroviamo la stessa scogliera di ieri, ma nell'estremità opposta.

"Maledizione!" impreca Paul "siamo su una fottuta isola!"

"Ci resta solo un modo per confermare i nostri sospetti" indico la montagna "dobbiamo raggiungere la cima."

Tentiamo di arrampicarci fino alla sommità della collina. La vegetazione folta e l'erba umida non rendono facile la nostra impresa, ma con qualche ruzzolone di troppo riusciamo ad arrivare indenni. Qui sopra soffia un vento fresco e mi accorgo subito che non ci sono zanzare. Purtroppo i nostri sforzi sono serviti solo a confermarci quanto già temuto:

siamo su un isolotto a forma di mezza luna. La costa è un arco di sabbia bianca come il latte e le scogliere precipitano dal lato sud, come se avessero affettato la montagna.

La lunga camminata ci fa perdere la cognizione del tempo e ci rendiamo conto troppo tardi che presto farà buio. Rimettersi in cammino verso la spiaggia, con l'oscurità che incombe, sarebbe avventato.

"Aiutami, dobbiamo prendere un po' di quelle foglie" mi dice Paul indicando le palme sopra di noi. "Sai arrampicarti sugli alberi?"

"Ci puoi scommettere!"

Mi lancio sul tronco cercando i punti dove aggrapparmi senza ferirmi le mani. Giocare nel bosco ad arrampicarmi, era tra i miei passatempi preferiti da bambina. Qui è un po' diverso, ma con la pratica me la posso cavare. Paul mi guarda con l'approvazione e lo stupore di chi sta iniziando a conoscermi.

Una ad una facciamo cadere a terra le grandi foglie che formano un giaciglio fresco ed accogliente. Accendiamo un fuco sulle rocce, in un angolo sicuro, libero dall'erba e lontano dagli alberi. Si fa buio non appena concludiamo il nostro faticoso lavoro. Restiamo seduti sulla cima della scogliera per guardare verso il mare. Il sole si nasconde disegnando uno dei tramonti più perfetti che abbia mai visto. Di certo le colline di Genova non offrono uno spettacolo come questo. Paul mi cinge con un braccio e io mi appoggio alla sua spalla.

Paul

"Dobbiamo capire all'incirca dove siamo finiti" dico a Jackie dopo aver cenato, nel maldestro tentativo di mettere insieme i pezzi di questo viaggio. "Il nostro mercantile è partito dalla Spagna alla volta delle Indie. Il viaggio si è interrotto dopo tre giorni e ne abbiamo trascorsi altri tre in mare in balìa delle correnti."

"D'accordo e quindi?"

"Le correnti di questa zona dell'Atlantico le conosco bene, sono le stesse sfruttate dalla Lane.G. per tenersi sulle rotte dei mercantili spagnoli. Se i miei calcoli non sono errati, siamo stati spinti a sud e ora ci troviamo in una minuscola isola africana che, con tutta probabilità, non è nemmeno presente sulle carte nautiche."

"Questo che significa, Paul?"

"Che siamo spacciati."

"Che cosa?"

"Guardati intorno. Per quel poco che abbiamo potuto vedere, hai trovato segni del passaggio di marinai o navi?"

"No."

"Esattamente."

"E quindi?"

"Resteremo qui, affidandoci alla sorte."

"Non hai paura?"

"No, se tu sarai con me."

"Scusa, ma dove vuoi che vada?!" risponde con il suo sorriso aperto, lo sguardo intrigante e gli occhi che brillano, illuminati dalle fiamme del fuoco notturno.

Dopo dieci giorni da naufraghi, ci sentiamo più selvaggi dell'isola. Io e Jackie ci siamo stabiliti in cima alla montagna, al riparo dal sole e dai venti che investono la spiaggia. Abbiamo imparato a riconoscere i frutti di cui gli alberi sono colmi e a consumarli, oltre che a pescare e cucinare il pesce rendendolo appetitoso.

Guardo Jackie mentre facciamo il solito bagno nella pozza di acqua dolce, dove ci laviamo i vestiti e restiamo a rinfrescarci nelle ore in cui il caldo è opprimente. La guardo e penso che potrei passare il resto della mia vita qui, solo con lei. Penso che potrei imparare a costruire una capanna e col tempo farla diventare la nostra casa. Rivedo la Lane.G. come il ricordo di una vita lontana, come se fossero trascorsi anni da quando ce ne siamo andati.

Jackie mi guarda e sorride. Chissà se anche lei pensa le stesse cose, chissà quali sono i suoi desideri, chissà che cosa prova per me.

Quello che vedo è una ragazza coraggiosa che non si è arresa nemmeno di fronte alle più grandi difficoltà. Che mi ha salvato sulla spiaggia, rianimandomi con tutta la sua forza per far sì che la seguissi e abbiamo trovato questo luogo magico. È diventata una giovane donna che ha lavorato al mio fianco e collaborato per rendere le nostre giornate più sopportabili. Ci siamo sostenuti e incoraggiati a vicenda per non lasciarci andare allo sconforto. Non so che cos'abbia in serbo il futuro per noi, ma di certo so che conoscere Jackie, è stata una delle cose migliori che mi siano capitate in tutta la mia vita.

Jackie

Paul inizia a schizzarmi l'acqua addosso. D'istinto mi copro il viso con le mani girandomi dal lato opposto. Allora lui mi afferra per le spalle trascinandomi in acqua. Lo usa come pretesto per avvicinarsi a me e io lo lascio fare, apprezzando le sue attenzioni.

Ci piace restare a lungo alla pozza, è un momento speciale che dedichiamo solo a noi, senza le preoccupazioni di cibo e fuoco per arrivare a sera. Pensieri costanti e necessari per sopravvivere in un luogo come questo. Ma quando siamo alla pozza lasciamo tutto da parte per qualche ora, senza pensare ad altro che a divertirci.

Giochiamo fino a sfinirci, per poi gettarci sull'erba fresca, tra le fronde disposte tutte intorno. Non abbiamo nemmeno il tempo di rilassarci che veniamo sollevati e strattonati con violenza. Un paio di braccia possenti mi tirano verso l'alto, alzandomi senza riguardi. Lancio un urlo e sferro calci e pugni senza colpire nient'altro che aria.

"Chi siete?" domanda una voce minacciosa.

Non riesco a voltarmi, né a vedere in faccia i nostri aggressori che si rivolgono solo a Paul, come se io non esistessi. Sono bloccata per il collo e per le braccia e un tizio mi spinge il capo a terra con brutalità.

"Non ci vorreste dire, signori, il vostro nome, da dove venite e a quale famiglia appartenete?"

Decido di rimanere zitta e noto che anche Paul fa lo stesso.

"Non parleranno" dice un'altra voce.

"Saranno pirati inglesi ammutinati e abbandonati dalla ciurma."

Dopo secondi di silenzio, ci sollevano entrambi per i capelli e posso vedere chi ci ha aggrediti. Sono due uomini: uno dalla carangione molto chiara, capelli di un nero corvino e lo sopracciglia folte, l'altro un aitante e robusto mulatto. Una strana accoppiata. Entrambi ci esaminano con attenzione.

"Dunque, vi ostinate a non parlare?"

Io e Paul ci lanciamo un'occhiata fugace.

"Molto bene, ci penserà il capitano."

Quest'ultimo mi afferra trascinandomi a terra tra calci e spintoni.

"Adesso basta!" urla Paul rivolgendosi all'uomo che si sta approfittando della situazione per maltrattarmi.

"Ah, quindi abbiamo la voce!" dichiara questo.

"Lasciala stare maledetto pirata o racconterò tutto al tuo padrone e sarai punito per questo!"

"Ma davvero? E da che pulpito proviene questo ordine?"

"Non siamo inglesi" afferma Paul.

Guardo Paul supplicandolo con gli occhi di non rivelare la mia vera identità.

"Il mio amico Antonio ed io non abbiamo padrone" replica l'uomo dalla pelle scura "siamo pirati liberi e il nostro comandante ci tratta come persone rispettabili."

"Antonio avete detto?" chiedo al ragazzo dai capelli nero corvini, mentre mi stacco dalla sua presa per guardarlo meglio. Il ragazzo mi lascia libera senza reagire.

"Antonio Ruggero" mi risponde "sono italiano, vengo da Napoli."

Anche il ragazzo dalla pelle scura abbassa la guardia e libera Paul. Sono molto più giovani di quanto mi sarei aspettata, avranno all'incirca l'età di Paul che supera di poco i miei dodici anni.

"Il mio compagno è Numi Ndaye, ex schiavo salvato dalla nostra flotta. Ora seguiteci!"

Dopo una rovinosa camminata caratterizzata da gomitate e sgambetti, facciamo ritorno alla spiaggia dove dal nulla sono spuntate tende di diversa grandezza, disposte a simicerchio. I due uomini ci portano di fronte al capitano che si diletta a suonare un bel liuto all'ombra delle palme, senza nemmeno degnarsi di guardare nella nostra direzione. Incagliata nella baia c'è una nave di modeste dimensioni.

"Guardate che cos'abbiamo trovato alla pozza d'acqua dolce, signor Mission."

A queste parole sembra accorgersi di noi e mette da parte lo strumento. Si avvicina e noto il suo abbigliamento elegante, in partcolare la blusa color porpora con intarsiature dorate, un paio di brache aderenti e degli stivali neri di pelle alle ginocchia. Ne resto molto colpita. Davanti a me c'è l'incarnazione del modello di un pirata che avevo solo immaginato sfogliando alcune raffigurazioni.

"Beh" esclama "avete fatto buona caccia!" commenta ridendo.

"E dimmi figliolo" si rivolge per primo a me "da dove arrivi? Qual è il tuo cognome?"

"Non sono vostro figlio e pertanto non sono tenuto a darvi informazioni personali."

"Però" commenta con uno sguardo sorpreso "un bel peperino!"

"Il nostro capitano ti ha fatto una domanda" borbotta Antonio "avanti, parla!" mi esorta con uno spintone.

Mi rifiuto di rispondere. Le poche, ma incisive esperienze. avute con i pirati, mi suggeriscono di restare in allerta senza mai abbassare la guardia. *Diffida degli estranei e stai alla larga dai tipi sospetti.* Solo ora comprendo appieno le parole di mio padre. Ho sempre immaginato i pirati come degli eroi che solcano i mari, difendendo la loro nave in abiti lussuosi e spade luccicanti. Lo scontro diretto con la realtà, però, mi ha fatto capire in breve tempo che quelle erano solo illusioni di una ragazzina che sognava un mondo lontano e diverso, tanto da considerarlo magico e misterioso, ma fino ad oggi di magico non ci ho trovato proprio nulla.

"Va bene, va bene" mormora il capitano sollevando una mano per bloccare i modi brutali del mozzo "sei ancora molto giovane, senza dubbio. Potete almeno dirci come siete arrivati su quest'isola?" chiede rivolgendosi a entrambi.

"No" risponde Paul sostenendo il mio silenzio "non vi diremo nulla senza sapere chi siete, signori!"

Numi e Antonio, in piedi dietro di noi, ridono di gusto.

"Così voi pretendete che io mi presenti?" ci chiede il capitano chinandosi per esaminarci da vicino. "E va bene" esclama "non ho difficoltà ad esaudire le vostre richieste. Il mio nome è Olivier Mission, nato in Provenza, ex ufficilae della marina francesce e quella che vedete laggiù" si volta e indica con la mano tesa "è la mia nave: la Victoire." E ora ditemi ragazzi: da quanto tempo siete qui?"

Io e Paul ci guardiamo ed è lui a prendere la parola.

"Siamo naufragati circa dieci giorni fa. Stavamo nagivando su un mercantile in rotta verso le Indie orientali, ma la nave ha subìto l'attacco dei pirati inglesi. Grazie ad un'imbarcazione di fortuna, abbiamo potuto raggiungere quest'isola."

Poi il capitano guarda i suoi scagnozzi e li invita a lasciarci. I due esitano. "Non temete, non accadrà nulla" li rassicura.

Li segue con lo sguardo e una volta lontani, la conversazione diventa più confidenziale.

"Ora siamo soli" dichiara "sapete chi sono e da dove vengo. Possiamo dialogare alla pari?"

Con un tacito consenso, io e Paul decidiamo di concedergli il beneficio del dubbio e lasciamo cadere una prima, fragile barriera.

"Mi chiamo Paul Cardiff e sono irlandese."

Io tentenno prima di sbilanciarmi.

"Mi chiamo Maria Guglielmo" dico così, come viene e Paul mi lancia un'occhiata di assenso "e sono italiana, figlia di contadini."

"Che cosa ci fa una ragazza italiana dispersa su un'isola come questa?"

"Sono stata rapita dai pirati."

"Dici sul serio?! Angelo, vieni un po' a vedere!"

Dalla tenda allestita in questo accampamento di fortuna, esce un uomo dalla pelle chiara e il volto tondo che mi guarda con un sorriso aperto e l'aria affabile, ma rimango sulla difensiva.

"Questa ragazza dice di essere italiana, come te."

"Davvero? E da dove vieni piccola?"

"Da Genova signore."

Lo osservo attentamente. È molto diverso dal capitano. Ha i capelli corti, talmente lucidi da riflettere la luce del giorno e indossa abiti semplici, privi di fronzoli, al contrario del capitano Mission.

"E io sono Angelo Carraccioli" si presenta "ex frate italiano, di Roma. Capitano in seconda della Victoire. Lieto di fare la vostra conoscenza."

Ora si spiega la croce portata in evidenza sul petto, di certo non un accessorio a caso. I due si guardano ponderando la situazione.

"Dev'essere destino che in questo viaggio siamo chiamati a recuperare naufraghi italiani" commenta Angelo, l'ex prete, senza smettere di osservarmi.

"Abbiamo un ragazzo italiano recuperato in mare circa un mese fa" dichiara il capitano Mission, mentre fa un cenno ad Angelo.

Quest'ultimo si volta e va dritto verso la seconda tenda, quella più grande. Ne esce con la mano appoggiata sulla spalla di un ragazzo che cammina al suo fianco. Indossa un bel completo blu marino con una blusa che porta gli stessi intarsi di quella indossata dal capitano. Quando si avvicina si toglie il cappello blu a tricorno e i miei occhi si spalancano in un'espressione che va oltre lo sbigottimento.

Nonostante il mio abbigliamento e il contesto che mi fa apparire tutto, fuorché una ragazza, lui mi riconosce, ma, così come io non mi scompongo, lui assume lo stesso atteggiamento di indifferenza, consapevole del frangente delicato in cui ci troviamo.

"Guarda caso, anche il nostro Tonino è di Genova" esclama Angelo "una strana coincidenza, non trovate?" dichiara con circospezione.

"Nessuna coincidenza, signore" esclama Tonino "conosco questa ragazza, siamo partiti insieme da Genova, poi le nostre strade si sono divise."

"Molto bene" dichiara il capitano "allora la lascerò sotto la vostra protezione. La convivenza con la ciurma potrebbe essere complicata per lei e in questo viaggio non vogliamo disonorare donne italiane."

"Sì signore" risponde Tonino.

"Vi unirete a noi per la notte e domattina all'alba saremo in viaggio."

"In viaggio, signore?" domando colpita dalla sua affermazione.

"Avete forse intenzione di rimanere su quest'isola?" mi chiede con altrettanta sorpresa.

"No, signore" rispondo scuotendo la testa "ma ..." sospiro "dove siamo diretti?"

"Stiamo facendo ritorno alla nostra colonia" risponde Angelo e una soddisfazione tangibile emerge dai suoi occhi.

"King's Bay" mi dice il capitano "in Madagascar.*"

"Toni dai loro da bere e da mangiare" continua Angelo "e poi riposate" conclude "ne avrete bisogno."

"Venite" Tonino ci invita a seguirlo, mentre gli altri si uniscono alla ciurma intenta ad accendere un fuoco al centro dell'accampamento.

Una volta dietro le tende e fuori dalla portata dei loro sguardi, Tonino si gira verso di me.

"Maria!" esclama incredulo.

"Toni!"

Felici ci abbracciamo sotto gli occhi sbalorditi di Paul.

---

*I pirati sono solitamente sinonimo di Caraibi, Malesia, anche Mar della Cina, ma c'è una piccola isola, poco lontana dalla costa orientale del Madagascar, che a cavallo tra il 17° e 18° secolo, divenne rifugio di oltre mille pirati. Qui esiste, ancora oggi, l'unico cimitero pirata al mondo.

Un lungo abbraccio che a noi sembra infinito, come la crudeltà del tempo che ci ha visti separati.

"Avevi detto che saresti tornata presto" mi dice guardandomi con dolore e disappunto.

"Ho sbagliato, Toni. Perdonami."

"Hai idea di quello che mi hai fatto passare? Quando ho visto la nave lasciare il porto sono andato nel panico."

"Mi dispiace, credimi. Sono stata solo una sciocca sprovveduta. Non conoscevo i pericoli cui andavo incontro e il dolore che avrei inferto agli altri."

"Tua madre e tuo padre sono partiti per cercarti" dichiara.

"I miei genitori sono in mare?"

"Sì. Quando non ti ho vista tornare ho lanciato l'allarme, così come mi avevi detto di fare e ho trovato i tuoi genitori. Hanno chiesto aiuto a mio padre e si sono messi in viaggio su quella che era la sua nave." Il suo volto s'incupisce.

"Che vuoi dire, Toni?" aggrotto le sopracciglia perplessa.

Lui fa un lungo sospiro.

"Maria, la nostra nave ha subìto un pesante attacco" abbassa lo sguardo "quasi nessuno dell'equipaggio è sopravvissuto."

"Che cosa?" non credo alle sue parole "cosa mi stai dicendo?"

"Quello che ho detto."

"Tu, però, sei qui!"

"Sono stato fatto prigioniero dal capitano dei pirati che ha affondato la nave di mio padre e da lui stesso messo in salvo. Mi ha spedito in mare a bordo di una lancia e ora sono qui."

"E i miei genitori …" non riesco nemmeno a finire la frase e resto immobile con lo sguardo perso nel vuoto.

"Maria" mi dice "o forse dovrei dire … Mary?"

Lo guardo colpita.

"Sì" mi dice "so la verità." Lui annuisce e aggiunge "non sappiamo che cosa gli sia accaduto, ma se sono ancora vivi io ti aiuterò a trovarli. Anch'io sono alla ricerca di mio padre. Temo sia disperso e io devo trovarlo."

Gli accarezzo il viso, i capelli, ancora incredula nel rivederlo.
"Mi dispiace tanto."
"E' bello che tu sia qui, Mary."
"Chiamami Jackie."
"Vuoi usare il nome di tuo padre?"

Annuisco e mi abbraccia. Io mi aggrappo a lui, rimasto per me l'unico riferimento legato alla mia famiglia. L'ultima persona che li ha visti, che ha potuto parlare con loro e Dio solo sa quanto mi manchino in questo momento.

24.

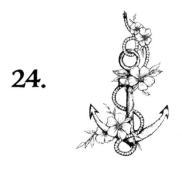

Tre giorni e tre notti

Angel

Ci riprovo. Ho individuato due punti di appoggio: una sedia e il canterano accanto al letto. Li uso per fare leva sulle mie braccia che, giorno dopo giorno, si stanno rinforzando, abituandosi a sopportare il peso del mio corpo, in parte ancora inerme. Mi rincuora potermi sollevare, anche se di poco, da questo maledetto letto. Nell'immobilità, le mie gambe si atrofizzeranno, riducendo maggiormente le mie già scarse possibilità di recupero. Sono quasi in piedi, quasi in equilibrio, provo a staccarmi, ma la debolezza che si è impadronita del mio corpo mi tradisce. Vacillo per brevi istanti per poi cadere rovinosamente con un tonfo sordo. Resto a terra consapevole di aver consumato tutte le mie energie e la certezza che dovranno passare ancora molti giorni, prima di potermi rivedere in piedi e fuori da questa cabina.

"Angel, ma che combinate?" Don, il medico di bordo, si mette in allarme quando mi vede distesa a terra. "Mi era sembrato di avervi più volte ripetuto che non dovete muovervi per nessuna ragione!" Con un rimprovero mi aiuta a sollevarmi. "È così che sperate di guarire?"

Affranta, non riesco nemmeno a rispondere.

"Chris …" un senso di vulnerabilità mi investe "dov'è Chris?"

"La presenza del capitano è stata richiesta in coperta" risponde severo "non può trascorrere tutto il giorno qui con voi." Il suo ha il sapore di un rimprovero, lo stesso che si assegnerebbe a una bambina capricciosa.

"Il vostro comportamento sconsiderato non meriterebbe nemmeno le sue attenzioni."

Comprendo la gravità delle mie condizioni, l'istinto, però, non lo vuole accettare.

"Avete ragione" dichiaro mesta "vi chiedo scusa, Don."

"Scusatevi con voi stessa, non con me" continua con un atteggiamento contrariato "e anche con il nostro capitano, quando gli diremo che, a causa della vostra imprudenza, non c'è alcuna possibilità che voi possiate ripristinare l'uso delle gambe."

La durezza nell'atteggiamento di Don mi dà una sferzata.

"Mi dispiace, non accadrà più."

"Angel, ascoltatemi una volta per tutte: avete fratture multiple al bacino, questo vi porta all'immobilità, ma, se vi comportate bene, si tratta solo di una cosa momentanea." Annuisco, mentre con cautela verifica il mio stato. "Provate a muovere le gambe."

Ci provo ma, come già sapevo, ottengo una minima reazione solo dalle dita dei piedi.

"Ora piegate il ginocchio."

"Oh …" una lieve sensazione mi sorprende. Il ginocchio si solleva. "Si è mosso!" esclamo.

"Vedete, state migliorando. Ma se ora vi mettete a fare la pazza, rischiate di compromettere tutto. Mi avete compreso?"

"Sì, signore."

"Ora voltatevi che devo controllare le condizioni del polmone."

Con pazienza eseguo tutto quello che mi chiede senza obiezioni, nemmeno quando, sollevando il braccio del polmone compromesso, una fitta lancinante mi trafigge. Caccio un urlo.

"Perdonatemi" mi dice Don "devo aprirvi parte della cassa toracica. State respirando ancora male."

Le monovre che esegue sono molto dolorose e mi trascinano in uno stato di angoscia, misto a un dolore acuto fino alle lacrime.

"Chris, dove sei? Don, per favore, fatelo venire qui" chiedo piangendo "ho bisogno di lui."

"Angel pazientate, abbiamo quasi terminato."

"Per favore …"

Don sembra non sentire nemmeno le mie parole, quelle suppliche che nascono da un sofferenza fisica profonda come la mia solitudine che solo la presenza di Chris può colmare.

"In questo momento non è il caso di allarmare il capitano" dichiara da freddo e compìto medico di bordo "non vi sembra che abbia già fatto troppo per voi?" Ora avverto perfino del disprezzo, mentre rincara la dose. "Chi siete voi, Angel, per aver preteso che lui restasse giorno e notte al vostro capezzale nel tentativo di salvarvi la vita?"

"Cosa?"

"Adesso non fate l'indifferente, sapete benissimo a che cosa mi stia riferendo."

"Non capisco …"

"Volete forse dirmi che non ricordate niente?"

Come delle coltellate a tradimento, il medico mi sta ferendo più di quanto potesse fare con il mio polmone compromesso. Decido di porre fine a questo strazio e con uno strattone mi scosto, liberandomi dalle sue mani che infieriscono su di me con ira.

"Ora ascoltate voi, dottore!" Un lampo attraversa i suoi occhi seri. "Con quale autorità vi permettete di parlarmi in questo modo? Voi non mi conoscete e non lo pretendo nemmeno, ma una cosa è certa: non avete voce in capitolo per tutto ciò che riguardi la vita privata mia e del capitano, sono stata chiara?"

"Come vi permettete …"

"Voi come vi permettete!"

Lo scatto deciso mi fa scivolare dal bordo del letto, finendo di nuovo a terra.

"Che cosa sta succedendo qui?"

In quel momento entra Chris.

"Capitano" esclama Don "stavo cercando di domare questa cavalla impazzita, ma non vi è modo."

"Come avete detto, prego?" Chris lo fulmina con uno sguardo.

Don si paralizza. "Mi stavo solo assicurando che …" balbetta, mentre Chris si china su di me.

"Perché Angel è a terra?"

"Come le dicevo, sembra impazzita!"

Chris vede il dolore attraversare il mio sguardo.

"Non crediate che questa mancanza di rispetto non abbia delle conseguenze, dottore."

"Ma capitano …"

"Il vostro intervento qui non è più necessario" ribadisce con tono inflessibile.

"Signore, stavo facendo il mio dovere …"

"Lasciate questa cabina Don, è un ordine."

"Sì signore" risponde sprezzante e se ne va sbattendo la porta.

Chris è su tutte le furie e dopo essersi sincerato che le mie condizioni siano stabili, si accorge dei lividi spuntati attorno alla scapola.

"Mio Dio …" esclama.

"Mi sta solo aiutando" cerco di placare il suo animo adirato "non prendertela troppo con il dottore."

"Ti ho sentita urlare dal ponte."

"Per guarire bisogna sopportare. Il medico sa quello che fa."

Sono talmente disperata e priva di qualsiasi controllo sulle mie emozioni, che mi aggrappo a lui con tutta la poca forza delle mie braccia, mentre resta con me sul pavimento ascoltando il mio respiro.

Lui che c'è sempre stato in tutti quei momenti in cui ho avuto bisogno di ritrovare il mio coraggio. Era con me quando non sapevo a chi rivolgermi, quando ho avuto paura, quando il mio cuore sanguinava e in tutte quelle occasioni in cui ho avuto bisogno di una presenza sincera.

Provo a guardarlo negli occhi. I suoi occhi blu, leali e autentici, mi scrutano con quella sensibilità unica, che appartiene solo a lui e che non ho mai dimenticato.

"Angel, sei fredda" mi dice.

"Lo so, sento sempre freddo."

"Perché non me l'hai detto?!" mi riprende "può essere pericoloso dopo quello che hai passato."

"Perché? Che cosa ho passato?"

Lui mi tiene stretta e non appena sento il suo calore invadermi, riaffiorano sensazioni che evocano qualcosa di vissuto, anche se di quei giorni non ricordo nulla.

"C'eri tu con me, non è così?" gli chiedo con la voce che mi abbandona.

"Stavi morendo, Angel e io avrei fatto qualsiasi cosa per impedire che accadesse" mi guarda e si commuove. "Sì, c'ero io. Ascoltavo il tuo respiro debole, pregando che non si fermasse. Sentivo il battito del tuo cuore con il terrore che sarebbe potuto sparire da un momento all'altro. Ti sono stato accanto per tre giorni e per tre notti."

"Ti devo la vita, Chris."

"Ho fatto quello che avrebbe fatto chiunque."

"No Chris, non lo avrebbe fatto chiunque" lo correggo "non così" e, nonostante la debolezza, sono forte della sua presenza che ha colmato una lacuna immensa.

"Sta piovendo" gli dico, quando il battere del suo cuore si fonde con il picchiettare delle gocce sul vetro della finestra.

"Sì."

"E' una tempesta?"

"No, il mare è calmo."

"E' insolito" commento.

"Sì, è raro. Gli uomini sono tutti sul ponte per sentire l'acqua dolce battere sulla pelle."

"Che bella sensazione" ammetto. Socchiudo gli occhi, poi li riapro a fatica. Provo a tenermi sveglia e si palesa un ricordo. "Lo sai, quando siamo tornati a Genova, dieci anni fa, pioveva, proprio come adesso. La nostra casa era abbandonata da molto tempo e ci è voluto parecchio lavoro per sistemarla" la mia voce è sempre più fiacca, come se si stesse pian piano allontanando da me. "Mi sono meravigliata vedendo che tutto era rimasto come lo ricordavo. C'erano ancora i soprammobili della mamma, i piatti appoggiati sopra al lavatoio e le sue tovaglie di lino ricamate riposte nei cassetti della credenza. Pensa …" continuo rapita da quell'immagine "c'era ancora la mia bambola" sorrido "era appoggiata sul davanzale della finestra, girata verso l'esterno, come se fosse rimasta lì ad aspettarci. Mary aveva appena imparato a camminare e fu la prima cosa che vide. Andò dritta verso quella bambola e da allora non se ne separò più."

"E' stata anche la prima cosa che ha visto quando si è svegliata nella mia cabina. Si è alzata ed è andata verso la sua bambola" risponde, accarezzato da un dolce ricordo.

Le nostre voci sottili sono come una culla in cui mi abbandono, senza sentire altro che il calore di questa atmosfera.

"Mi manca."

"Manca anche a me."

"Mi manca tutto" e rivedo quel mondo ormai talmente lontano, da avere la sensazione che non appartenga nemmeno più a questa terra. "E mi sei mancato anche tu, Chris" gli sussurro "la tua presenza mi ha sempre dato tanto coraggio, come ora."

Lui torna ad abbracciarmi con maggior forza e mi addormento, senza nemmeno rendermene conto.

⚓ ⚓ ⚓

Il buio si dissolve e la luna cede il posto a una luce impertinente. Una notte che mi ha visto consumare tutto il mio dolore e quando mi sveglio, mi ritrovo affamata e malinconica, ma ristabilita e più forte d'animo. Chris non mi ha lasciata, è ancora qui, accanto a me. Si accorge che sono sveglia.

"Ehi" mi dice accarezzandomi i capelli "buongiorno."

"Ho sete" è la prima cosa che riesco a dire.

Lui sorride rassegnato, ha imparato a conoscere le mie richieste e dopo poco lo vedo arrivare con una tazza colma d'acqua. Gli sorrido grata.

"Anche tu mi sei mancata."

Aggrotto la fronte e contemplo il suo sguardo.

"Ora andiamo!"

Improvvisamente mi solleva tra le sue braccia.

"E dove?"

"Al timone."

"Che cosa stai dicendo?" chiedo perplessa.

"Lo vedrai."

"Ma Chris?! Don si arrabbierà!"

"Don è già stato informato. Ti fidi di me?"

Ritrovare il sole che riscalda le membra e la brezza accarezzarmi la pelle, è un'incredibile sensazione di benessere, dopo giorni interi rinchiusa. Accanto al timone, sul ponte del cassero, trovo ad attendermi una specie di branda sollevata e rinforzata da coperte e cuscini distribuiti tutti attorno. Chris mi adagia su questo improvvisato giaciglio e la vista della nave verso prua, a dir poco esaltante, riesce a strapparmi un sorriso di gioia. Qui c'è anche Sebastiano che, emozionato dalla mia presenza, mi restituisce il mio cappello rosso con la piuma, quello di comandante. Gli tendo un braccio in segno di gratitudine, stringendo forte la sua mano.

"Gli ordini, capitano?"

D'istinto mi volto verso Chris. "Sta parlando con voi, capitano."

"Con me? Ma … Chris?"

"Per questo viaggio sarò il tuo capitano in seconda."

"Io non credo di essere in grado …"

"Ci sono anch'io" afferma Sebastiano "noi ti aiuteremo."

Entrambi mi studiano in attesa di una reazione, ma riesco solo a rispondere con un'espressione colma di affetto e sollievo. Essere di nuovo qui, sulla mia nave, ha qualcosa di surreale. Mi fa sentire quella persona che credevo di aver abbandonato in un passato lontano e mai più ritrovato. Il mio coraggio si fa strada, vado a cercare quella determinazione che un tempo mi ha portato ad essere capitano di questa nave, sapendo che si trova ancora dentro di me e decido di accettare la sfida.

"Qual è la rotta, signor Condent?"

Chris reagisce, fiero del mio atteggiamento.

"Signore, abbiamo ragione di credere che Jackie si sia rifugiata su un mercantile in rotta per le Indie orientali."

"Che cosa ve lo fa credere con così tanta certezza?"

"Quando Jackie e Paul hanno lasciato la nave, la Lane.G. si trovava nei pressi dei porti spagnoli, signore." Chris si siede accanto a me aprendo una mappa e descrive con accuratezza la sua analisi. "Sono quasi certo che i ragazzi abbiano attraccato la lancia in uno di questi porti, per poi cercare di imbarcarsi su di un mercantile."

"Siete sicuro di quanto affermate?"

"Jackie voleva rimanere in mare. Uno dei suoi desideri espressi prima che se ne andasse, fu quello di vivere con noi sulla Lane.G." resto impressionata dal resoconto di Chris "quindi, una volta raggiunto il porto, è naturale che abbia cercato un'altra nave su cui imbarcarsi. Non sarebbe mai rimasta a terra, per nessun motivo."

"Avete ragione Chris" ammetto che le sue ipotesi siano ben fondate e che in questo periodo abbia imparato a conoscere Jackie meglio di quanto la conosca io stessa.

"Ma questi porti sono area di smistamento" continua incalzante, indicandoli sulla carta "da qui partono solo mercantili in rotta per le Indie" dichiara. "Se vogliamo ritorvare Jackie è là che dobbiamo andare."

Sollevo lo sguardo grata per le accurate e utili informazioni del mio capitano in seconda. Per la prima volta sorrido, sorrido davvero e mi sento sollevata, come se la sua presenza mi stia togliendo una parte di quell'enorme peso che ho sul cuore.

"Ma ho un avvertimento, capitano: è un viaggio che ci porterà fuori della zona protetta dove opera la Lane.G."

"Significa che è proibito?"

"Significa che saremo senza protezione, in balìa di una rotta ignota e proprio per questo in costante pericolo."

"Certo, capisco" rifletto "così come, senza conoscerla, potrebbe mostrarsi magnanima e gestibile."

"Certamente signore, anche questa è una possibilità."

Ci dedichiamo un lungo sguardo d'intesa e senza la necessità di aggiungere altre parole, ci siamo capiti alla prefezione.

"Molto bene." Dichiaro. "Timoniere: rotta sud – sud est !"

"Sì signore!"

25.

Rotta verso la libertà
Jackie

"Dì un po', ma chi è quel damerino impettito?" mi chiede Paul, mentre ci imbarchiamo sulla Victoire.

"Non hai sentito?" gli rispondo schivando i mozzi che ci superano a passo deciso "anche lui è di Genova."

"Si ma, mi sembra che sia molto più di una semplice conoscenza."

Mi fermo in disparte verificando che Tonino non sia nei paraggi e guardo Paul. "Toni è un amico importante, mi ha aiutata in diverse situazioni e abbiamo condiviso la nostra passione per i pirati, quando ancora tutto questo apparteneva solo all'immaginazione."

"E lui ti piace?"

La sua domanda così diretta mi coglie impreparata e resto con il fiato sospeso senza sapere che cosa rispondere.

"D'accordo" mi dice seccato dalla mia indecisione "ho capito."

"No Paul, aspetta!" lo chiamo, ma lui si è già voltato ed è scomparso tra le vele che si gonfiano al vento.

Resto ferma qui e lo cerco, ma è svanito con una rapidità tale da non riuscire più ad intercettarlo. Con lui sta lentamente scomparendo anche l'isola e un moto di malinconia mi assale. La nave si allontana dalla costa, da quella spiaggia che ci ha salvati, la natura che ci ha visti sopravvivere e provo quasi un dolore fisico quando mi rendo conto che quei momenti non torneranno, ora che stiamo lasciando per sempre la nostra isola.

"Signorina, prendete posto" Angelo compare come un fantasma alle mie spalle "non è sicuro per una signorina come voi, rimanere sul ponte in questa fase della partenza." specifica dedicandomi uno sguardo di rispetto e accoglienza. "Signore, per favore venite qui!"

Angelo chiama a rapporto due donne dalla pelle scura che vengono veloci verso di me.

"Per favore, aiutate questa signorina a ripulirsi e datele degli abiti che le rendano giustizia."

"Grazie signore."

"Niente signore, chiamami Angelo."

Le due donne si dimostrano pazienti e gentili con me, anche quando rifiuto l'elegante abito che vorrebbero farmi indossare, preferendolo a uno dai colori meno sgargianti, con un gilet e una gonna meno ampia. Chiedo che i miei capelli siano avvolti in un foulard, dopo che con le loro abili mani, li hanno spazzolati privandoli di nodi e pidocchi.

Torno sul ponte quando siamo già in mare aperto. Una folata di vento caldo m'investe e mi sorprendo di come le temperature, qui in mare, siano più alte rispetto a quelle percepite quando mi trovavo sulla nostra isola. Continuo a cercare Paul con la sgradevole sensazione che mi stia evitando. Mentre cammino mi raggiunge la voce di Angelo.

"Oh eccoti qua, giovane ufficiale!"

Mi volto e lo vedo accogliere Tonino che va verso di lui con la sua bella divisa, gli stivali, un sontuoso cappello a tricorno che gli conferisce un'aria seria e affascinante. Sembra diverso, cresciuto dall'ultima volta che ci siamo visti e molto, molto più bello. Angelo gli mette una mano sulla spalla e i due iniziano a parlare tra di loro, fino a quando gli occhi di Tonino si posano su di me.

"Jackie!" Mi viene incontro "stai benissimo" mi dice, apprezzando il mio repentino cambio d'immagine.

"Ufficiale?" chiedo sorpresa, ricordando la sua repulsione nei riguardi della vita in mare.

"Sì, signorina" risponde Angelo. "Il nostro Toni è un pezzo grosso, nominato dal capitano in persona che lo ha preso sotto la sua ala."

"Il capitano conosceva la nave di mio padre" precisa Tonino.

"Capisco" dico, colta da un lieve imbarazzo.

"Passeggiamo?" chiede, porgendomi il suo braccio.

"Con molto piacere" rispondo con un sorriso.

Camminiamo lungo il sontuoso ponte di questa ammiraglia francese e mi perdo in ogni dettaglio con stupore.

Ritrovare Tonino in queste circostanze mi fa vedere di nuovo un futuro. Parlare con lui mi restituisce il sorriso e la speranza perduta sull'isola, quella nutrita sul nascere di un nuovo progetto, ancora una volta condiviso da entrambi. Questo è ciò che ci ha uniti da subito: guardare verso la stessa direzione con un obiettivo comune.

Tonino, dal ricordo che avevo di lui, timido e impacciato, è diventato in pochi mesi un uomo, degno di assumere la carica di ufficiale e mi sento così fiera ed orgogliosa di camminare accanto a lui. Leale e gentile, rispettoso e abile nel far emergere sempre il suo lato migliore che gli conferisce disciplina e rigore, forse un po' troppo per la mia natura e questo pensiero mi porta a voltarmi per cercare Paul. Sollevo lo sguardo tra i gabbieri, ma niente, si è dissolto.

"Stai guardando la bandiera?" mi chiede Tonino.

"Come?" non capisco subito la sua domanda.

"La bandiera della Victoire, quella che la contraddistingue."

"La vedo, sì. È bianca." mi volto per guardalo "qual è il suo significato? Questa non è una nave di pirati?" gli domando perplessa.

"Sì, lo è, ma non di pirati come gli altri" risponde "la causa che li muove è nobile, coraggiosa, giusta e limpida: la libertà. Come emblema hanno una bandiera bianca con scritta la parola LIBERTA'. Gli uomini che sapranno prestare un orecchio attento al grido di: *"libertà"* saranno i cittadini d'onore della nostra colonia."

Mentre lo ascolto la mia espressione si fa concentrata.

"Sono le parole di mio padre. Lui mi ha insegnato la libertà" un sorriso mi accompagna nel dolce ricordo "mi ripeteva spesso questa frase: insegui la libertà, il diritto di esercitarla e non permettere a nessuno di rubartela. Proclama la giustizia, cerca l'unione e non lo scontro, evita la violenza là dove non è necessaria."

"Allora sei nel posto giusto, Jackie. Dove stiamo andando, queste parole sono legge e tutti i pirati vivono liberi e in pace."

26.

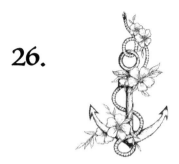

Incantesimo

Jack

La sete mi porta a cercare continuamente acqua fresca. Per nostra fortuna abbiamo fatto una bella scorta sull'isola e le botti sono talmente colme da non dovercene preoccupare fino alla prossima tappa. Anche se non la posso vedere, so che lei è qui, sulla nostra rotta, la sento di nuovo come allora, fissa e prepotente da togliere la fame e qualsiasi altro istinto.

Come dimenticare sensazioni del genere?

Caduto nella sua trappola, penso di non essermi mai davvero liberato di lei. Forse è stato solo un inganno nel quale mi sono beato, nell'illusione di essere libero. Oppure sono io che sto vaneggiando. Se non fosse stato per lei, ora starei giacendo nella sabbia insieme ai tanti corpi, oppure, starei marcendo sul fondo dell'oceano. Invece sono qui, nel pieno delle forze e con la speranza di trovare Jackie ancora viva.

Dietro al timone, fisso l'orizzonte, incerto sulla rotta. Mi viene in aiuto Nick che, da ottimo braccio destro come è sempre stato, mi lancia delle dritte sulle diverse possibilità di attracco e i porti dove recuperare informazioni. So che avrebbe qualcosa da dire, ma evita di affrontare l'argomento e apprezzo la sua discrezione.

Quando vidi le sirene per la prima volta ero solo un ragazzino. Allora non conoscevo il pericolo che potevano rappresentare per un uomo e, benchè la mia curiosità mi portò fino alla baia delle sirene, ne sono uscito indenne. Volevo vederle e una di loro mi colpì più delle altre: una giovane sirena dallo sguardo intenso che mi studiava da lontano, nascosta dietro uno scoglio. I suoi capelli, neri come la notte, le toccavano i fianchi ed erano lisci e luminosi. Una visione surreale, che mi lasciò addosso una sensazione speciale, la stessa che ritrovai diversi anni dopo nel rivederla. Quella volta, però, non fui altrettanto fortunato. Ignaro del rischio in cui mi trovavo, ho desiderato che si avvicinasse a me senza porre resistenza. Quando le sue labbra incontrarono le mie, mi sentii soffocare e persi conoscenza. Ho riaperto gli occhi sulla mia nave, salvato dal mio equipaggio, ritrovandomi una catena fatta di conchiglie stretta al collo. Da quel momento scomparve ogni mia percezione e le uniche sensazioni concrete che risucivo ancora ad avere, erano quelle che mi trasmetteva lei: Kimera. Per anni mi sono sentito imprigionato da quello che lei definiva amore, ma che io non ho mai riconosciuto come tale. Quella vita priva di libertà non la potevo accettare e le chiesi di liberarmi. La cosa assurda di una sirena sta nel fatto che il potere da lei sprigionato, non può essere da lei stessa dissolto. Occorre un intervento esterno e, nel mio caso, sarebbe servito quello di una donna pura, nata da sangue pirata, che mi amasse più di lei. Insomma, una possibilità alquanto remota e pressochè improbabile da realizzare, ma ancora non sapevo che al mondo esiteva lei: Angel.

    Qualsiasi sortilegio, buono o cattivo che sia, pone sempre delle condizioni affinchè si possa estinguere. Ora, però, questo incantesimo ha una natura differente. Eppure ci deve essere un modo. Deve esserci una clausola, un cavillo non considerato, una possibilità ignorata. Se non può essere sciolto da qualcuno, potrebbe dissolversi grazie a qualcosa. Ma che cosa?

    Lo sconforto mi travolge, ma reagire è fondamentale. Non devo pensare a Angel, qualsiasi desiderio o pensiero su di lei mi trascinerebbe in un baratro profondo e non me lo posso permettere. Devo solo sforzarmi con dolore di dimenticarla, pensandola al sicuro dove l'ho lasciata, alla cure di Chris. Lui la ama ancora, ne sono certo e non potrei saperla in mani migliori. Io troverò Jackie, la metterò al sicuro e con l'aiuto di Kimera seguirò ogni suo passo se sarà necessario, vivendo liberi per mare. Così ognuno avrà ciò che desdiera e nessun altro si farà ancora male. Questo sacrificio salverà la mia vita e quella delle persone che amo.

Voglio credere che possa essere davvero così e allora, perchè ho la continua percezione di star ingannando me stesso?
Forse perché il crepuscolo chiede spazio e il sole che scende verso il mare, mi ricorda la promessa: non dimenticare di guardare dove il sole sfiora il mare. E ora mi chiedo se anche lei stia contemplando con me lo stesso cielo.

27.

Angel & Chris

Angel

Ci sono cieli che meritano di essere contemplati. Non conoscevo l'importanza e neanche la ragione di un gesto tanto semplice come quello di osservare un tramonto. Osservarlo e pensare che su questa terra, in un altro luogo, c'è qualcuno che lo sta guardando con te e sentirsi vicini anche se separati da oceani insidiosi.

"Ti sei appassionata ai tramonti?" Chris mi raggiunge quando il cielo si dipinge coi colori della prima luna. "Non ho potuto fare a meno di notare che non te ne perdi uno."

"Ti sei mai accorto che sono tutti diversi?" gli domando "come se ogni sera li dipingesse un pittore."

"Ti è mancato il mare?"

"Ogni giorno."

"Ma ora sei qui e potrai vedere ogni tramonto, da qui al Madagascar e su tutti i mari dove andrà a posarsi il sole."

"Sì" confermo con un sorriso "è quello che desidero."

D'istinto mi stringo a lui cingendolo con le braccia. Chris apprezza il mio gesto e mi rincuora avvertire che mi ricambia con la stessa intensità. Ho riavuto il mare, ma una voragine ancora più grande si è aperta in me e nel mio cuore.

⚓ ⚓ ⚓

Nonostante sia un azzardo per la Lane.G. portarsi del tutto fuori delle sue rotte usuali e dagli ordini imposti dalla corona spagnola rispetto ai galeoni mercantili, abbiamo deciso di affrontare questo viaggio verso l'ignoto. Decisione presa dopo che, su mio suggerimento, Chris ha inviato un messaggio urgente per informare la regina Elisabetta del nostro allontanamento e abbiamo atteso un suo improbabile consenso.

Benché nessuno di noi ci avesse davvero creduto e la situazione fosse altrettanto discutibile, il consenso è arrivato. La nostra missione è stata approvata e sostenuta, a patto che si esegua una richiesta ben precisa da parte della regina: un rapporto dettagliato sul nostro viaggio. In particolare, la Regina vuole che si vada alla scoperta di una certa terra dei pirati di cui l'esistenza non è certa e si conosce ben poco, tanto che molti marinai la definiscono un'invenzione. La presunta colonia pare sia situata in una enclave nella regione settentrionale del Madagascar. La maggior parte delle fonti sostiene che si estenda dalla baia d'Antongil a Mananjary, Fianarantsoa, includendo l'Île Sainte-Marie. Qui è ubicata una comunità pacifica fondata da tre pirati: un inglese, un francese e un italiano, che hanno basato la loro intera esistenza sull'eguaglianza e la libertà. Un'utopia per molti, ma due principi che mia figlia conosce bene, glieli abbiamo trasmessi dalla nascita ed è cresciuta credendo fortemente in questi valori. Dentro di me si sta aprendo così la speranza di poterla ritrovare proprio laggiù, ammesso che tale colonia esista davvero.

La ragione per cui la Regina sia tanto interessata a questa scoperta non ci è dato conoscerla, ma abbiamo deciso di accettare la sfida per godere, anche in questo caso, del suo benestare e della sua protezione. In viaggio, infatti, non siamo soli, ma scortati da due ammiraglie della marina spagnola, pronte a intervenire per qualsiasi difficoltà.

Il viaggio si dimostra magnanimo, con venti stabili e temperature che crescono di ora in ora. Questo sta mettendo a dura prova parte della ciurma meno forte e impreparata. Dopo le alte temperature, arrivano le correnti roventi e incerte del deserto, spesso perfino contrarie e sfavorevoli alle nostre rotte. Essendo incompetenti rispetto a quelli che appaiono come i confini del mondo, finiamo più di una volta per disperderci e impiegare giorni per ritrovarci con le altre fregate per tornare nella giusta direzione.

Io, Chris e Sebastiano non ci lasciamo scoraggiare. Sapevamo fin dal principio che non sarebbe stata una passeggiata, ma la meta è prefissata e niente ci fermerà. La nostra intraprendenza rende attiva anche la ciurma e, a parte qualche caso isolato e gestibile, si lascia ispirare e guidare, affinché tutto proceda nel migliore dei modi.

Sentire di essere sulle tracce di mia figlia mi rincuora e sto coltivando solo questo pensiero, senza farmi trascinare a fondo da altri, troppo devastanti. Questo mi aiuta anche riguardo le mie condizioni di salute. Ogni giorno è un giorno in più di recupero per le mie gambe ancora malandate. Il bacino si è ristabilito e il medico sostiene, nonostante il grosso trauma subìto, che le ossa si siano saldate correttamente. Adesso riesco a stare seduta e a muovere la schiena. Le gambe, invece, migliorano con una lentezza esasperante e ogni progresso, anche il più piccolo, è da me vissuto come un traguardo.

Da qualche giorno posso camminare sul ponte con l'aiuto di Chris che mi sostiene dal fianco sinistro, mentre sul destro, quello più forte, riesco a reggermi da sola aiutandomi con un bastone. Mi sto impegnando al massimo, ma il solo attraversare mezzo ponte mi lascia sfinita.

Dopo un'altra settimana di tentativi e allenamento, cammino da sola con l'appoggio del bastone. Sono ancora lenta e mi stanco facilmente, ma autonoma.

Trascorrono altre due lunghe settimane e adesso riesco a percorrere il ponte per tre volte di seguito con un'andatura più spedita. Dopo un'altra settimana, finalmente cammino, ma Don mi ha detto di non abbandonare il bastone, in quanto le mie ossa sono troppo fragili.

Oggi sono salita sul ponte del cassero facendo la scala da sola per stare accanto a Sebastiano che non abbandona mai il timone. Mari impervi e sconosciuti gli trasmettono insicurezza. Non appena mi vede spuntare, sul suo viso si dipinge stupore e apprezzamento. Resto con mio fratello per diverse ore, chiacchierando allegramente. Amiamo tenerci compagnia e parlare di tutto, ritrovando la nostra complicità, come quando eravamo bambini. All'improvviso qualcosa di delineato e più scuro dell'acqua, spunta all'orizzonte.

"Sebastiano passami il mio cannocchiale, per favore" gli dico, allungando una mano verso di lui.

Mi volto scrutando con attenzione per non illudermi. Potrebbe trattarsi di una secca o di un'altra piccola isola disabitata. La lingua scura si protrae per molte varas, molto più di quelle che caratterizzano gli isolotti insignificanti, già avvistati lungo queste rotte.

"Non ci credo."

"Che succede capitano?" mi chiede il nostromo "che cosa vedete?"

"Terra, dritto davanti a noi."

Sebastiano afferra la carta nautica, quella fornita dalla marina spagnola con la rotta da seguire e la consulta.

"Signore, se i vostri calcoli non mentono e io sono ancora capace di leggere le carte nautiche, direi che abbiamo avvistato la nostra destinazione, signore."

Continuo a osservare dal binocolo i dettagli che diventano piano piano sempre più nitidi e non credo ai miei occhi.

Ora anche dalle due ammiraglie ci raggiunge il grido delle vedette che annunciano l'approssimarsi della terraferma.

"Sebastiano, mi confermi che quella che vedo è …"

"La costa del Madagascar. Sì signore: ce l'abbiamo fatta! Complimenti sorellina!" risponde carico di un entusiasmo nuovo e contagioso.

"Ma questo è fantastico!" Mi guardo attorno "Dov'è Chris?"

"Ha detto che voleva riposare, sarà rimasto in cabina."

"Corro a dargli la notizia! Timoniere, mantenere la rotta!"

"Sì signore!" mi dice toccandosi la tesa del cappello, mentre scappo via zoppicando, ma con rapidità.

Chris

La porta si spalanca e compare Angel. Cerco di arrabattarmi per trovare qualcosa e coprirmi, ma lei sembra non badare nemmeno al fatto che io sia nudo.

"Chris, non immaginerai ciò che sto per dirti!"
"Che ci fai qui?" le chiedo, mentre provo a sistemarmi.
"Devo darti una notizia magnifica!"
"Non potevi aspettarmi sul ponte?"
"Perché?" mi chiede senza capire.
"Ecco …" rispondo incerto, tradito da un mezzo sorriso.
"Chris, ce l'abbiamo fatta! Abbiamo appena avvistato le coste del Madagascar" mi dice, con un incredibile entusiasmo e una felicità palpabile.
"La situazione non è delle più appropriate" le dico coprendomi come posso "ora esci, ne parleremo dopo."
"Ma Chris …"
"Angel, per favore."
"D'accordo" nella sua risposta è sparito tutto l'entusiasmo di poco fa. Le do le spalle e mentre lei fa per andarsene si blocca di colpo.
"Chris, che cosa sono quelle?" mi domanda, avvicinandosi con il volto teso e serio. "Sei ferito!"
Allunga una mano per toccarmi, ma io la schivo. "Ti ho chiesto di uscire, è tanto difficile?"
"Qual è il problema, Chris?"
"Nessuno, ma te ne devi andare da qui."
"Non è che ti vergogni di me?"
"Dai … "le dico scocciato.
"Ma davvero?" mi domanda incredula. "Non sarebbe nemmeno la prima volta!"
"Ti prego non me lo ricordare" rispondo, ritrovando lo stesso disagio di allora "è stato il momento più imbarazzante della mia vita*"

---

*questa scena è descritta in "MY PIRATE" - volume 1 della collana

Fisso un ampio telo di lino sui fianchi assicurandomi che non cada.

Lei ciondola il capo. "Sono stata un po' irriverente, lo ammetto."

"Un po'?!"

"Volevo solo esserti d'aiuto, eri fradicio!"

"Spogliarmi di tutti i miei vestiti e mollarmi nella tua cabina, per te era essermi d'aiuto?"

"Ma poi ti ho avvolto in una coperta" risponde accorta.

"E mi hai lasciato solo senza niente addosso."

"Come la fai lunga per una camicia e un paio di pantaloni!"

Inutile, per quanto mi possa impegnare, non riuscirò mai ad arrabbiarmi con lei.

"Chris, che cosa ti è successo?" torna alla carica "che cosa sono queste?" mi domanda riferendosi a cicatrici e altre lesioni disseminate sulla mia schiena e parte del corpo.

Lei le osserva impressionata.

"Non tutte le navi sono state buone con noi" rispondo disarmato "non tutte le ciurme sono come famiglie. Stare al comando di una nave come questa, non è sempre stato facile."

"Ti riferisci alla Lane.G.?"

"Ci sono stati momenti difficili" ammetto.

"Quali Chris? Che cosa è accaduto a causa della Lane.G.?"

Non sono certo di volergliene parlare e dividere con lei questa esperienza drammatica. Non vorrei infliggerle un altro dolore, dopo tutto quello che ha passato.

"Chris, per favore" insiste.

Sospiro arreso, cercando le parole giuste per non ferirla.

"Quando sei partita per tornare in Italia con la tua famiglia, Il Fantasma era ancora ricercato e possibile preda di marinai affamati di giustizia. Un paio di queste navi si sono alleate, ci hanno intercettato e catturato."

Lei si ritrae atterrita.

"Erano troppo numerosi, ci siamo dovuti arrendere e io sono stato arrestato. E tu lo sai che cosa succede ai prigionieri, giusto?"

"No … no, non può essere vero!" esclama, portandosi una mano davanti alla bocca con la voce spezzata. Vedo il suo corpo sussultare, il suo viso trasfigurarsi e la sua anima trasalire. "Chris mi dispiace, io non …"

La disperazione che mi aspettavo, è nitida sul suo volto e nei suoi occhi. "Come ho potuto farti questo?" dice tra le lacrime.

"Angel è passato" cerco di tranquillizzarla, ma in questo momento lei sente addosso tutto il peso di quanto accaduto.

"Angel non è stata colpa tua."

"Invece sì" risponde sconvolta "era una mia responsabilità, io ti ho messo al comando di questa nave e avrei dovuto calcolarne tutti i rischi."

"Adesso basta. Ora sono qui, è finita."

Le serve qualche istante per rimettere in ordine i pensieri e recuperare un po' di serenità.

"Ehi, io voglio rivederti allegra come quando sei entrata poco fa in questa cabina, capito?"

Ma lei non riesce a staccare gli occhi dall'orrore che ha di fronte.

"Ti fanno ancora male?"

"No, non sento più niente."

"Come ne sei uscito?"

"La marina spagnola ha attaccato il galeone sui cui ero prigioniero sgominando quei farabutti. Dopo avermi ridato la libertà, mi restituirono la mia nave con la promessa che da quel giorno avrei agito in loro difesa. Ottenni pieno perdono e diventai corsaro a servizio della corona spagnola."

Lei è ancora impietrita.

"Ora sto bene e di quell'episodio è rimasto solo un brutto ricordo."

"Perdonami Chris, non volevo esporre te e il tuo equipaggio a un pericolo simile."

"Non potevi prevederlo, nessuno poteva saperlo e, in ogni caso, l'equipaggio è rimasto indenne. Era me che volevano: tutti volevano guardare in faccia il capitano del Fantasma."

"Chris mi dispiace … mi dispiace" continua a ripetere inquieta.

"Angel, è solo la vita. Devi imparare a superare e andare avanti. Ciò che rimane è l'insegnamento più importante" le dico mentre lei mi osserva turbata. "I nostri corpi ci rappresentano e raccontano la nostra storia. Guarda ..."

Apro i lembi della sua camicia, scoprendo parte della lunga cicatrice che campeggia sul suo fianco, mentre abbassa lo sguardo quando faccio scorrere sopra le mie dita e avverto in lei un brivido profondo come quella piaga.

"Il dolore che ti ha inflitto questa coltellata, racconta la tua infanzia, di una famiglia che credevi tua e di un fratello perduto in mare, un fratello che ha tradito la tua fiducia."

Poi prendo il suo polso sinistro sollevando la manica per scoprire parte del braccio.

"Il tatuaggio di Kimera, racconterà in eterno l'amore tra te e Jack, nella buona e nella cattiva sorte e anche se ora siete lontani, non dimenticare che è proprio grazie a quell'amore che lui è potuto sopravvivere."

E poi guardo il suo bastone, quello che ora si trova costretta ad usare. "Come madre, so che non potresti mai abbandonare tua figlia. Per lei sei stata disposta ad affrontare un grave rischio e oggi sei qui, con me."

Prendo la sua mano e la bacio con dolcezza.

"Le nostre ferite raccontano chi siamo e possiamo solo accettarle per imparare dal loro dolore. Su di noi è scritta la nostra storia."

Prendo il suo cappello e lo faccio scivolare via per guardarla meglio. Una cascata di capelli avvolge il suo viso e non mi trattengo.

"Abbiamo entrambi anche un'altra ferita che non è visibile agli occhi, ma che ha provocato molto più dolore delle altre"

"Quale?" mi chiede.

"Quella che portiamo nel cuore."

Lei fa un lungo respiro, carico di una storia ancora presente che stringe come una catena spezzandole il cuore.

"E qual è la tua?" mi chiede.

"Sei tu ... Angel."

Potrebbe passare un minuto come una vita intera, come quelle parole che escono dalla sua voce in una carezza lieve che raggiunge tutti i miei sensi.

"Chris, tu meriti di essere amato."

Appoggia la mano sul mio cuore, la stringo nella mia. Echeggia nella mia testa e si scioglie calda nelle vene. I suoi occhi sono dentro i miei, mentre trema fra le mie braccia e vorrei leggere un sì dalle sue labbra. E io non voglio e non voglio altro. Se anche fosse il nostro ultimo sguardo, lo reclamo. Se si trattasse del nostro ultimo istante insieme, lo devo vivere. Le prendo il viso e la bacio con tutto me stesso. Angel non pone resistenza, lo accetta e si lascia trasportare.

PARTE 3.

LIBERTALIA

28.

Ed è di nuovo: Terra!

Jackie

"Terra!" urla la vedetta.

"Vieni Jackie" mi dice Tonino con un entusiasmo contagioso "vieni a vedere, siamo arrivati!"

Mi prende per mano e mi trascina sopra coperta, dove un cielo blu e un sole sfacciato ci danno il benvenuto. Davanti a noi si staglia una lunga striscia di terra di cui non si vedono i confini, caratterizzata da una lussureggiante vegetazione che restituisce un senso di armonia. Un bel verde sgargiante che si tuffa in un mare blu come le rose che la mamma amava coltivare. L'aria, ripulita alla perfezione dal temporale della notte appena trascorsa, lascia emergere anche i dettagli più lontani e c'è una tale luce appoggiata a quel crinale illibato di terra, come se ogni vita e ogni storia debba nascere e finire qui.

Dopo giorni di silenzio, mi guardo in giro per vedere se anche Paul si trovi sul ponte ad esultare con chi attendeva questa meta da settimane. Nel farlo intravedo un puntino nero alle nostre spalle.

"Toni, guarda!" esclamo scuotendo il braccio di Tonino per attirare la sua attenzione. "Che cosa sarà?"

Lui aguzza la vista e afferra subito un cannocchiale portandosi verso l'impavesata. "Sembra una nave" dice prima di riguardare, non convinto. "Una nave nera" specifica.

La sua perplessità si tramuta in incanto, quando dopo aver esaminato l'orizzonte per la terza volta, mi guarda con gli occhi spalancati dalla contentezza.

"Jackie ..."

"Allora, dimmi, non tenermi in sospeso! Che cos'è?"

"Capitano, nave in vista!" urla la prima vedetta da prua.

"È la Perla Nera, signore!" esclama la seconda vedetta dalla coffa, il punto con migliore visibilità.

"Toni, è uno scherzo?" gli domando, aggrappandomi al suo braccio.

"È proprio lei: la nave di Jack Sparrow!"

Non attendo nemmeno una sua probabile reazione e mi fiondo a prua sporgendomi per vedere meglio. Riesco però a esaminarne i dettagli solo quando si trova sulla nostra scia. Davanti a lei, come una guida, rivedo la coda della sirena. Riconosco il riflesso argentato sotto il pelo dell'acqua, ma nessuno, a parte me, si accorge di lei.

"Questo è un sogno, Jackie" mi viene incontro Tonino "il nostro sogno diventato realtà."

"La Perla Nera" esclamo sbalordita.

"Quante volte abbiamo immaginato questo giorno?"

"E mai avrei potuto pensare che su quella nave ci sarebbe stato mio padre" dichiaro estasiata.

"Tuo padre, Jackie, eccolo!"

Respiro profondamente e, come un'allucinazione, una figura si delinea dietro il timone. Con un balzo sono sul parapetto e mi aggrappo a una sartia. Da qui lo posso vedere meglio e lo riconosco: è mio padre, o meglio, è un pirata. Sbalordirsi, in un momento come questo, è a dir poco scontato. Per me è il capovolgimento degli astri, è una cometa che si estende nel cielo, è orgoglio, è un legame che mi sta restituendo la vera me. Tutto questo grazie alla concretezza dell'immagine diventata nitida e mi dona origini e certezze. E non smetterei mai di ripetermelo: mio padre è un pirata.

Jack

Non ho nessun dubbio sull'identità della ragazza che, come un passero, se ne sta appollaiata sul parapetto del veliero e guarda in questa direzione. Quando ero ragazzo, assumevo le stesse movenze, mi divertivo a saltare sul parapetto, sotto gli sguardi deplorevoli dei marinai più anziani. Restavo lì anche diverse ore, nel corso delle quali osservavo il mare e il ponte, imparando il lavoro di tutti che mi rese capace di ricoprire ogni ruolo e abile a gestirlo nei momenti di difficoltà. Fu così che mi venne dato il nome Sparrow e, col tempo, mi venne conferita la carica di comandante.

Ora vedo mia figlia con occhi diversi e ne vado fiero. È cresciuta, abile e felice dopo aver trovato la sua vera dimensione. Sapevo che ce l'avrebbe fatta, sentivo che ci saremmo ritrovati e percepirla così vicina a me rappresenta la fine di un incubo.

"Padre!"

Sento la sua voce che mi chiama, mentre solleva un braccio e lo agita in aria con energia per farsi notare e ripenso a sua madre, a quello a cui abbiamo dovuto rinunciare, solo per questo momento.

Jackie

"Padre!"

Lo chiamo con tutto il fiato che ho in corpo e mi manca la pazienza di attendere oltre. Ho bisogno di riabbracciare mio padre. Avverto tutta la nostalgia provata che, potente, mi precipita addosso, tanto da chiedermi come abbia fatto a superare tutto questo privata della sua presenza. Senza pensarci mi tuffo in mare, dove ad attendermi ci sono le sirene che mi guizzano attorno, mi aiutano, mi fanno strada. La loro presenza mi rassicura e nuoto da sola verso la Perla Nera senza più il timore di affogare.

"Jackie!"

Sollevo lo sguardo e vedo mio padre affacciarsi mentre mi getta una cima.

"Aggrappati!" mi dice.

La afferro saldamente e mi arrampico, notando con piacere che le mie braccia sono diventate più forti. Salto sul ponte e l'emozione è forte quando davanti ai miei occhi si materializza ciò che fino ad oggi era rimasto impresso nella mia testa: l'immagine del suo ritratto, quella che mi aveva folgorato e alla quale ho pensato di continuo, nella speranza che non si trattasse solo di un'illusione. Invece eccoci qui, è reale, è mio padre. Gli getto le braccia al collo e quando lui mi stringe nel suo abbraccio sono a casa.

29.

L'approdo

Paul

    La Perla Nera con a bordo Jackie e suo padre, attracca accanto alla Victoire. Sono felice per lei. Per la prima volta nella mia vita, sono davvero felice per qualcuno e mentre la guardo camminare accanto al capitano su quel galeone con le vele nere, un senso di abbandono mi assale.

    Nel trambusto dell'attracco, mi mantengo in disparte, lasciando che sbarchino prima gli ufficiali e il comandante, per poi prestare il mio aiuto al resto della ciurma. Quando la nave è quasi vuota recupero le mie poche cose dai dormitori, pensando che per me non ci saranno altri viaggi, almeno per un po'. Il rischio corso nell'arco di queste settimane, mi fa credere di meritarmi una pausa. Inoltre, i compagni della Victoire si sono dimostrati leali e affabili. Resterò con loro, vivrò qui a Libertalia*, conoscerò questa parte del mondo di cui ignoravo l'esistenza. Mi volto ancora una volta verso la nave a fianco, dove Jackie si muove felice e ha ritrovato il sorriso che aveva quando l'ho conosciuta. Chissà, magari, riuscirò anche a dimenticarla. Raccolgo la mia sacca e lascio la nave.

---

* in questa colonia anarchica si diede vita ad un esperimento sociale del tutto non conforme ai tempi, che si dichiarava apertamente contro ogni forma di oppressione in nome della libertà e dell'eguaglianza, sostenendo molti dei principi della democrazia diretta e rispondendo ad un codice di condotta basato sul rispetto altrui e la condivisione dei beni. La popolazione di questa colonia si narra che fosse costituita da persone provenienti da vari Paesi dell'Europa, dall'Asia, dall'India e dall'Africa, molti di essi erano pirati, ex pirati, marinai, ex schiavi ed ognuno di loro a Libertalia era considerato un uomo libero con pari diritti al fine di vivere tutti in armonia.

Jackie

Scendo dalla scala principale della Perla Nera per mano a mio padre e mi sento come se stessi consacrando la mia identità. Tonino ci viene incontro.

"Toni" mio padre è molto felice di vederlo "ce l'hai fatta ragazzo!"
"Sì Jack."
"È una gioia rivederti."
"Anche per me capitano!"

Rimango piacevolmente sorpresa della confidenza tra di loro e della felicità che vedo negli occhi di mio padre mentre lo guarda.

"Anche Toni è in cerca di notizie di suo padre" dico subito dopo "tu ne sai qualcosa?"

"Suo padre hai detto?" chiede cupo in volto. "Quindi non lo sai?" si rivolge a Tonino.

"Sono stato catturato dai pirati nemici appena questi hanno abbordato l'Atlantic" racconta Tonino "mi hanno portato via e non ho visto più niente"

"È successo qualcosa al padre di Toni?"
"Ragazzo, mi dispiace. Tuo padre purtroppo non ce l'ha fatta."
"Oh no!" Mi chiudo nelle spalle fissando Toni e una sua possibile reazione che però non c'è.

"Ah" dice soltanto "ho capito."

"Toni mi dispiace" gli dico posando la mia mano sulla sua spalla, ma lui la scrolla e si gira per prendere le distanze.

"Non te la prendere" mi dice mio padre cingendomi le spalle "deve elaborare il lutto, meglio lasciarlo solo."

"D'accordo" annuisco tristemente. "Papà …"
"Dimmi …"
"Toni mi ha detto che anche la mamma si era messa in viaggio con voi. Allora dimmi, perché non è qui?"

A questa domanda cambia espressione, il suo viso si rattrista e temo una sua risposta.

"Ho lasciato tua madre alle cure di Chris, sulla Lane.G., mentre io partivo per raggiungerti. Anche lei è rimasta gravemente ferita" sospira "ma non ho dubbi che sia sopravvissuta."

"Quanto grave?"

"Abbastanza per aver compromesso le sue gambe, ma non la sua vita."

"Ho conosciuto Chris, lui le vuole molto bene."

"Lo so, per questo gliel'ho affidata."

"Voglio rivederla, mi manca la mamma."

Lui mi abbraccia e io mi appoggio alla sua spalla. "Lo so tesoro. Adesso che ti ho ritrovata, faremo quanto in nostro potere per riportarla da noi. Ora siamo insieme e tutto è possibile."

"Sì papà" rispondo con un grande sorriso.

Paul

"Paul aspetta!" mi sento chiamare e non ho bisogno di voltarmi per capire a chi appartiene questa voce carica di emozione "mi hai evitato per tutto il viaggio, perché?"

Vorrei risponderle che non è stato facile, che mi è mancata, che sarebbe bello che tutto tornasse come prima e ricostruire quel mondo speciale, quando esistevamo solo noi.

"Lasciami in pace, Jackie!"

"Ma perché? Che ti prende?"

"Hai già abbastanza da fare col tuo damerino, non hai più bisogno di me, il mio compito si è concluso quando abbiamo lasciato la nostra isola."

"Paul, ma che cosa dici? Tu sei importante per me."

"Lascia stare, fai parte di un'altra categoria Jackie! Sei la figlia di due comandanti e devi stare tra chi è alla tua altezza. Fammi un favore: scordati di avermi incontrato."

"Paul …" cerca di fare un passo, ma resta impietrita dalla mia freddezza "quello che c'è stato non ha significato niente per te?"

"È stato un momento dettato dalla disperazione. Non dargli troppo peso e fai in modo che il tuo damerino non venga a saperlo."

"Pensavo di piacerti" esclama con la voce spezzata.

"Ma chi? Tu?! Beh, hai pensato male, anche se, lo ammetto, ci siamo divertiti."

Lei mi fissa incredula e con sdegno. Non pensavo ci tenesse tanto a me, credevo davvero che avrebbe portato le sue attenzioni altrove non appena messo piede sulla Victoire. Invece, ora, i suoi occhi mi stanno raccontando una storia diversa. Schiudo le labbra per dirle qualcosa, per rimediare alle mie odiose parole, ma non faccio in tempo. Lei si volta e corre via.

30.

Che cos'è l'amore?

Jackie

"Dieci scellini per i tuoi pensieri" mi sussurra mio padre in un orecchio quando, all'interno di una confortevole locanda, consumiamo il primo pasto decente da giorni.

"I miei pensieri valgono così poco?"

Sorride. "Dimmi chi stai cercando."

Sospiro confortata dalla presenza di mio padre e da ciò che ci circonda. Mi sento a mio agio qui, dove i luoghi raccontano una storia nuova sulla base di saldi principi e perfino gli edifici, di recente costruzione, hanno un buon odore e colori caldi. Tutto è gentile agli occhi e all'anima.

Faccio spallucce. "Non sto cercando nessuno" e fisso il tavolo di fronte a me.

"Jackie, andiamo. Puoi prendere in giro Tonino, ma non tuo padre. Cosa c'è? Puoi dirmelo. Lui non ti piace?"

Sollevo lo sguardo. "Oh no, Toni è un ufficiale, gentile ed elegante, il più bello di tutti. Sì, certo che mi piace."

"E ti vuole molto bene."

"Sì, so anche questo."

"E allora dimmi: chi stai aspettando con tanta ansia?"

"Tonino è magnifico" ribadisco.

In quello stesso istante, Paul si materializza davanti a me. Fa il suo ingresso nella locanda e viene verso di noi con convinzione.

"Jack Sparrow!" esclama togliendosi il cappello, una volta di fronte al nostro tavolo.

D'istinto io abbasso lo sguardo, in preda all'imbarazzo più totale.

"E' un onore fare la vostra conoscenza" dice presentandosi.

Mio padre gli tende una mano con un sorriso. "Con chi ho il piacere di parlare?"

"Paul Cardiff, signore. Ero gabbiere sulla Lane.G."

"A servizio di capitan Condent" afferma.

"Sì, signore, con grande devozione e rispetto per il mio capitano."

"Questo ti fa onore, ragazzo."

"Grazie signore" risponde indugiando.

"Conosci mia figlia Jackie?" gli chiede, nel tentativo di stemperare l'imbarazzo e si volta a guardarmi, mentre io rimango a testa bassa.

"Certamente" risponde Paul e posa su di me i suoi occhi verdi "eravamo imbarcati insieme sulla Lane.G."

Quando ci guardiamo si crea un'atmosfera sospesa, come se l'aria si fosse di colpo bloccata, come nei pomeriggi d'estate prima di un temporale, quando il cielo si scurisce, gli uccelli volano via, gli animali si nascondono e tu sai che da quel vuoto si scatenerà l'inferno.

"Beh" dice impacciato "ci si vede in giro allora."

"Ci si vede" gli risponde mio padre.

Paul si rimette il cappello e se ne va.

"Un gabbiere eh?!" dice malizioso. "Ah, ora capisco."

"Non farti strane idee" esclamo arrossendo.

"La tua faccia la dice lunga sulle mie idee."

"Papà!" lo rimprovero sbuffando.

"Su quale rotta vi ha condotto il destino?"

"Siamo naufragati e …" mi lascio condurre nel ricordo di quell'espresrienza, traumatica, violenta, spietata, ma allo stesso tempo talmente dolce e inebriante, da averne conservato un ricordo lucido e indelebile "lui è il ragazzo che mi ha salvato la vita" ammetto infine.

Descrivo a mio padre la mia sventatezza quando, per immaturità o forse paura di affrontare la realtà, sono fuggita dalla Lane.G., trascinando anche Paul in un'avventura in mare senza precedenti, finendo per giorni, soli e dispersi su quell'isola. Rapita dalla foga del mio racconto, il mio corpo avverte le stesse sensazioni e il mio cuore si sente ancora confortato dal valore di una presenza, senza la quale, ora, non sarei qui a parlare con mio padre.

"Avete avuto un'enorme fortuna a essere stati recuperati dall'equipaggio della Victoire. Non per tutti finisce così bene e tu …"

"Mi dispiace papà."

"Tu sei stata grande!"

"Cosa?"

"Sei un vero pirata Jackie, non dimenticarlo."

Rimaniamo in silenzio a guardarci con un'intensità che forse è una speranza. Vedo sul suo volto i segni di un dolore che prima non c'erano e ritrovo un ricordo perduto. Rivedo quella bambina con i capelli al vento che correva nei prati inseguendo la spensieratezza di un'età che non c'è più. Sento ancora la mano di mio padre stringere la mia, mentre mi insegna la vita e mi guida su sentieri tortuosi, preoccupandosi di non fami cadere, di proteggermi dai cinghiali e tutti gli eventuali pericoli che potevano presentarsi ul nostro cammino. Lui c'è sempre stato per me.

"Tutto bene, Jack?"

I nostri sguardi sono spezzati dal sopraggiungere di Tonino.

"Oh Toni, perché non ti siedi con noi?"

"Ti ringrazio, ma mi attendono al tavolo degli ufficiali."

"Capisco. Come ti senti oggi?"

"Sto meglio, Jack, grazie. Volevo chiedere scusa per il mio atteggiamento irriverente dell'altro giorno."

"Ragazzo, non ti devi scusare e voglio che tu sappia che abbiamo fatto il possibile per proteggere tuo padre, ma l'assalto è stato troppo violento."

"Quanto accaduto fa parte delle regole di una vita sotto costante minaccia e mio padre lo sapeva" sorride, suo malgrado.

"Jackie …"

"Sì, Toni …"

"Gradiresti cenare con me più tardi?" trattengo il fiato "avrei bisogno di parlarti" e guarda mio padre. "Col vostro permesso Jack."

"Non è a me che lo devi chiedere" e mi lancia il suo sguardo d'intesa.

"Sì certo, Toni, molto volentieri" gli rispondo.

"Bene" sorride sollevato, come chi ha appena superato un grosso scoglio "allora, a dopo" si tocca il tricorno e si ritira con un misurato inchino.

Quando è abbastanza lontano, mio padre mi osserva con sguardo interrogativo. "Uh, lui si siede al tavolo degli ufficiali!" e con le mani sollevate gli rifà il verso.

"Dai papà!"

"Mi domando: che c'entra con te quel damerino impettito?"

Rido sotto i baffi. "Paul lo ha chiamato allo stesso modo."

"Pirata!" esclama soddisfatto. "Buon sangue non mente."

"Scusa, ma, tu da che parte stai?"

"Dalla tua" esclama convinto "sempre e comunque."

"Io, però, ancora non lo so se sto dalla mia parte."

"Invece lo sai" ammette come se mi leggesse dentro "ma non stai facendo parlare il tuo cuore e lo hai rinchiuso per la paura che possa ferirti."

"E' solo che ..." lancio un'occhiata fugace al tavolo dove Paul è seduto dandomi le spalle "... mi ha detto parole orribili."

"Lasciami indovinare: lo ha fatto quando ti ha vista con Toni?"

"E tu come lo sai?"

Sorride di fronte alla mia ingenuità.

"Per gelosia" dichiara "si è sentito sopraffatto da una presenza più importante della sua. La gelosia fa fare gesti che non vorremmo compiere e fa dire parole che non vorremmo pronunicare."

Mi accarezza il viso quando percepisce il mio dolore.

"Sei ancora molto giovane, tesoro" si toglie il suo ciondolo che porta legato ai capelli. "Possiedi una grande fortuna e una grande sfortuna."

"Sarebbero?" gli chiedo mentre afferra una delle mie ciocche riccie e affusolate.

"La tua più grande fortuna è che conosci ancora poco l'amore" mi dice, legando il suo ciondolo ai miei capelli "e la tua più grande sfortuna è che conosci ancora poco l'amore." Si assicura di averlo fissato bene e lo lascia brillare tra le mie ciocche. "E io sarò qui per aiutarti a comprendere. È una promessa."

"Ti voglio bene papà."

Jack

Tra la terra e il cielo, un lembo di roccia abbraccia l'acqua ed io, rifugiato quassù, fisso il moto lento delle onde in attesa di vedere dove il sole sfiora il mare. Il tramonto, diventato un rito e l'unico appiglio che mi è stato concesso per tenere ancora un legame con chi so di aver perduto. La traccia argentea che si muove attorno a me si delinea con l'avanzare del crepuscolo. Mi sento un sorvegliato speciale, libero, ma prigioniero. Ironia della sorte, sono approdato proprio qui, nella terra della libertà, raggiunta per mano di chi mi ha privato della stessa.

Seduto, mi appoggio alle ginocchia quando il movimento di un'ombra attira la mia attenzione. Credo sia solo un miraggio, uno dei tanti, a portare la figura di Angel davanti a me. Questa volta, però, è più nitida e compatta, rispetto alle precedenti. La guardo bene, anche lei è diversa. Ha un abito lungo e si appoggia a un bastone. Strizzo gli occhi, non può essere davvero lei. Nella luce del crepuscolo è facile confondere i desideri con la realtà e la lascio lì, mentre mi guarda, con la stessa intensità. Anche lei, come me, ha delineato sul volto lo stesso dolore. Allora sollevo la schiena e mi rimetto in piedi. La figura respira e fa un passo instabile. Viene verso di me e le tendo un braccio, ma l'avvertimento di Kimera arriva puntuale.

"Non puoi toccarla, Jack!" dichiara, emergendo dall'acqua.

La ignoro e mi porto più avanti.

"Jack, fermati!"

Ritraggo il braccio e continuo a guardarla senza parlare. Nessuno di noi osa dire nulla, sopraffatti da un dolore senza confini, confuso in un sole che si spegne.

"Mamma!"

Dalle fronde della radura spunta Jackie. Angel si volta di scatto. È chiara la fatica che fa per tenersi in piedi e per muoversi, ma tale è lo stupore e la gioia nel vedere sua figlia che riesce a tenderle le braccia. Jackie non crede ai suoi occhi e le corre incontro. Tutto quello che posso fare è guardarle nella loro inconfondibile bellezza e fa male, tanto come sapere di esserci trovati e non poter stare insieme. Jackie ancora non si è accorta della mia presenza, è incantata nel rivedere la madre. La osserva, nota le sue condizioni, si preoccupa. Angel, dopo averle spiegato quanto accaduto, la conforta e rassicura.

All'improvviso Angel si volta nella mia direzione. Sono stato sciocco, avrei dovuto andarmene da qui, ma la visione di loro due insieme era troppo gratificante.

"Padre, sei qui! Vieni da questa parte, vieni qui con noi!"

Jackie mi chiama, ignara del dramma che mi ha colpito e si domanda perché io non sia già sulla spiaggia con loro, invece di mantenere le distanze. Mi chiama più volte e io non posso fare altro che guardare il suo viso incerto e afflitto. A Angel manca la forza di sopportare e indietreggia per poi scomparire tra la vegetazione.

"Padre, ma che succede?" mi urla Jackie angosciata.

"Vai da tua madre" le rispondo "ha bisogno di te."

Angel

Il rumore dei suoi passi è sempre più vicino. Con la mia andatura lenta e scomposta non è difficile raggiungermi. Jackie afferra il mio braccio trattenendomi.

"Mamma, perché tu e papà non vi parlate?" mi chiede scossa "voi siete inseparabili, che cosa è successo?!"

Jackie ha il volto teso e nei suoi occhi leggo lo sconcerto di una figlia che ha amato la sua famiglia, che ha creduto in quell'amore fatto di punti di riferimento e certezze e che ora vede sgretolarsi tutto davanti ai suoi occhi. Ma la cosa peggiore, per lei, è vedere in me lo stesso smarrimento e un dolore tangibile.

"Jackie!"

"Chris!"

"Tua madre aveva ragione!" esulta, sollevandola da terra e facendola roteare in un grande abbraccio "era sicura che ti avrebbe trovato qui!"

"Chris perdonami, ti prego!" Jackie parte a raffica "non sapevo quello che stessi facendo, non volevo ferirti, né farti preoccupare, né metterti nei guai …"

"Ehi, calma, calma!" la esorta Chris accarezzandola "sei qui, siamo qui" le dice guardandoci "è finita."

"Ma io …"

"Basta Jackie, non voglio sentire altro. Venite, torniamo verso i nostri alloggi, tua madre non può stare in piedi troppo a lungo."

Ci incamminiamo, lieta di trovare in entrambi un sostegno che mi permette di avanzare senza l'uso del mio fidato appoggio. Fuori dalla radura, davanti a noi, si apre una grande piazza con un bell'edificio bianco ornato di archi e capitelli.

"È molto bello, che posto è questo?" ci chiede Jackie, stupita dalla sontuosità del luogo.

"Quando siamo sbarcati a nome della regina Elisabetta di Spagna, ci hanno portato qui" le spiego.

"È davvero magnifico, sembra un castello."

"È Libertalia!" esclama il capitano Avery, mentre viene verso di noi "è la casa che cercavo da sempre e l'ho voluta magnifica!" sostiene con grande soddisfazione. "Bentrovata, Maria! O forse dovrei dire: Jackie Sparrow?!"

Alla vista di quest'uomo Jackie si terrorizza e tenta di scappare via. La rincorre Chris che riesce a fermarla. Lei è spaventata e si agita, rifiutandosi di tornare.

"Jackie che ti prende?" domanda Chris nel vederla tanto scossa.

"Quello è l'uomo che stava al comando della nave attraccata al porto di Genova!"

"Quella da cui sei poi fuggita?" le chiede Chris sorpreso.

"Proprio quella e adesso lasciami!"

Corre verso di me, mi avvolge con entrambe le braccia e si para di fronte a Avery.

"Voi" lo assale "che ci fate qui, maledetto!" dichiara aggressiva. "Dovete andarvene e lasciar stare mia madre, mi avete capito?!"

"Jackie sei impazzita?" chiedo senza capire.

"Mamma, questo è il capitano della Fancy, la nave che mi ha rapito!"

"Per la mia barba, signorina, moderate i termini, per favore!" Interviene il capitano "io non vi ho rapita, siete stata voi a venire da me, sulla *mia* nave!"

"Mi avete tratto con l'inganno dopo che vi ho mostrato il dipinto del Fantasma" dichiara "volevate conoscere il suo capitano e non mentite dichiarando il contrario!"

"Signorina, eravate voi quella interessata al ritrovamento del Fantasma."

"D'accordo" li blocca Chris "ora non litigate."

"Tesoro, lui è il capitano Henry Avery, il governatore di Libertalia" le spiego nel tentativo di ristabilire l'ordine.

"So benissimo chi sia questo individuo e mi domando: come può un essere tanto spregevole essere l'artefice di tutto questo?" chiede con disprezzo.

"Non siete tanto gentile" esclama Avery.

"Nemmeno voi lo siete stato con me."

"Non sapevo chi foste, né quali fossero le vostre origini. In quel momento per me eravate solo una misera ragazzina scappata di casa per inseguire un'avventura e credo che abbiate trovato ciò che cercavate, sbaglio forse? Era questo il motivo della vostra ricerca, così come io ho trovato ciò a cui ambivo."

"Lasciate stare mia madre, vigliacco!" Jackie insiste.

"Jackie, qui nessuno vuole farmi del male" le dico per smorzare il terrore dipinto sul suo viso.

"Volevo solo conoscere il capitano del Fantasma, non fargli del male" ribadisce il capitano "e guardate come sono stato fortunato: li ho trovati entrambi!" esclama rivolgendosi a me e Chris.

"Tesoro stai tranquilla, è tutto a posto. Godiamo della sua protezione e ospitalità. Non hai nulla da temere e ti invito a essere, d'ora in poi, più cortese e composta con il capitano qui presente."

"Per quello che vale, signorina Sparrow" continua Avery "mi scuso del comportamento sconsiderato che il mio equipaggio ha tenuto nei vostri riguardi. Sono già stati puniti per questo." Jackie sembra ritrovare un po' di calma e addolcisce la sua espressione. "Sono altresì lieto di trovarla sana e salva dopo che quella tempesta ha rischiato di affondare la Fancy."

"Va bene, capitano. Dato che non avete fatto del male a mia madre e mio zio" guarda Chris con un sorriso "accetto le vostre scuse."

Si stringono la mano.

"Molto bene" esulta Avery "possiamo ricominciare da qui." Apre le braccia mostrando la sua creazione. "Benvenuta a Libertalia! Vi auguro un felice soggiorno, signori!" E si congeda mantenendo quell'espressione di appagamento e contentezza incollate sul suo viso.

Raggiungiamo i nostri alloggi. Jackie mi segue con un atteggiamento fragile e turbato.

"Vi lascio sole" ci dice Chris, quando arriviamo di fronte alla porta della mia stanza. Mi aiuta a sedermi sulla poltrona vicino alla finestra e si congeda con discrezione.

31.

Il significato della vita
Angel

"Ora sei abbastanza grande per capire" le dico invitandola a sedersi accanto a me "e io ti devo delle spiegazioni."

Jackie adesso conosce la verità sul suo passato, è arrivato il momento di informarla sulla storia che ci lega a Kimera e lei, come previsto, mi aggredisce con tutta la sua energia.

"Che cosa diavolo sta succedendo?!"

"Tutto è iniziato con Kimera e la sua maledizione. *"

"Che cosa c'entra Kimera adesso?"

"Kimera è una creatura del mare, diversa da noi."

"È stata buona con me."

"Conservane un giusto timore, come è logico da parte di chi non la conosca ancora abbastanza."

"Però tu la conosci bene, non è così?"

"Sì, la conosco bene."

"Per questo mi ha salvata! Perché sono tua figlia!"

"Perché sei la figlia di Jack."

"Non capisco" mi dice aggrottando la fronte.

---

* la maledizione della sirena è raccontata in "MY PIRATE" - volume 1 della collana

Con pazienza, amore e un'attenzione particolare, misurando le parole per non sconvolgerla ulteriormente, descrivo a mia figlia tutti gli avvenimenti che gravitano attorno alle creature marine. Dal male che possono fare, al loro altruismo e alle qualità superiori che le rende assai diverse da un essere umano. La sua capacità di comprendere ed elaborare i concetti le è di grande aiuto.

"Quindi, mio padre è di nuovo suo prigioniero?"

"Se è così che la vuoi vedere."

"E questo vi impedisce di stare insieme?"

"Purtroppo sì."

"Perché?"

"Perché io gliel'ho permesso."

"Come hai potuto permettere una cosa simile?"

"In cambio, lei ha salvato tuo padre da quella che sarebbe stata una morte certa. Se lo avessi lasciato andare, tu non avresti più avuto la possibilità di riabbracciarlo. Era questo che avrei dovuto fare?"

Ci riflette, spiazzata da queste informazioni e ben consapevole di quanto accaduto.

"Non c'è un modo per spezzare questa specie di incantesimo, così come hai fatto l'altra volta?!"

"No. Questa volta io non posso fare niente."

La vedo incupirsi. "È stata colpa mia."

"Che cosa dici?"

"Mamma perdonami, se puoi. Sono stata avventata, non sapevo niente, non capivo niente, pensavo di vivere tutto questo come un gioco e guarda a cosa ci ha portato" dice agitandosi. "Per causa mia molte persone hanno perso la vita. Sono un essere orribile!"

Improvvisamente fragile, così come non l'avevo mai vista, Jackie scoppia in un pianto disperato. Resto impressionata da questa sua reazione. L'ultima volta che l'ho vista piangere così, fu quando morì il nostro cane Black, alcuni anni fa. Mia figlia è orgogliosa, vivace e sempre allegra, capace di vivere con leggerezza, perché è così che io ho voluto che crescesse. Avrei desiderato per lei un futuro diverso, una vita semplice e lontana da tutto questo, ma se qualcosa ti appartiene, non è possibile ignorarlo.

"Basta Jackie, non serve piangere. Tu non hai nessuna colpa."
Solleva lo sguardo con il viso inondato di lacrime.
"Siamo stati noi a scegliere di cercarti: io, tuo padre e Tonino. Nessuno ci ha chiesto di farlo."
"Ma se io …"
"Con i se e con i ma non costruirai la tua vita" i suoi occhi arrossati mi osservano colpiti "tu non hai fatto altro che seguire la tua strada. Lo sbaglio lo abbiamo fatto noi, negandoti di conoscere le tue origini, impedendoti di seguire il tuo scopo, di dare voce alla tua vera natura. Quindi, mettitelo bene in testa: non è colpa tua. Mi hai capito?"
"Io cercavo solo di sapere qualcosa che non capivo. Così mi sono messa a cercare delle risposte, ma le ho inseguite nel posto sbagliato."
"Hai vissuto una brutta avventura, ma in mare le cose funzionano così. Non hai mai smesso di crederci e questo ti fa onore."
"Oh mamma" mi abbraccia e restiamo così, in attesa che i suoi singhiozzi si plachino del tutto.
"Bene, giochiamo a carte scoperte" mi dice, dopo essersi ripresa. "Che cosa c'è tra te e Chris?" Ancora una volta Jackie sa sorprendermi con l'audacia che la contraddistingue nell'andare dritta al punto. "Lui mi ha detto che ti ama" dichiara "lo ami anche tu?"
"Ti ha detto così?"
"Sì. E io gli credo. Mamma …" incalza con rinnovato impeto "io voglio bene a Chris, i giorni in nave con lui sono stati i più belli della mia vita" il mio viso si illumina "ma l'ho visto soffrire e ora che comprendo ogni cosa, non voglio che quel dolore debba ripetersi. Ho bisogno che tu sia sincera con me: che cosa provi per lui?"
"Provo per lui un infinito e profondo affetto e non soffrirà mai più a causa mia, te lo prometto."
"Ma …" mi invita a continuare la frase "perché c'è un ma … vero?"
"Non lo amerò mai come amo tuo padre, se è questo che vuoi sapere."
"Come posso pensare a te e papà separati per sempre?"

"Così come non puoi accettare che Chris debba soffrire. Ognuno ha trovato la sua strada. Jack vivrà per sempre in mare, perché ha scelto di starti vicino. Sarà la tua guida, il tuo supporto e ogni volta che avrai bisogno di lui è in mare che lo troverai."

"E tu come farai a vivere senza di lui?"

Annuisco piano "ci sto provando."

"Non è sufficiente, mamma. Anche tu meriti di essere felice."

"Io sono felice, tesoro. E poi ci sei tu" le accarezzo il viso "il nostro dono più grande. La vera felicità, la provo ogni volta che ti guardo."

"Ci sono *solo* io" sottolinea il concetto legato alla sua solitudine. Molte volte ha reclamato la presenza di un fratello e una sorella, ma il suo desiderio non si è mai avverato. "Insomma, è innegabile che tu e papà siete, da che ho ricordi, molto affiatati" annuisco "perché non avete avuto altri figli?"

Sapevo che sarebbe arrivato il giorno in cui mi avrebbe messa con le spalle al muro, esigendo una risposta. Per scelta non ho mai voluto approfondirne la ragione, per risparmiarle dettagli del mio passato difficili da comprendere e che io stessa ho cercato di allontanare.

"Hai presente la mia cicatrice?"

"Quella che hai sul fianco destro?"

"Mi è stata inferta dal fratello di Sebastiano."

"C'era un altro fratello?"

"Il più grande" specifico "non te ne ho mai parlato, perché non ne valeva la pena" sospiro sopraffatta da un amaro che mi sale in bocca "lui non era una persona equilibrata e sfogava la sua inadeguatezza con la violenza."

"È stato lui a farti del male?!" Jackie è confusa.

"Con una serie di coltellate."

"Mio dio, mamma!"

"Quando sono rimasta incinta avevo malesseri continui e tuo padre mi portò a Isla Celeste, dove sei nata, affinché le indigene si potessero prendere cura di me. Sono donne indipendenti e capaci di gestirsi molto meglio di quanto potrebbe fare un medico. Quei tagli profondi e ancora troppo recenti, nel corso della gravidanza erano diventate lacerazioni che hanno compromesso la mia salute. Le loro cure sono state determinanti per permetterti di crescere dentro di me. Ma quando arrivò il momento del parto, la situazione crollò in modo repentino. Le donne ordinarono a Jack di allontanarsi dall'isola, temevano saremmo morte entrambe. Io non ero in grado di partorire da sola. Hanno corso un rischio enorme nel tentativo di salvarci."

"E ci sono riuscite!"

"A scapito del mio futuro come madre."

"Credo di iniziare a capire."

"Con le loro abili mani ti hanno estratta senza conseguenze. Io, però, ho subìto un danno interno irreparabile. Mi è stato detto che non avrei più potuto avere figli."

"Mamma, mi dispiace" sussurra.

"Anche a me" annuisco.

"Per anni ti ho rimproverata per questa mancanza" dichiara mortificata.

"Ne ero consapevole, così come avrei voluto evitarti di conoscere una verità così crudele. Rimpiango questo destino, ma tu ci sei! Sei il mio grande miracolo."

"Questo non fa che confermare l'enorme legame che ha tenuto uniti te e papà."

"Non lo nego. È proprio così."

"Ora, però, vi siete arresi."

"Abbiamo accettato la realtà per un bene comune più grande."

Lei continua a ponderare ogni mia parola come se le informazioni ricevute non fossero sufficienti. C'è qualcosa che ancora la tormenta.

"Sono certa che papà non voglia questo."

"Che cosa intendi?"

"Lui ti ama, mamma! Ed è solo con te che vuole stare."

"Anche se fosse, non puoi fare niente per cambiare le cose."

"Ne sei proprio certa?"

Nei suoi occhi vedo una luce che non vorrei percepire. Il suo sguardo di orgoglio e di sfida, da sempre preannuncia qualcosa di catastrofico e mi sento in dovere di metterla in guardia.

"Mamma, io sono cresciuta gelosa del vostro amore, della vostra complicità e con la speranza di poter vivere un giorno un amore come quello che c'è tra voi due!" Le sue parole, pronunciate con così tanta convinzione, mi commuovono. "Voi siete anime gemelle, impossibili da separare e io vi voglio aiutare" dichiara.

"No Jackie, te lo proibisco!" Afferro il suo braccio con una pressione decisa, per lasciare in un solo gesto la mia disapprovazione a cui lei deve piegarsi. "Non metterti mai contro una creatura del mare!" le intimo seria, senza darle possibilità di controbattere "questo non è un gioco e ne usciresti comunque sconfitta. L'unica cosa che devi fare adesso è accettare la situazione. Se vuoi continuare a essere un pirata, se vuoi vivere in mare, diventa amica di Kimera, dimostrale di essere sua alleata, solo così godrai di una protezione che ti salverà in molte circostanze."

"E tu accetterai di rinunciare a papà per sempre?"

"Accetterò ciò che è giusto e, se ami tuo padre, lo farai anche tu, per il suo bene."

Solleva lo sguardo fiero in segno di sfida. "E se io non fossi più interessata a questa vita?" Piego la testa pensierosa. "Se, dopo aver toccato con mano questa realtà, avessi compreso che non è la strada che voglio seguire?"

Ora, il mio, diventa interesse concreto. Mi sorprende sentire mia figlia parlare con una maturità nuova, capovolgendo ogni suo proposito, dove non c'è più la bambina che è scappata di casa, ma una donna in grado di fare le sue scelte.

"E che cosa vorresti?" le chiedo.

"Una famiglia" risponde "un marito, dei bambini."

"Questo è molto bello Jackie, ma ..." sospendo la domanda per trovare le parole giuste "che cosa ti ha fatto cambiare prospettiva?"

"Credo di essermi innamorata" la butta lì, con poca convinzione.

"Credi? Non ne sei sicura?"

"Ci sto pensando ..."

Abbassa gli occhi, sfuggendo il mio sguardo e temo ci sia qualcosa di più in questa sua indecisione, qualcosa che fatica ed emergere.

"Tesoro" le prendo le mani "che cosa è accaduto su quell'isola con Paul?"

Il suo viso avvampa all'improvviso quando lo alza per fissarmi negli occhi e capisco di aver centrato la questione.

"Io …" anche il suo respiro si modifica "noi …" inizio a temere di sapere "lui mi ha baciata, più volte" ammette.

"D'accordo" cerco di non farle percepire alcun tipo di reazione da parte mia. Si sta aprendo e non voglio che da me si senta giudicata, ma compresa. "E lui ti piace?"

"Sì, molto."

"È successo altro?"

Prima di parlare Jackie fa una smorfia indecisa, poi scosta lo sguardo alla ricerca di quel ricordo.

Ogni sera restiamo abbracciati a lungo davanti al fuoco ed è così per tutta la notte, per difenderci dal freddo. Stretti l'uno all'altra scopro sensazioni nuove, mai provate prima. È come se il contatto con lui mi restituisse una gioia indefinita, un forte senso di abbandono, dove tutte le mie difese vengono meno. Lui si volta verso di me e mi bacia. Un bacio diverso da quelli innocenti scambiati in precedenza. Questa volta è deciso e mi cerca con passione. Apre la bocca e sento la sua lingua, chiudo gli occhi, lo lascio fare, non mi dispiace affatto, anzi, l'emozione cresce fino a diventare incontenibile. Poi si stacca e mi guarda con trasporto.

"Paul, posso farti una domanda?"

Lui mi porta a sé e io mi appoggio al suo corpo.

"Beh, dipende: è una domanda difficile?"

"È una domanda personale" specifico.

"Jackie, noi due siamo diventati tutto, fuorché due estranei. Puoi chiedermi quello che vuoi."

"Hai già fatto l'amore?"

Lui si scosta per guardarmi negli occhi e non si tratta del vento quando lo sento tremare.

"Sei davvero incredibile, Jackie Sparrow" dichiara con le guance lucide e un'occhiata singolare.

"È solo una domanda" aggiungo.

Sorride, sopraffatto dal mio slancio. Un sorriso che mostra la linea perfetta delle sue labbra che vorrei ancora attaccate alle mie.
"Una volta, ho pagato una cortigiana per chiederle d'insegnarmelo."
"E com'è?"
Sotto la luce delle fiamme lo vedo vacillare. "Non ci sono riuscito."
"Perché?"
"Lei non mi piaceva" *ammette.*
La sua mano scivola nella mia e le nostre dita si intrecciano.
"E con me, lo faresti?"
"Oh ..." *reagisce come se lo avessi colto a rubare della marmellata in cucina* "io, insomma ..." *per la prima volta vedo Paul imbarazzato.*
"Scusa, sono stata invadente."
"Non è per questo" *mi corregge* "ammiro la tua schiettezza, davvero" *i suoi occhi intriganti mi osservano nel profondo. Occhi che mi avvolgono, in uno sguardo che mi ha sempre accolto.* "Ho rispetto di te, Jackie. Non farei mai qualcosa che ti possa compromettere."
"Compromettere con chi? Ci siamo solo noi due su quest'isola."
"Anche questo è vero."
"Potremmo morire domani o sopravvivere anni, non ci è dato saperlo."
"Capisco che cosa mi vuoi dire" *risponde con la voce rotta da un pensiero e sento il suo cuore pulsare a un ritmo più veloce.*
"Anche se quella volta non ci sei riuscito, sai che cosa devi fare, vero?"
"Sì" *risponde con decisione, come a difendere un orgoglio che stava per venir meno.*
"Fallo!" *lo esorto.*
"Ne sei proprio sicura, Jackie?" *dice con delicatezza.*
"Paul, la nostra vita è appesa a un filo."
"Lo so ... " *sussurra piano.*
"Fallo con me, adesso."
"Potrei farti male."
"Non accadrà, io mi fido di te."
Paul si solleva mettendosi sulle ginocchia e mi invita a fare lo stesso. Le sue mani cercano il mio corpo che mi restituisce sensazioni di una bellezza travolgente. Mi toglie la camicia e io, di riflesso, faccio la stessa cosa con lui.

Le nostre braccia si muovono veloci, catturate da un'insolita fretta. Ci spogliamo a vicenda, privi di inutili pudori, scoprendoci complici di un gioco appassionante e meravigliandoci ad ogni gesto scomposto dato dall'inesperienza. Le figure esili si sfiorano e il contatto con la mia pelle nuda, contro il corpo di un ragazzo, mi investe. Sento la sua mano salire tra le mie gambe e il respiro si blocca in gola per alcuni istanti. Non mi ero mai sentita così, non sapevo che cosa potesse accadere, è una scoperta inconsueta, ma sto bene, i battiti del cuore prendono velocità, così come il respiro. Sono felice tra le sue braccia e vorrei non si fermasse mai.

Con le mani appoggiate alla mia schiena, Paul mi accompagna giù e mi ritrovo sdraiata sotto di lui. Ci guardiamo negli occhi in un'armonia senza tempo, come le note di un'arpa che hanno perso i confini, sollevandosi in aria e volteggiando. Quando nostri respiri ansimanti diventano uno, non avverto alcun dolore, se non per un breve istante, poi è solo magia. I minuti successivi volano, mentre ci muoviamo allo stesso ritmo, continuando a seguire quelle note immaginarie di una musica nata da noi, che vive dentro di noi, ora che siamo un'unica entità.

"Scusa" Paul mi guarda mortificato.
"Per cosa?" chiedo senza capire.
"Avrei dovuto fermarmi prima."
"Perché?"
"Perché così potrebbe succedere che …"
"Potrei avere un bambino?"
"Sì" risponde abbassando gli occhi.
"E sarebbe un problema per te?"
Paul si prende qualche secondo per elaborare il concetto e risponde semplicemente: "No."

"Jackie, mi stai dicendo che sei incinta?!"
"No, mamma."
"Ne sei sicura?"
"Sì, sono sicura" il suo viso si rattrista "anche se, mamma, mi sarebbe piaciuto esserlo" confessa.

Traggo un lunghissimo sospiro liberatorio.

"Beh, ora è tutto chiaro" le sorrido, quasi divertita, colta da una strana euforia. "Che cosa ti aspetti che ti dica?" le domando, mentre mi guarda mortificata, come se fosse in attesa di un rimprovero.

"Che ho sbagliato."

"No, non ti dirò questo" dichiaro sicura. "Tesoro, tu e Paul avete vissuto un momento surreale, dove l'istinto di sopravvivenza ha prevaricato su tutto. Avete perso il senso della realtà e vi siete aggrappati l'uno all'altra con ogni mezzo ed è proprio questo che vi ha tenuti in vita. Non posso rimproverarvi nulla."

"Ora, però, lui non vuole più saperne di me" dice, disperata.

"Lui adesso ha solo paura, anche se non lo ammetterà mai, nemmeno con sé stesso."

"Paura di che cosa?"

"Si sente responsabile, teme di averti danneggiata e per questo ti rimane lontano, perché sa di non avere niente da offrirti. Sei talmente importante per lui, che si è spinto al punto di rinunciare a te, pur di darti la possibilità di una vita migliore."

Jackie si commuove, emozionata.

"Ricorda che stiamo parlando di un pirata" continuo. "E un pirata ama in modo assoluto. Se sei sicura di quello che provi per lui, c'è una sola cosa che devi fare."

"E cosa?"

"Vai a cercarlo e diglielo!"

"Non posso."

"Perché no?"

"Non ne ho il coraggio, non più. Mi ha ferito ed è un dolore immenso, che non riesco a superare."

"Lo dici adesso, ma è ancora troppo presto e siete entrambi così giovani. Tra non molto vedrete i vostri sentimenti sotto una luce diversa."

Jackie scoppia in un pianto amaro, abbracciandomi forte.

"Ti prego mamma, non rinunciare a papà, perché adesso capisco quanto fa male."

"Lo so tesoro" le dico, stringendola. "Lo so."

PARTE 4

LA DESTINAZIONE

32.

Dichiarato e non

Paul

Lascio la capanna con l'intenzione di visitare questo luogo che in una sola settimana mi ha già conquistato. Per farlo attendo la sera, quando al calare del sole l'aria si rinfresca, grazie alla brezza gradevole che scende dalle montagne. Quest'isola ha un fascino particolare, caratterizzata da una vegetazione florida che ricopre ogni cosa e mi ricorda l'isola dove siamo naufragati. Sollevo lo sguardo, mentre cammino con le mani in tasca e i dolci pendii, leggermente scoscesi, sembrano abbracciare questa comunità così viva e fervida, senza l'ombra di delinquenza, dove tutti si aiutano e ripartiscono i proprio beni, così che nessuno debba preoccuparsi di depredarne altri. Una grande famiglia che si aiuta e dove vige la legge basata sull'eguaglianza. Penso queste cose inondato da un appagamento e una gioia incredibili. Il mondo che tutti i pirati sognano è qui, davanti ai miei occhi. Dichiaro avverato uno tra i miei desideri più grandi.

Appena fuori dalle strette e frequentate vie, dalle strade sterrate, dove sono abbarbicate capanne di legno con i tetti impagliati*, entro in una zona completamente diversa.

---

*Nell'enclave furono costruite numerose strutture di buona tenuta e, dopo avere edificato la casa del Parlamento, ciascuno aiutò gli altri a costruire la propria residenza.

Qui le strade sono costruite con lastroni di rocce, le case sembrano dei castelli di pietra bianca, finemente rifiniti con decorazioni che credo di non aver mai visto. Grandi archi, balconate con parapetti di pietra e tante finestre che mi ricordano quelle dei sontuosi castelli di poppa dei velieri. La vegetazione è ben curata, con fiori e piante diverse da quelle ammirate fino ad ora.

Mi avvicino cercando di non farmi notare troppo. Chi vive in un posto come questo, potrebbe non gradire la presenza di un tipo sospetto che si aggira esaminandone i particolari. M'incanto col naso all'insù, catturato dallo spettacolare contrasto del blu brillante del cielo al tramonto con il bianco degli edifici e quando abbasso lo sguardo, davanti a me si materializza il secondo dei miei sogni più grandi: Jackie.

È così diversa dai giorni della nostra isola, così maledettamente bella in quell'abito di un'eleganza fuori misura, con fronzoli e merletti che non ho mai sopportato, nemmeno quando è un capitano a indossarli. Eppure, su di lei, acquisiscono un fascino incredibile, che non riesco nemmeno a decifrare. I suoi capelli sono di nuovo puliti e luccicano sotto gli ultimi raggi del sole. Lunghi, fluttuano sulle sue spalle, li porta in parte raccolti, tenuti da un nastro di seta. E resto così, disarmato, fermo a guardarla.

Jackie

"Paul!"

Me lo trovo davanti e lo osservo con curiosità. Lui, però, ci mette un po' per accorgersi della mia presenza che percepisce con un atteggiamento insolito e sbalordito.

"Forse abbiamo avuto la stessa idea" mi dice confuso.

"Qui alloggia mia madre."

"Ah … capisco. Non ti preoccupare, me ne stavo andando."

Fa per muoversi, ma decide di fermarsi e mi guarda di nuovo, con la stessa singolare espressione. Io ho ancora in testa e nel cuore le sue ultime, terribili parole.

"Senti Jackie …"

"Paul avevi ragione!" lo aggredisco "io appartengo a un'altra categoria, come puoi vedere" specifico, riportando l'attenzione al luogo in cui ci troviamo "e non ho bisogno di un allievo gabbiere, quando posso avere un ufficiale. Non credi?"

Accidenti se ci sono andata pesante – mi dico – ma in questo momento l'unica cosa che volevo era ferirlo, come lui ha fatto con me.

"Quindi ora, se non ti dispiace, sto giusto andando a un importante appuntamento" e lo schivo per allontanarmi il più in fretta possibile.

Gli passo accanto e avverto una fitta al cuore e devo fare un enorme sforzo per non degnarlo più di alcuna attenzione.

"E così rinuncerai ai tuoi sogni?" incalza costringendomi a fermarmi. "Che n'è stato di Maria, la piccola naufraga che sognava di diventare capitano di una nave pirata?" Il respiro mi si arresta nel petto "rinuncerai a chi sei per un damerino da quattro soldi?!"

Adesso basta. Mi volto e torno verso di lui colma di collera e indignazione. "Per tua informazione, Toni non è un damerino da quattro soldi" ruggisco "e per quanto riguarda i miei sogni, credo che la cosa non ti riguardi!" Non riesco a bloccare dentro di me un enorme dispiacere che traspare dal mio sguardo "o almeno non più" e corro via.

Mi prendo del tempo per riflettere e assorbire un dolore nuovo e più profondo. Corro senza voltarmi, pur di non dover ascoltare altre pugnalate che sarebbero potute uscire dalla bocca di Paul. Dopo averlo mollato lì, solo nella piazza del Parlamento, mi ritrovo alla spiaggia, ansimante e turbata.

Paul, audace e saputello, sapeva intrattenermi con le sue lezioni di marinaio esperto e gli anedotti con i quali amava farmi ridere nei momenti difficili, con quel fare da sbruffone e spesso schivo, a volte misterioso, altre indecifrabile. Di lui mi mancherà il suo essere iperprotettivo e dolce, così come quel fascino sfrontato che sfoderava quando sapeva prendermi sempre nel momento giusto. E i suoi occhi verdi che si sono appiccicati nel mio cuore e ben so che è lì che resteranno.

Cammino sulla spiaggia per liberarmi da questa terribile sensazione e ritrovare la calma. Arrivo fino in fondo a questa striscia di sabbia emersa, che termina con un isolotto verde e senza alberi. La sabbia è bianca, liscia, sottile e sembra brillare di milione di piccole stelle, sotto la luce della luna.

"Tesoro!"

"Padre, che ci fai qui?"

"Vai in riva al mare e mi troverai" e ben so a che cosa si stia riferendo.

"Sembri sconvolta" mi dice.

"Non è niente" sdrammatizzo "ho solo fatto una corsa."

"Con quel vestito?" sorride "sei incorreggibile!"

Ridiamo insieme, cogliendo un secondo di spensieratezza per dimenticare quanto affligge entrambi.

"Papà io voglio aiutarti. Ci dev'essere un modo."

Guardingo mi prende per un braccio e ci spostiamo dagli scogli.

"Sono settimane che penso a una soluzione, ma temo non esista."

"Papà, tu sei nato libero, mi hai insegnato il significato e l'importanza che ha per te questa parola. Mi rifiuto di credere che adesso, invece, possa andarti bene il contrario."

Lui resta in silenzio con un'espressione imperturbabile.

"Papà, per favore, sappiamo entrambi quale sia il tuo posto e io ti aiuterò. Troveremo una soluzione."

"So che cosa intendi dire e so anche che cosa vorresti, ma non sempre è possibile tornare sui propri passi. Kimera si è presa la mia vita in cambio dell'immortalità, ma ho compreso troppo tardi che una vita senza Angel, anche una vita immortale, non avrebbe alcun senso."

"Padre!" lo aggredisco "la tua vita non appartiene a Kimera e nemmeno alla mamma. La tua vita appartiene solo a te! Tu hai in mano la chiave che può trasformarla in ciò che più desideri." Lui mi osserva rapito. "Forse queste sono solo le parole di una ragazzina immatura che non ha ancora capito nulla, ma il cuore mi sta parlando, perché io ti conosco e ti voglio bene papà."

Sorride. "Sei molto bella stasera" mi dice ammirandomi compiaciuto.

"Grazie" rispondo arrossendo.

"Lasciami indovinare, stai andando all'appuntamento con il tuo damerino?"

"Papà …! Sei irrecuperabile!"

"Che ho detto?!"

Sorrido sconsolata, ciondolando il capo. "Sì, sto andando dal mio damerino, contento?"

Lui mi fissa serio. "Sarò contento solo se tu lo sarai. Ricordati Jackie: cerca la felicità e fa' sempre ciò per cui ti brillano gli occhi."

"Grazie papà" gli dico con un filo di voce "e sappi che queste parole valgono anche per te."

⚓ ⚓ ⚓

"Sei bellissima."

Tonino mi accoglie così, con il suo indiscutibile fascino, un mazzo di rose blu tra le mani, un completo da ufficiale tirato a lucido e gli occhi più sognanti che abbia mai visto. Insomma, la perfezione fatta ragazzo.

"Vogliamo entrare?" mi dice porgendomi il braccio.

Sorrido senza parole e mi lascio portare all'interno di questo locale dall'atmosfera avvolgente e romantica, scaldata da una miriade di candele distribuite attorno agli archi, sulle finestre e sistemate al centro del salone a salire verso il soffitto. Un colpo d'occhio da togliere il fiato. In sottofondo mi raggiunge il suono soave e dolce di arpe e violini.

"Signori, benvenuti."

Un cameriere ci riceve nella sua impeccabile divisa nera, scosta la sedia e mi fa accomodare al tavolo più importante del locale. Con noi il capitano Avery, il capitano Mission, il capitano Tew*, appena nominato ammiraglio della flotta di Libertalia e anche Angelo Carraccioli,
che sta intrattenendo un gruppo di commensali con uno dei suoi soliti sermoni sull'importanza dei valori praticati a Libertalia.

"Noi non siamo solo pirati, bensì uomini decisi a praticare quella libertà che Dio e la Natura hanno dato a noi, destinati a diventare i guardiani dei diritti e della libertà dei popoli. La nostra politica non deve essere quella di gente senza scrupoli, condannata a una vita dissoluta: noi, al contrario, dobbiamo vivere da coraggiosi, da uomini giusti, puri, fedeli alla sola causa. Non già, dunque, sotto nera bandiera dobbiamo navigare, ma all'ombra di una bianca insegna al cui centro è ricamato il motto *"Per Dio e per la Libertà"*."

È un piacere ascoltarlo e le sue parole, nel contesto in cui ci troviamo, assumono ancora più significato. E non sono la sola a essere incantata dal suo carisma. Tutti i commensali alzano i calici con un inno che è già diventato il loro motto: "Libertà! Libertà! Noi siamo uomini liberi! Viva il prode capitano Mission e il suo nobile luogotenente Carraccioli!"

Il clima è quello di una vera festa, come l'aria leggera di solidarietà che si respira in ogni angolo di questo luogo speciale. Ci sono altre donne, eleganti e sfarzose, che mi guardano compiaciute. Ceniamo con minestra, pesce, insalata di legumi e frutta fresca. Io e Toni ci guardiamo, come se volessimo dirci mille parole senza pronunciarne nessuna. Ogni tanto lui mi prende la mano stringendola nella sua. Dopo l'arrivo del dolce, servito in preziose scodelle d'argento, si alza in piedi, chiedendo l'attenzione di tutti i commensali.

*Thomas Tew, capitano della Jolly Roger, pirata inglese nominato ammiraglio della flotta libertaliana. La sua missione principale consistette nell'attirare il maggior numero di uomini liberi (i pirati) per popolare l'enclave. Era inoltre responsabile della protezione del porto, del mercato, e delle ricche case costruite.

"Signori, sono grato che questa sera abbiate condiviso con me la cena più importante della mia vita" dichiara sotto gli occhi interessati non solo dei nostri ospiti, ma del locale intero. "E ringrazio la mia magnifica compagna" tende un braccio verso di me "Jackie Sparrow, di aver accettato il mio invito" la cosa inizia a farsi imbarazzante "nella speranza che possa accettare anche di diventare la mia fidanzata."

È un'ovazione di *Oooh! Uuuh! Aaah!* in tutto il locale.

Tonino m'invita ad alzarmi in piedi e nello stesso momento lo vedo estrarre dalla giacca un anello di brillanti, ma non è solo per quello che improvvisamente mi manca il fiato. Tutti gli occhi sono puntati su di noi, mentre s'inginocchia emozionato.

"Jackie Stella Mary" a lui trema la voce e a me tremano le mani "non servono parole per descrivere ciò che noi siamo stati e possiamo essere insieme" allunga un braccio e mi prende la mano. "Ci siamo persi e ritrovati in circostanze drammatiche, ora abbiamo davanti un luminoso futuro e c'è solo una persona con cui desidero condividerlo." Arrotolo una ciocca di capelli tra le mie dita con insistenza, mentre lui infila l'importante anello all'anulare dell'altra mano. "Jackie Sparrow, vuoi diventare mia moglie?"

La stanza inzia a girare, la musica riempie la mia testa, pressante come i volti delle persone attorno a noi. Sono frastornata, ma felice e lusingata di trovarmi qui, in mezzo a così tanta gente, con un ragazzo speciale che sa quello che vuole, mi rispetta e mi fa sentire amata come una principessa.

"Sì" rispondo commossa.

"Ha detto sì!!!" esulta il capitano Andry invitando tutti a imitarlo. Gli ospiti dell'intero locale rispondono unanimi: "sìììì!!!!" e sollevano i calici in nostro onore, mentre Tonino mi stringe in un bacio senza precedenti.

33.

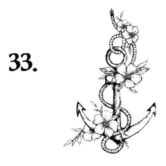

L'addio di Jack

Chris

La nave beccheggia accanto al molo e sembra addormentata, mentre i miei uomini si apprestano a renderla sicura e idonea a riprendere il mare. I marinai più esperti di queste acqua, mi hanno suggerito di salpare prima del sopraggiungere delle correnti fredde da sud, causa di terribili uragani. Questo significa che abbiamo a disposizione ancora poche ore.
"Chris!"
Mi sento chiamare da una voce sinistra. Mi guardo attorno lungo la banchina, senza capire da dove provenga.
"Chris, da questa parte."
"Chi va là?" chiedo allarmato impugnando l'elsa della mia spada "chi siete?"
"Chris ..."
Dietro una pila di casse ammassate, spunta il suo cappello inconfondibile. "Jack! Per la miseria mi hai fatto prendere un colpo."
"Ho poco tempo."
"Jack, stai bene?"
"Sì, come puoi vedere" poi guarda la Lane.G. ancorata al molo dove fervono i preparativi di una partenza imminente.
"Te ne vai?" mi chiede.

"Sì, Jack. Ho navigato fino a qui per permettere ad Angel di stare con sua figlia, ma sono pur sempre un corsaro e devo fare rapporto alla marina spagnola, rientrando nei tempi stabiliti. La Regina mi attende."

"Sei diventato un pezzo grosso, eh?"

"Già."

Rimaniamo a guardarci per un tempo indefinito. Nessuno osa dire nulla, pur sapendo di avere molte cosa da dirci e tante domande da porci. Invece, ce ne stiamo uno di fronte all'altro con il respiro corto e il cuore sospeso.

"Vogliamo entrambi la stessa cosa?"

È Jack a spezzare il silenzio.

"Sì, Jack" rispondo convinto.

"Quindi, da parte tua, non è cambiato nulla?"

"No, capitano" rispondo vago, privo della certezza di che cosa lui voglia davvero sentirsi dire.

"Come sta?"

Sospiro misurando le parole "davvero lo vuoi sapere?"

"Sì, Chris. Io lo devo sapere."

"Sta bene, Jack. Sono stati mesi lunghi e molto difficili per lei, ma credo di poter affermare che il peggio sia passato" sospiro di nuovo bloccando il fiato. "Volevi sapere altro?" lui resta in silenzio "vuoi sapere se ti ama? Se ha pensato a te?" Senza volerlo il mio tono diventa aggressivo. "Vuoi sapere di quando stava morendo e ho vegliato su di lei? O cosa è accaduto quella notte sul ponte con Kimera?!"

"Chris no, fermati" mi afferra un braccio "non è questo che voglio. Hai già risposto alle mie domande. Lo hai fatto nel momento in cui mi hai guardato negli occhi. Ora mi resta solo un'ultima cosa da chiederti."

"Ti ascolto" lo esorto.

"Portala via con te."

"Ma Jack, non posso farlo. Se la portassi con me si perderebbe il matrimonio!"

"Chris, dannazione, Angel non può restare senza di te. Capisci quello che voglio dire?"

"Jack io …"

"Ci sono ferite che continuano a sanguinare, ma voi due, insieme, le avete curate. Se ora tu la lasciassi qui si riaprirebbero e la condanneresti a un dolore senza fine. È questo che vuoi?"

No, ha ragione, non è questo che voglio.

"Certo che no."

"Allora portala via." Si stacca da me togliendosi il cappello. Nei suoi gesti, nelle sue parole e nel suo sguardo profondo, leggo ogni cosa in modo chiaro. "Hai il mio permesso" continua "e anche la mia parola che da questo momento in poi, io non la cercherò più e sarà libera di continuare a vivere la sua vita."

Spalanco gli occhi in un'espressione incredula.

"Non guardarmi così, ragazzo" mi rimprovera "c'è stato un tempo in cui credevo di avere tutto sotto controllo, in cui sentivo di poter dominare ogni cosa e affrontare qualsiasi sfida, con la certezza che niente sarebbe mai cambiato. Ma gli anni trascorsi a Genova per crescere mia figlia, mi hanno fatto vedere un lato di me stesso che non credevo mi appartenesse. Ho conosciuto la fragilità, la paura che si prova nei confronti di un'altra creatura, lo smarrimento nel sentirla in pericolo e, soprattutto, l'importanza dell'amore, senza il quale non sei più niente."

Lo ascolto impressionato.

"Consapevole di questo, non posso chiedere alla donna che amo un'intera vita di sacrificio, alla quale solo io sono stato condannato. So che con te sarà felice, lo vedo nei tuoi occhi che non hanno mai mentito."

"Che cosa le dirò?"

"Se la ami come credo, saprai trovare le parole giuste."

"E di te, Jack? Che cosa ne sarà di te?"

"Io resterò accanto a mia figlia fino al giorno del suo matrimonio."

"E dopo?"

Sospira e la sua mano scorre lungo la tesa del suo cappello.

"Dopo di me non sarà più."

"Capitano, non dite sul serio!"

"Ho capito come sciogliere il legame con la sirena una volta per tutte. La mia vita finisce qui, morirò da uomo libero."

"Jack non può essere questa l'unica via d'uscita!" gli dico sulla soglia di una disperazione crescente "non c'è altro che si possa fare?!"

"E' già tutto scritto, ragazzo. Il mio tempo si è rotto quel giorno, da allora ho fatto finta di vivere, con brevi intermezzi di illusioni. L'indicibile non è mai il mentre, ma il lento e inesorabile dopo."

"Esiste una possibilità che tu possa cambiare idea?"

"Nessuna."

"Quindi, questo è un addio?"

"Non esistono veri addii, se la tua vita ha avuto un senso per chi ti è stato accanto."

Cambia espressione quando nota i miei occhi arrossati.

"Dai, adesso smettila, non siamo all'asilo, ripigliati!" mi scuote. Ancora una volta è lui a essere il più forte tra i due. Si sistema il cappello e mi ordina: "hai ancora una missione da compiere!"

"Sì signore!"

"E ora va'."

Non mi lascia il tempo né di controbattere né di pronunciare un breve saluto che è già scomparso tra le casse distribuite lungo il molo, per poi dissolversi nel nulla.

"Chris!" Jackie mi corre incontro stringendomi forte. "Mi mancherai zio" e davanti a me c'è ancora quella ragazzina vivace e impertinente che da subito si prese un pezzetto del mio cuore.

"Anche tu, piccola peste."

Poi guarda la madre con la stessa intensità. "Mamma fammi avere notizie di voi non appena arriverete in Spagna."

"Lo farò di sicuro, non temere. E tu fai sistemare le maniche del vestito, non mi convincono. Devono essere più corte e arricciate."

Jackie sorride. "Sì, mamma, te lo prometto."

"D'accordo" si guardano emozionate "sarai una sposa stupenda."

Si abbracciano nel cuore di un'alba silenziosa, senza dirsi altro. Angel mi prende per mano e ci allontaniamo.

"Mamma!"

Jackie ci raggiunge quando siamo vicini alla passerella e si getta tra le braccia della madre. Angel la stringe, si stringono entrambe con un affetto forte e rinnovato.

"Mamma, sarai qui con me quel giorno, nel mio cuore, perché tu sei importante. Scusami se non ho ascoltato le tue parole, i tuoi consigli quando avrei potuto e dovuto farlo" Angel la ascolta in silenzio "scusa se sono stata superficiale e impulsiva. Scusa se ti ho spinta fino al punto di rinunciare alla tua vita a causa mia."

Il dispiacere nelle parole di Jackie è tangibile. Questa esperienza l'ha fatta crescere in fretta e il suo pentimento è pienamente compreso da Angel che, così come mi aspettavo, trova le parole giuste per sollevare il suo animo da un peso che ancora la tormenta.

"Io non ho rinunciato a niente, perché la mia vita sei tu Jackie."

Jackie segue con gli occhi la Lane.G. dal molo, fino a dove le è possibile distinguerla. Lei rimane un puntino disperso nella luce del sole e che noi continuiamo a fissare pur avendolo ormai perso di vista.

Prima che la nave prenda velocità, attraversiamo una zona caratterizzata dalla presenza di svariati isolotti verdeggianti, uniti alla grande isola da una striscia di sabbia. Su uno di questi c'è lui, Jack, che guarda in questa direzione. È certo che sia qui in attesa del nostro passaggio e lo capisco. Posare un ultimo sguardo su di lei è l'estremo atto d'amore del quale non potevano privarsi. Allora mi allontano dal ponte, per non interferire e vedo Angel sporgersi con una mano tesa.

"Veglia su di lei" gli dice.

Lui fa un cenno affermativo.
"Non dimenticare di guardare dove il sole sfiora il mare."
"Non l'ho mai dimenticato."
E si inseguono con lo sguardo fino a dissolversi nell'orizzonte.

34.

Corte di Spagna

Chris

"Capitano Christopher Condent!"
"Sì, signore. Eccomi!"
"La Regina* può riceverla."

Guardo Angel che, nell'attesa di essere chiamato al cospetto di sua maestà, mi ha tenuto la mano sostenendo i miei nervi poco saldi in questa circostanza. Il suo sorriso mi restituisce il coraggio di oltrepassare quella porta. Da qui, infatti, dovrò continuare da solo.

La guardia mi lascia passare chiudendo la porta alle mie spalle e l'ultima immagine che ho di lei, è quel cenno affermativo di orgoglio e fiducia dipinto sul suo viso.

---

*Elisabetta Farnese, nata principessa di Parma e Piacenza, fu regina consorte di Spagna, come moglie di Filippo V. Grazie al suo intelletto e alla sua curiosità nella continua ricerca di informazioni nel mondo, influenzò notevolmente la politica del regno.

Mi tolgo il cappello e abbasso lo sguardo. La Regina è in piedi di fronte a me, il suo abito a fiori ha uno strascico talmente lungo da riempire un quarto della stanza. Si avvicina, tende la sua mano e io la sfioro, salutandola con un inchino.

"Capitano Condent!"

"Vostra maestà, è un onore."

"Le do il mio benevenuto, non sapete quanto abbia atteso il giorno di potervi incontrare di persona! Qui a corte non si parla d'altro che della vostra impresa eroica!"

L'entusiasmo della Regina è contagioso.

"Vostra maestà, lei mi lusinga" rispondo abbassando il capo.

"Non sia timido, vi prego, sedete."

Un po' impacciato mi ritrovo su un'elegante sedia di velluto, appoggiato ai braccioli, in osservazione della bellezza di questa stanza.

"Capitano, ho richiesto la vostra presenza qui perché, da quanto mi è stato reiferito, voi avete portato a termine la difficile missione che vi avevo espressamente assegnato."

"Sì, signora. È così."

"Sono impaziente di essere messa al corrente sui dettagli di questo lungo viaggio! La prego, non tralasci nessun particolare."

E così, con fierezza e soddisfazione, descrivo alla Regina tutte le sfaccettature di questa mia ultima, magnifica avventura. Di una scoperta unica al mondo, la cui politica potrebbe segnare una svolta e che ogni regno dovrebbe conoscere e praticare. Con molta emozione, racconto del viaggio, delle persone, dei luoghi e dell'accoglienza che ci è stata offerta, senza chiedere nulla in cambio. Spiego come a Libertalia, il Parlamento sia aperto a tutti i cittadini senza discriminazioni, di come ci si venga in aiuto a vicenda per fare in modo che ad ogni abitante non debba mai mancare niente. Concepita come un'utopia, un mondo a parte che non esiste al di fuori dei suoi confini. Sottolineo l'importanza della filosia, dello scopo e del credo di una comunità che si basa sul valore di ogni singolo individuo. La Regina mi ascolta impressionata, senza battere ciglio. Terminato il mio monologo, resta in silenzio per alcuni minuti, guardando fuori dalla finestra dove si estendono ampi giardini. Quando si volta ha un'espressione sbalordita e compiaciuta. Sorride e manda a chiamare un funzionario.

"Capitano Condent" cammina verso di me e d'istinto mi alzo in piedi "quanto da voi riferito non solo mi ricolma d'infinita gioia, ma anche di speranza" mentre parla non riesco a fare a meno di osservrla muoversi con un'eleganza innata. "La speranza che per ogni popolo ci sia la possibilità di cambiare e rendere questo mondo migliore. La speranza che fare del bene, oltre ogni possedimento terreno, sia davvero possibile. Sono grata di aver visto questo giorno. Grazie a voi, capitano, farò quanto in mio potere affinchè il mio regno possa ampliarsi con questa visione, contagiando altri regni e altre nazioni, spargendo questo seme nella speranza di dare vita a una nuova era."

Le parole della Regina mi colpiscono molto più di quanto avrei creduto. È una donna visionaria, ma concreta e determinata.

"Vostra maestà, ne sono lusingato."

In quella fa il suo ingresso il funzionario.

"Voglio che venga messo agli atti quanto segue" dichiara la Regina. "Il giorno 13 ottobre 1708, il qui presente Comandante in carica della marina spagnola Christopher Condent, riceve la cittadinanza onoraria del nostro Paese."

Resto immobile, senza parole e con un'espressione sconcertata.

"Inoltre, ricoprirà la carica più alta presso lo scalo di maggior espansione del nostro Paese: il porto di Las Palmas, a Gran Canaria. Una posizione strategica per il controllo dei mercantili e voi, con la vostra esprerienza, saprete guidare e proteggere le nostre navi, senza più correre alcun rischio in mare."

Le parole della Regina piovono su di me come una carezza calda che tocca il cuore e l'anima.

"Naturalmente, signor capitano, è già stata preparata per voi una casa vicino al porto, dove potrete recarvi nell'immediato."

Il funzionario sussurra qualcosa all'orecchio della Regina.

"Avete una moglie, signor Condent?"

"Ah …" la domanda giunge talmente inaspettata da confondermi "ecco, veramente …" e d'istinto mi volto verso la porta oltre la quale Angel è rimasta ad attendermi.

"Ma che cosa stiamo aspettando?!" esclama la Regina facendo un cenno alla guardia "fatela entrare!"

La grande porta si apre e Angel, sopraffatta dall'ambiente maestoso e formale, si alza aiutata dal suo fedele bastone e risponde alla guardia che si scosta per farla passare. Dopo qualche passo mi vede e il suo volto teso si ricolma di sollievo.

"Venga, venga, non se ne stia lì impalata sulla porta!" lei avanza incerta. "Sono lieta di fare la vostra conoscenza, signora Condent" afferma la Regina.

Angel mi lancia un'occhiata, ma la sua abilità fa sì che nessuno dei presenti se ne accorga.

"Avete una compagna magnifica, capitano!" e qui snocciola una serie di complimenti senza risparmiarsi.

Avendo compreso il tipo di situazione, Angel si cala subito nel ruolo e viene da me, aggrappandosi al mio braccio.

"Mia cara, che cosa vi è accaduto?" le chiede guardando il suo bastone.

"Un incidente in mare."

"Che vi ha provocato un grave infortunio a quanto vedo."

Esortata dalla Regina, Angel le spiega la sua triste vicenda. Mentre racconta entrando nei dettagli, la Regina la ascolta con attenzione e passa da un'espressione sbalordita, a un'altra di sconcerto e rammarico.

"Sono costernata" dichiara infine "a una donna non dovrebbe essere richiesta l'esposizone a simili pericoli. Ha la mia stima, cara Angel. Mi permetta di esservi d'aiuto." Torna a rivolgersi al funzionario. "Sia messo agli atti che il capitano Condent occuperà la villa reale di Las Palmas con la moglie Angel."

Faccio per intervenire, ma Angel mi stringe il braccio trattenendomi con un cenno di assenso.

"La villa reale, vostra Maestà?" chiede il funzionario perplesso.

"Assolutamente sì. La signora ha bisogno di una casa più confortevole di quelle che abbiamo vicino al porto" conclude schietta "e mandatele anche del personale che si occupi di ogni cosa."

"Lei è molto gentile vostra Maestà, ma non crede che sia …"

"E' già tutto fatto mia cara" la interrompe "è il mio modo di esservi grata." La regina verifica di persona per assicurarsi che il burocrate abbia scritto tutto. "Molto bene" esclama infine "vogliamo passare alle firme?"

⚓ ⚓ ⚓

Angel

Fuori dal palazzo ci attende la carrozza per riportarci alla nostra nave. Ci meravigliamo della grande fortuna ricevuta, esultando come due bambini a cui hanno regalato il loro giocattolo preferito. La cosa che mi rende più felice è vedere Chris come non lo vedevo da tempo, con il sorriso di chi ha appena esaudito ogni suo desiderio.

"Chris, ma è tutto vero? Non è che la Regina stesse scherzando?"

"Con tanto di carta intestata e ceralacca? Non credo proprio!"

"Sembra un sogno."

"Sì, lo è" e chiude gli occhi per qualche secondo. "Sai …" mi dice guardando il cielo terso dal finestrino della carrozza "per la prima volta sento di appartenere a qualcosa, di riconoscere un posto come mio. Sono cresciuto senza una famiglia, con un'infanzia priva di riferimenti, dove spesso mi sono chiesto chi realmente io fossi. Oggi mi è stata data quella risposta."

"E' bello vederti così."

"Spero solo di essere all'altezza del compito che la Regina mi ha affidato al porto."

"Lo siete già, signor Condent!" affermo in tono solenne "dubitate forse delle vostre capacità?"

"Beh … no" ammette.

"Avete svolto un ottimo lavoro, capitano."

"Lo stesso vale per voi, capitano."

"Come ho sempre detto: siamo una bella squadra."

"Cos'avrei fatto senza di te?"

Sorrido "con tutta probabilità avresti fatto di meglio e con meno distrazioni!"

"Tu mi hai dato la forza."

"Chris guardami" lo convinco a girarsi verso di me. "La forza era già dentro di te e l'hai tirata fuori in mille occasioni. Tu meriti tutto questo e anche di più. Sei stato leale, impegnato nei tuoi doveri e corretto con tutti. La vera fortuna l'ha ricevuta chi ti ha conosciuto. Sei una persona speciale." Poi apro le spalle e sollevo il mento per imitare l'altezzosità della Regina. "C'è altro che possa fare per voi, capitano?"

"Niente più di quanto tu non abbia già fatto. In questo giorno, posso affermare che non mi manchi nulla. Adesso desidero solo raggiungere quell'isola e iniziare una nuova vita …. con te."

Dopo il *con te* mi bacia con dolcezza e avverto tutto il suo amore.

35.

Scappare e dimenticare
Paul

Raggiungo, come ogni sera, il gruppo di concittadini* nel retro di una piccola locanda in periferia. Ho deciso di unirmi a loro per integrarmi e comprendere la filosofia di vita, le abitudini e le necessità di questa colonia. Appuntamento serale quotidiano in cui, oltre a bere e condividere cibo e risate, non si perde certo il vizio di spettegolare su quanto accada per le vie della città, soprattutto quando i discorsi vertono sulla vita privata dei governatori che vivono nella casa del Parlamento con ammiragli, ufficiali e comandanti. Devo ammettere che è davvero spassoso. Le risate non mancano mai e i toni si mantengono spensierati e senza pretese.

"Avete sentito che cosa è accaduto al prescelto?" Esordisce un anziano riferendosi a Tonino, che tutti chiamano *il prescelto,* perché tra i pochi a essere entrato nelle grazie di Mission e Carraccioli.

"Mi è sempre parso un bravo ragazzo" risponde Nick che è seduto di fronte a lui "che ha combinato?!" chiede, trancannando del buon vino.

"Ha lasciato Libertalia" dichiara schietto.

"Quando?"

---

*Questi uomini liberi si erano organizzati in gruppi di dieci pirati ciascuno e in ogni gruppo, si erano scelti un rappresentante per decretare le leggi necessarie a regolamentare Libertalia. I pirati dividevano tra loro donne, tesori e bestiame in maniera assolutamente equa.

"Si è imbarcato la scorsa notte."

"Quanta fretta! Perché?"

"Magari aveva solo voglia di tornarsene per mare!" esclama un altro tizio.

"Macchè" interviene Fred "non se n'è andato!" dice ridendo di gusto "è scappato dalla vergogna!"

"Fonti certe hanno comunicato che stia facendo ritorno in patria" continua l'anziano. "Una settimana fa, un addetto della comunicazione postale mi ha riferito di aver spedito una lettera di Carraccioli indirizzata a Genova."

"E così, dopo una dichiarazione che ha fatto il giro dell'isola e un fidanzamento in pompa magna, questa è la fine del guerriero!"

Qui la maggior parte ride a crepapelle e mi domando quale sia la ragione, ma preferisco rimanere in disparte e non addentrarmi in un terreno che sento potrebbe ancora ferirmi.

"Dopo essere stato piantato all'altare tu che avresti fatto?"

"Povero ragazzo, sedotto e abbandonato … bah, le donne!"

"Mandare a monte un matrimonio di quel calibro!" Afferma Antonio con fare indignato "ma a quella ragazza che cosa dice il cervello?"

Continuo a bere fissando il pavimento e non rido più, rifletto.

"Ha fatto bene ad andarsene" continua Nick "restare avrebbe contribuito ad alimentare il suo disagio. Una volta in Italia, nella sua patria d'origine, sarà pronto a rifarsi una vita."

"E la ragazza?"

"Jackie Saparrow?!" chiede Fred ironico "quella non è una ragzza, è un demonio come suo padre!"

"Ehi" lo zittisce Nick con aria contrita "abbassa i toni, moccioso! Non ti permetto di sputare sentenze su qualcosa di cui non sei a conoscenza. Se la ragazza ha cambiato idea, avrà avuto le sue buone ragioni."

"Certo" gli risponde Fred, seccato, dopo avermi lanciato un'occhiata eloquente.

"Comunque" l'anziano riprende la parola, supportato da altri due membri del gruppo con il compito di mantenere ordine nei discorsi. "Passiamo a cose serie: gli indigeni malgasci hanno cercato di nuovo di invadere il territorio più a nord. Abbiamo bisogno di uomini che sorveglino quella zona."

Continuo ad ascoltare con poca attenzione, in modo marginale. La discussione prosegue, ma le loro parole giungono a me come un'eco che disturba le mie ipotesi rispetto a quanto appena udito a proposito di Jackie.

"Sono ancora tra i piedi quei trogloditi?!" domanda uno già mezzo ubriaco "mandateli a me! So io come rimetterli al loro posto."

Per quanto bizzarre siano le parole di questi uomini, qualcosa mi dice che quanto detto corrisponda a verità e Tonino mi è di grande esempio.

"Non c'è da scherzare con quella gente" interviene il secondo responsabile. "Sono numerosi e invidiosi. Dopo aver invaso le loro terre dobbiamo tenere alta la soglia di attenzione, se non vogliamo rischiare che si ribellino!"

Avverto nascere dentro di me una speranza, come un germoglio che chiede di essere coltivato, ma so già che se lo facessi, finirei per pentirmene.

Sollevo lo sguardo e penso: mi sono tenuto lontano dalla zona dei governatori, dove, con buone probabilità, avrei potuto incontrarla. Sono stato attento a non incrociare i miei passi con quelli di Toni, di non invadere il suo territorio occupato dagli ufficiali e non ho mai ceduto alla tentazione di parlarle di nuovo, per lasciare che vivesse le sue scelte in cui la mia presenza non era più contemplata. Forse anch'io dovrei seguire l'esempio di Tonino e lasciare questo posto, così, anche per me, sarà più facile dimenticarla.

"Gli indigeni non sono un problema. Sono troppo rozzi e ignoranti per mettersi contro di noi. Qualunque cosa possano fare, ne uscirebbero comunque sconfitti e loro lo sanno."

"Sì, Thomas ha ragione."

"Ci basterà tenerli sotto osservazione, per evitare mosse false."

Mi trovo bene qui, potrei viverci per sempre, ma qui c'è anche lei. Questa notizia, caduta come una pioggia gelida in piena estate, mi ha tolto spazio, anche per i ricordi. Quest'isola non è abbastanza grande per tutti e due.

36.

Las Palmas

Angel

Mesi dopo l'arrivo alla nuova isola, nella nostra nuova casa, ancora ci stupiamo della diversa e inaspettata piega presa dalla vita. Il palazzo reale è molto più di quanto la nostra immaginazione potesse concepire. Ci sono stanze eleganti con affreschi e tendaggi sontuosi, grandi giardini esterni piantumati con fiori e animali, soprattutto volatili. Non è necessario che mi occupi della cucina, né di procurarci il cibo, né di cucinarlo. Non devo preoccuparmi che le stanze siano in ordine e nemmeno dei miei abiti, che trovo puliti accanto al mio letto ogni mattina. Un medico viene da me ogni due giorni per insegnarmi a muovermi in autonomia senza l'uso del bastone. Secondo lui devo camminare nel modo corretto per ripristinare la muscolatura che si è atrofizzata dopo l'incidente.

Nelle ore più calde il cielo si ricopre di un velo di nubi e a vederlo, sembra che voglia proteggerci dai raggi di un sole troppo aggressivo. Non avevo mai visto un fenomeno simile in altre isole.

Sulla terrazza all'aperto è possibile ammirare numerose palme. Qui, nel tardo pomeriggio, viene servita una merenda sostanziosa e spesso i colleghi di Chris, per lo più ufficiali e comandanti con cui ha a che fare con regolarità, vengono a farci visita.

Chris si reca al porto ogni mattina, dove passa all'incirca un paio d'ore per firmare i permessi e controllare le merci in entrata e in uscita dalla

Spagna. Il resto della giornata è libero di dedicarsi a ciò che vuole e la maggior parte di questo tempo lo passa con me.

Siamo entrati a far parte della nobiltà, di quel mondo aristocratico conosciuto solo nelle favole. Sovente ci viene richiesto di prendere parte a ricevimenti di un'eleganza estrema, alla quale non siamo abituati, ma con lo spirito giusto e l'adattamento necessario, da sempre protagonista e parte di noi, abbiamo imparato. Uno stile di vita che nemmeno nei nostri sogni più arditi si sarebbe potuto idealizzare.

"Che alberi sono questi?" chiedo passeggiando nei giardini, così come il medico mi ha ordinato di fare.

"Sono piante di mandorlo*, signora" risponde il giardiniere che si occupa della pulizia e manutenzione di questo parco "tra meno di un mese sboccceranno e da quei germogli avremo una miriade di fiori stupendi e poi le mandorle. Vi piacciono, signora?"

"Credo di non averle mai assaggiate."

"Angel, vieni a vedere!" mi dice Chris appostandosi sotto alle palme, dove un singolare cicalino ha attirato la sua curiosità.

"Ma sono bellissimi!" esclamo incantata alla vista di tantissimi pappagallini colorati che si rincorrono tra le palme.

Le temperature gradevoli della sera, ci invogliano a rimanere all'aperto ad ascoltare i grilli, mentre una brezza fresca ci raggiunge dal mare. Abbiamo recuperato le forze, grazie al cibo fresco che possiamo consumare ogni giorno e che cresce a pochi metri da casa. Ci sentiamo parte di un grande dono, ricevuto per grazia di chi ha riposto nelle nostre mani la sua fiducia. È come se il tempo si fosse fermato in questo luogo magico, dove ci è stata data una seconda possibilità di vita.

Nelle ore serali mi allontano sempre per un'ora, celandomi da sguardi indiscreti, nella speranza che questo mio gesto non pesi troppo sul cuore di Chris. Vado in cerca di solitudine, trascinandomi con le mie sole forze fino al mare, dove il tramonto mi attende.

---

*Tra i mesi di gennaio e febbraio inizia la spettacolare fioritura che inonda di colori gli assolati sentieri montani delle isole Canarie. Ad ogni stagione i mandorli cambiano il loro aspetto, con l'arrivo dei primi soli d'inverno ricoprono le loro chiome di un delicato mantello color rosa e bianco.

⚓ ⚓ ⚓

Esco di buon'ora per allenarmi con il giusto appoggio del piede che ora mi permette di camminare finalmente dritta. Con l'aria ancora fresca delle prime ore del giorno è meno faticoso. Questa mattina ho raccolto qualche rametto di fiori dall'albero di mandorlo. Dopo aver atteso una ventina di giorni, così come preannunciato dal giardiniere, ecco gli alberi nella loro completa fioritura.

Rientro a casa quando il sole è già alto e, nell'ingresso principale, trovo un gruppo di ufficiali ad aspettare il mio arrivo con un'apprensione tangibile sui loro volti. Lo comprendo da come scattano sull'attenti non appena faccio il mio ingresso, generando in me una sgradevole sensazione.

"Signori ..." esordisco pallida in volto "che cosa posso fare per voi?"

"Signora Condent" prende la parola il più anziano, togliendosi il tricorno. "Al porto vostro marito ha perso conoscenza all'improvviso, aveva la febbre alta e lo abbiamo portato a casa." Lascio cadere a terra i rametti di mandorlo appena raccolti "ora è con il medico che saprà darvi notizie precise." Guardo le scale con la percezione crescente di disagio e terrore. "Ci dispiace molto, signora."

Ho timore di questi volti provati e seri. Mi aggrappo alla ringhiera e mi sforzo di salire il più velocemente possibile.

"Lasciate che vi aiuti" mi corre incontro uno degli ufficiali, ma il suo tentativo viene subito bloccato.

"No, faccio da sola!"

Arrivo in cima, percorro il corridoio fino alla stanza di Chris, dove trovo il medico ad attendermi.

"Dottore, sono qui, ditemi: che cos'è successo?"

"Signora, purtroppo non ho buone notizie da darvi" mi dice avvilito.

"Come?"

"Vostro marito ha contratto una forma molto aggressiva di febbre gialla."

Le sue parole mi travolgono come la grandine da un cielo sereno.

"Io, non capisco, fino a ieri stava bene …"

"Solitamente la febbre gialla si manifesta in modo asintomatico. I primi segnali compaiono dopo circa tre, sei giorni dal contagio" continua il medico. "Non avete notato qualcosa di strano negli ultimi giorni, come nausea, inappetenza, emorragie?"

Travolta dalla confusione più totale, riporto alla mente alcuni momenti dei giorni appena trascorsi e davanti a me si palesa del sangue.

"Ora che ci penso" dico al medico "la settimana scorsa ha avuto un paio di episodi di epistassi. Saranno durati sì e no qualche minuto, ma non gli abbiamo dato alcun peso."

"Nient'altro?"

Scuoto la testa. "No, o almeno, non che io sappia."

"Terremo il comandante sotto osservazione" prosegue "la febbre è molto alta e da una prima analisi, temo che fegato e reni siano già stati compromessi."

"Dottore" lo prendo di petto "che cosa sta cercando di dirmi?"

"Che stando così le cose, a vostro marito restano all'incirca tre, al massimo quattro giorni di vita."

Improvvisamente mi sento mancare la terra sotto i piedi, come l'aria e la luce, tutto manca, anche il respiro.

"No, non può essere. No, si sta sbagliando, Mi dica che si sta sbagliando!"

Ma il medico resta impassibile. "Mi dispiace molto, signora. Non c'è più niente che io possa fare."

"No …"

Cado sulle ginocchia e il mio bastone rotola via rumorosamente, il medico lo raccoglie, me lo passa, afferra le mie spalle e mi aiuta a sollevarmi da terra. Questo è un colpo basso di un destino amaro e senza tregua.

"Dovete essere forte" mi dice osservando le mie gambe che tremano "e ora andate da lui, non ha fatto che ripetere il vostro nome."

Quelle parole mi restituiscono la minima resistenza per barcollare e raggiungerlo. Apro la porta, la sua stanza si presenta in ordine e luminosa come sempre. Lui è disteso nel suo letto, tranquillo, sembra che stia solo dormendo, ma quando mi avvicino avverto il suo respiro pesante e affaticato. Mi siedo e resto lì, in attesa, pur non sapendo di che cosa, in questo momento surreale dove il dolore torna a fare capolino. Un dolore deciso che pare abbia acquisito, col tempo, maggiore intensità. Accanto a lui sono sistemate delle federe pulite, altri cuscini, numerosi panni di lino asciutti, una brocca con dell'acqua e un bicchiere. Bagno con l'acqua fredda un panno di lino e glielo sistemo sulla fronte. Lo sfioro, è bollente. Le mie mani tremano, così come il resto del corpo.

"Chris, sono qui" gli sussurro "so che forse non puoi sentirmi, ma voglio che tu sappia che non mi arrenderò, affronteremo anche questa battaglia così come abbiamo sempre fatto: insieme."

⚓ ⚓ ⚓

Trascorrono così tre lunghi giorni e tre lunghe notti. La febbre non accenna a diminuire e quelle che sembravano solo assurde congetture di un medico troppo pessimista, si stanno rivelando essere una realtà spietata e inaccettabile. Resto accanto a lui giorno e notte, a ogni ora coltivo la speranza di percepire anche un minimo miglioramento, di ascoltare il suo respiro meno affaticato, di sentire la temperatura del suo corpo calare. Ogni tanto apre gli occhi, mi chiama, tenta di dire qualcosa, ma viene sopraffatto dagli spasmi della febbre alta. Immergo il panno di lino nel catino di acqua fredda con un gesto diventato inconscio e lo sostituisco con quello che ha sulla fronte. Con un telo più grande tengo freddi polsi, braccia e caviglie. Le domestiche entrano due volte al giorno per sostituire la biancheria, mentre due domestici si preoccupano di lavarlo e cambiarlo. Provata nel corpo e nello spirito sento le forze venir meno.

"Angel ..." con una mano mi afferra il polso mentre gli appoggio un panno freddo.

"Chris, sei sveglio" esclamo sollevata "come ti senti?"

"Mhmm ..." le parole gli muoiono in gola.

"Resta calmo, non parlare, non è necessario."

"Sì, invece" dice con la voce impastata "è necessario."

Cala di nuovo il silenzio per alcuni minuti, mentre allenta la presa sul mio braccio, poi riapre gli occhi e mi guarda. Mi erano mancati i suoi occhi blu, posati su di me con quell'intensità unica.

"Ti amo, Chris."

"Non dirlo se non lo provi davvero."

"Cosa?" un masso mi colpisce in pieno petto "Chris, lo sai che è così."

"No, Angel, sei tu che non lo sai."

Non comprendo le sue parole, dettate dalla poca lucidità e dalla febbre ancora alta. Cerco di non controbattere, ma lui insiste.

"Nella tua vita hai amato un solo uomo e quell'uomo non sono io."

Smetto di respirare.

"Chris, non è il momento per certi discorsi" lo rimprovero, accarezzandolo dolcemente "non alimentare simili dubbi proprio adesso, non sai quello che dici, ora cerca di riposare."

"Se rinuncio adesso, potrei non avere un'altra possibilità di parlarti."

Mi mordo un labbro e caccio indietro le lacrime.

"Ho capito, d'accordo" dico arresa "che cosa mi vuoi dire?"

"Non devi nascondere ciò che provi, non a me, non adesso."

Strizza gli occhi e il suo volto si torce in una smorfia di dolore.

"So che ogni giorno vai in riva al mare per vedere il tramonto e so anche che cosa significhi per te."

Una fitta m'investe sradicandomi l'anima, privandola dell'unico appiglio per il quale era rimasta ancora una ragione per vivere.

"Il vostro è un sentimento speciale" continua Chris "impossibile da eguagliare e non l'ho mai preteso."

"Se credi davvero in quello che mi stai dicendo, allora perché mi sei rimasto accanto?"

"Perché l'ho promesso a Jack. Lui è stato il mio capitano, quello che mi ha ridato dignità e mi ha fatto comprendere il vero valore della vita. Avrà sempre il mio rispetto e la mia più grande considerazione."

Resto pietrificata dalla schiettezza di un discorso che mi sta sbattendo in faccia una verità che, con grande forza di volontà, ho cercato di mettere da parte. La cosa più sconcertante sta nel fatto che credevo di esserci riuscita.

"Il mio più grande rimorso" continua Chris "è quello di non poter tenere fede alla promessa fatta."

"Che vuoi dire, Chris?"

"Gli avevo promesso che ti sarei rimasto accanto fino al giorno del suo ritorno, ma questo non accadrà."

"Adesso non parlare così. Guarirai, ti riprenderai, andrà tutto bene."

"Angel …" mi prende la mano e la stringe con la sua ultima, flebile energia "amore mio, perdonami."

"Di cosa ti dovrei perdonare?" gli chiedo, perdendo il controllo sulle lacrime che ricolmano i miei occhi.

"Ti sto lasciando sola."

"No, Chris …"

"Non piangere, ti prego o non avrò pace per questo."

"Sono io che ti chiedo di perdonarmi per non essere stata la donna che volevi al tuo fianco."

"Tu sei stata il dono più grande della mia vita. Ti ho amata dal primo istante e da allora niente è cambiato" si ferma per un colpo di tosse, fa una pausa mentre gli do da bere. "Non ci sono stati mari e distanze tra noi" continua "nemmeno il tempo è servito a intaccare ciò che provo per te."

"Tu mi hai resa felice, Chris! Questo lo devi sapere."

"E io non ho mai chiesto altro, se non di averti accanto a me così, felice per chi sei: il pirata arrivato dal mare che mi ha salvato. Ma sei pur sempre un pirata … sapevo che non ti potevo bastare."

Le sue parole entrano nel mio spirito.

Mi appoggio alla sua spalla e gli resto vicino versando fiumi di lacrime.

Mi sono illusa che il mio amore fosse sufficiente, senza fare i conti con i suoi sentimenti, troppo forti e leali, attraverso i quali ha capito chi sono, meglio di me. Gli prendo le mani e le stringo forte, restandogli accanto fino al mattino quando, alle prime luci dell'alba, il suo respiro non c'è più.

37.

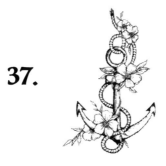

L'addio a Kimera

Jack

Cammino e le forze mi abbandonano. Mi lascio andare sulla sabbia lucida. Avrei voluto raggiungere la mia nave che beccheggia nella baia tranquilla e mi guarda, ignara, come me, di quale sarà da oggi in poi il suo destino. Mi rimane poco tempo, tutto sta scorrendo veloce e alla fine, credo che sia anche meglio così.

"La mia vita appartiene solo a me" ripeto come un monito le parole di mia figlia "e solo io ho la chiave per decidere".

Resto immobile, la ferita ha ripreso a sanguinare. Giro lo sguardo verso il sole che sta tramontando, il mio ultimo tramonto e, chissà, se anche lei lo sta guardando. Avverto il suo calore sul viso che mi restituisce un momento consolatorio e appagante. La mia missione su questa terra è conclusa. Forse non ho adempiuto a tutti i miei doveri, ho mancato in tante cose e, di sicuro, non ho chiesto perdono ad Angel: questo resterà il mio più grande rimorso. Ora, infatti, non mi resta più tempo.

"Jack!"

Sento la voce di Kimera. Non posso muovermi, non riesco più nemmeno a sollevare un braccio. Lei si accorge che mi sono allontanato e mi raggiunge.

"Jack, amore, cosa ti succede?"

Lei si appoggia al mio petto. Riesco ancora a guardarla negli occhi, due occhi grigio scuro imperscrutabili, lucidi come perle e profondi come il mare.

"Jack sei ferito! Che cosa ti è accaduto? Perché ti sei allontanato?"

"Non sono ferito, ti sto solo lasciando andare Kimera. È arrivato il momento di dirci addio."

"Che cosa? No, è solo un malessere, curerò di nuovo la ferita e tu starai bene."

"No, non accadrà, non più."

"Ma Jack …"

"Kimera: è finita. Non puoi curarmi, così come non hai più alcun potere su di me." Lei mi guarda interdetta. "C'era una clausola di cui nessuna creatura del mare ha mai tenuto conto: la volontà di ogni uomo di decidere il suo destino. Ora che sono consapevole di quello che ho sempre voluto e di ciò che conti davvero per me, non posso più godere dei benefici della tua influenza."

"Non ti capisco, che cosa stai cercando di dirmi, Jack?" chiede, staccandosi da me con sdegno.

"Già lo sai, non è necessario che io te lo dica."

"Piuttosto che rinunciare ad Angel preferisci morire? È questo che mi stai dicendo?"

Non rispondo, resto immobile a guardarla.

"Jack, perché? È assurdo. Lei è solo una donna!"

"Angel è la donna che avrebbe dato la sua vita per me, non dimenticarlo. Quella stessa donna che ti ha concesso di salvarmi pur sapendo che mi avrebbe perso per sempre."

Lei si mette sulla difensiva e assume un atteggiamento stranito.

"Credevi che non lo avessi capito?" aggiungo a supporto del suo sguardo incredulo "il punto è che ti conosco troppo bene Kimera e amo Angel, più di ogni altra cosa al mondo."

"Tu devi restare con me, solo così potrai vivere in eterno!" mi supplica, nel disperato e ultimo tentativo di potermi ancora redimere.

"Io non voglio vivere in eterno, Kimera! Almeno, non più. C'è stato un tempo in cui la paura della morte mi attanagliava. Ora non ho timore di lasciare questo mondo e non sarai tu a farmi cambiare idea."

"Del mio amore non t'importa?" chiede con le lacrime agli occhi. Le lacrime dorate di una sirena, così diverse da quelle umane, perché invase da un dolore mille volte più profondo.

"C'è sempre stato un solo e unico amore per me e tu lo sai. Conosci la verità, è insita nel tuo cuore, non andare a cercarla altrove."

"Tu sei pazzo! La verità è che mentre tu sei qui a soffrire per lei, la tua Angel si è consolata con un altro uomo."

"Sono stato io a supplicare chi si prendesse cura di lei e se questo è accaduto, non posso che esserne grato."

"Che ti succede, Jack? Non sei più lo stesso."

"Non ho più paura: né della morte, né di te, né dei miei sentimenti che non rinnegherò per egoismo. Questo è quello che mi ha insegnato la vita."

Il sole sfiora il mare e scompare dietro l'orizzonte, lasciando il cielo indaco e blu. Chiudo gli occhi e la pace mi avvolge.

38.

Il valore di ognuno

Angel

Il giorno del tuo funerale pioveva. Una pioggia fitta e battente, piuttosto insolita per quest'isola, dove di rado si creano perturbazioni consistenti. Il cielo piangeva lacrime profonde, come le mie. La pioggia si distribuiva sui fiori, sulle divise degli ufficiali, sul mio abito di velluto nero e su quella spada lucida, posata al centro della tua bara bianca, portata da una carrozza tirata da sei cavalli.

Era presente gran parte della marina spagnola e l'intera capitaneria di porto per porgere l'estremo saluto a un compagno e collega, riconosciuto come un eroe, perché l'unico ad aver superato quella soglia invalicabile costituita da mari impervi e sconosciuti, spalancando nuove rotte e infinite possibilità di commercio. Hai reso felice la Regina, dandole una speranza per un futuro migliore, aprendo un varco dove non era possibile aprirne, come hai fatto col mio cuore.

Da quel giorno continuo a venire qui, nella cattedrale di Sant'Anna che ti ha conferito l'ultimo saluto, per sentirti più vicino. Ho continuato a camminare in compagnia di quei passi che mi riportano a te. Lenti e stretti, come il morso di una solitudine a cui non so ancora dare un senso e di dolore a cui non so ancora dare pace. Nella nostra casa vuota il silenzio è così denso da poterlo toccare. È insopportabile il pensiero del tuo corpo che mi ha scaldata per salvarmi la vita, isolato e freddo, nel buio inesorabile della terra. Dopo di te resta l'immenso e spietato abisso, incolmabile come l'assenza di chi non può tornare e la sensazione di essere sola al mondo.

Ti ho amato Chris, anche se non era l'amore che cercavi e non mi hai lasciato neppure la possibilità di rimediare. Il tuo silenzio mi ha spiegato che forse non volevi nemmeno che ci provassi, perché sapevi che avrei fallito.

Mi lascio andare sulla panca appoggiandomi tra i singhiozzi, come se le mie lacrime non avessero fine, come una preghiera priva di speranza e senti che niente possa bastare a consolarti.

"Perdonami Chris" la mia voce è un'eco tra i singhiozzi.

E, smarrita nell'infinito di un momento che ha perso i suoi confini, avverto una presenza alle mie spalle.

"Vostra Maestà" esclamo voltandomi.

"Sono addolorata, mia cara Angel" esordisce aiutandomi a sollevarmi.

"Oh, vi prego, lasciate stare i convenevoli" dice bloccando il mio doveroso inchino "siamo solo noi due qui."

Mi sorprende che la Regina sia entrata nella cattedrale senza guardie al seguito.

"Questo è un luogo di pace, non mi servono scorte" aggiunge, come si mi leggesse nel pensiero. "Sono venuta per scusarmi della mia mancata presenza alle onoranze di vostro marito. È accaduto tutto così in fretta e mi sono prodigata affinché il comandante ricevesse delle esequie degne e onorevoli."

"E così è stato, Maestà. Non dovevate prendervi tanto disturbo."

"Avrei desiderato conoscerlo meglio. Doveva essere una persona speciale."

"Lo era" ammetto, asciugando una lacrima dal mio viso sconvolto. "È tutto così ingiusto" aggiungo lasciandomi sfuggire un commento ad alta voce.

"Che cosa trovate ingiusto?"

"Meritava di essere felice, non di morire così."

"Credete che ora lui non sia felice?" Rifletto su questa sua domanda. "La morte non ha alcun significato se da essa non impariamo qualcosa" mi dice "il valore di ognuno di noi, si dimostra proprio alla fine della nostra vita e Chris era un uomo di grande valore. Tutto questo non se ne andrà con lui, ma continuerà a esistere, così come voi continuerete a vivere nel suo ricordo, nel suo amore, nella sua presenza. Non vivetelo come un castigo, ma come un passaggio che ha dato grande rilevanza alla sua esistenza."

La guardo con gli occhi sbarrati.

"Siete ancora troppo addolorata per comprendere queste mie parole, ma un giorno vi saranno di grande conforto."

Annuisco con un groppo in gola che m'impedisce di parlare, mentre quelle parole si vanno a ficcare nella voragine del mio cuore.

"C'è qualcosa che potrei fare per voi, mia cara?"

Sospiro, deglutisco e prendo il tempo per ponderare le parole.

"Mia figlia è rimasta a Libertalia con suo marito e vorrei che lei, come gli altri amici di Chris, fossero informati della sua morte."

"Non ho alcuna difficoltà ad accontentarvi."

"E, vostra Maestà, se me lo permettete, vorrei lasciare la villa reale e trasferirmi in una casa più piccola, vicino al mare" chiedo senza remore e lei mi sorride benevola.

"Abbiamo alcune case abbandonate dai pescatori sulle scogliere del versante nord, ma devo avvertirvi, sono molto umili."

"Andrà benissimo."

"Comprendo il vostro dolore, anche se non sono certa che isolarvi dal resto del mondo lo possa placare."

"Al momento, però, è quello di cui ho bisogno."

"Capisco, ma ricordate Angel: per qualunque cosa doveste avere bisogno in futuro, non dovrete fare altro che chiedere."

"Le sarò eternamente grata per quanto da voi fatto per me e per Chris, Maestà."

"Occuperete sempre un posto speciale nel mio cuore. Ora, però, se volete continuare a vivere, mia cara Angel, dovete iniziare col perdonare voi stessa."

La Regina se ne va lasciandomi persa in mille riflessioni, ma il mio cuore spezzato non è ancora pronto a guarire e rimango qui, seduta sulla panca, chiusa nel silenzio del mio dolore.

Esco dalla Cattedrale sotto un sole impavido e spavaldo. Mi lascio trasportare dall'aria calda che m'investe e mentre cammino una fitta al polso si presenta improvvisa costringendomi a fermarmi in mezzo alla strada. Afferro il braccio sinistro tenendolo fermo con una mano, colta dalla terribile sensazione che possa staccarsi da un momento all'altro. Urlo dal bruciore che dal polso sale fino al gomito e striscio fino a una fontanella poco distante per farci scorrere dell'acqua fresca. Supporto stringendo i denti, ma la sensazione perdura a lungo e rimango immobile con il respiro corto. Strizzo gli occhi e attendo. Quando finalmente il bruciore si placa, lo guardo. Il tatuaggio di Kimera è sparito e al suo posto si presenta una cicatrice rosso fuoco, che avvolge tutto il mio polso.

39.

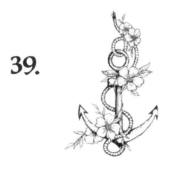

Una vita per una vita

Angel

La casa sul mare è proprio come me l'aspettavo. Abbarbicata su di uno scoglio dove è possibile vedere solo l'oceano sconfinato e i suoi tramonti.

Mi rimbocco subito le maniche, c'è tanto lavoro da fare, ma non mi fa paura, anzi, occuparmi della manutenzione della casa, lavorare la terra assaporandone odori e sapori, mi sta restituendo vitalità alle gambe, specie a quella che, dopo i trattamenti ricevuti dal medico di corte, sento pronta a sorreggere il mio peso. A volte, senza che me ne accorga, faccio qualche passo da sola, dimenticandomi del bastone. Ogni giorno scendo fino al mare utilizzando un ripido sentiero e nel corso della risalita, sento la gamba malandata guadagnare potenza.

Parlo con i pescatori, fedeli amici del mare, che mi regalano sempre del pesce fresco. Qualche volta accendo il fuoco, anche se la maggior parte del cibo preferisco consumarlo crudo.

Ad ogni tramonto mi fermo e osservo la distesa d'acqua nel silenzio, fino a dove il sole sfiora il mare.

Da quando vivo in cima a questo scoglio mi sento al sicuro, perché so che Jack è laggiù da qualche parte che veglia su di me e non è l'unico. Sono grata alla mia vita e ho capito chi sono. Mi sono tormentata, mi sono ascoltata, mi sono compresa e poi ho lasciato andare. Quando sono riuscita a perdonarmi, ho ritrovato la pace.

Esco a raccogliere frutta e verdura che cresce in abbondanza e mi preparo un'insalata. Non sto mangiando molto, ma per vivere qui è più che sufficiente. Sto togliendo le foglie secche dalla pianta di banane, per poi utilizzarle come fertilizzante, quando un'ombra mi avvolge, nascondendo il sole. Non c'è quasi mai nessuno da queste parti e mi spavento nel riconoscere la sagoma di un uomo. Sollevo lo sguardo e il mio stupore è grande.

"Accidenti, ma dove ti sei nascosta?" esordisce. "Hai idea del tempo che ci ho messo per trovarti?!"

I piccoli gesti di ogni giorno hanno riempito la mia vita. Ho dedicato tempo ed energie alla casa, donandole un nuovo aspetto e scoprendo che le rose blu della mamma, crescono anche in questo clima caldo. Ho provato a seminarle e, con mia grande gioia, la pianta rampicante si è distribuita lungo tutta la parete nord, quella meno inondata dal sole aggressivo, regalandomi i suoi fiori meravigliosi. In un appezzamento con frutta e ortaggi, ho realizzato una piantagione di avocado e mango, che scambio con il pesce all'arrivo dei pescatori.

Oggi mi trovo al porto per portare ai mercantili in partenza parte del mio raccolto. Ne ho in abbondanza e così lo posso condividere con i marinai che consumeranno alimenti freschi durante il viaggio.

"Angel vieni presto!"

Mi sento chiamare, mentre sto consegnando le ultime ceste.

"Cos'è tutta questa fretta?"

"Vieni, vieni, andiamo non c'è tempo da perdere!"

Mi afferra trascinandomi per un braccio. Uso ancora il bastone per camminare, ma credo sia più una consolazione e una certezza per me, che una vera e propria esigenza. La mia gamba, infatti, è completamente guarita.

"Guarda!" mi dice con gli occhi che brillano.

"Credi sia quello che pensiamo?"
"Non lo credo, è una certezza."
"Non è che poi si scopre essere l'ennesima illusione?"
"Hai visto la bandiera?"
"Allora che aspetti? Allontanati da qui."
"Sì, signora."

Davanti a me un galeone a tre alberi sta facendo il suo ingresso nel porto e la sua bandiera bianca è inconfondibile: è la bandiera di Libertalia.

È questione di pochi secondi e vedo una ragazza affacciarsi dal ponte di dritta, una ragazza che conosco molto bene.

"Madre!"

Ha un braccio alzato al cielo e uno dei sorrisi più belli che abbia mai visto.

"Madre!"

La sua voce, il suo viso, quegli occhi che amo. È proprio lei, la mia Jackie. La nave attracca e una passerella scivola verso la banchina per permettere a Jackie di scendere e correre da me. Dopo più di un anno, posso riabbracciare mia figlia e la tengo stretta a me, così come credo di non aver mai fatto prima. Jackie è qui, sana e salva, è tornata, le mie preghiere sono state esaudite.

"Mamma ..." Jackie ha le lacrime agli occhi "mi sei mancata."

"Anche tu, amore mio" e la stringo forte a me "anche tu, non sai quanto."

Veniamo raggiunte da Nick e Sebastiano.

"È una gioia rivedervi! Grazie per avermela riportata" dico loro mentre li abbraccio.

"Ti trovo bene sorellina."

"Diciamo che me la cavo" rispondo guardando tutti negli occhi e in ognuno è ancora nascosto il dolore che conosciamo, ma che nessuno osa richiamare. Rimane lì, sospeso nei nostri cuori dove sappiamo resterà per sempre.

"Che cosa vi porta su quest'isola così lontana da Libertalia?"

"Mamma, Libertalia non esiste più."

"Come non esiste più?!"

"I portoghesi della Grande Isola si erano stancati delle prodezze degli Uomini Liberi" dichiara Nick.

"Gli indigeni avevano già attaccato più volte Libertalia, ma senza successo" continua Jackie.

"Altre potenze europee hanno sobillato le tribù con cui i rapporti non sono mai stati dei più felici" racconta Sebastiano.

"Si è scatenato l'inferno" prende la parola Nick che non ha perso il suo piglio da cantastorie "Una flotta con cinque vascelli ha attaccato la colonia, sostenuta dai numerosi indigeni. Caraccioli ci ha lasciato le penne. Mission, rimasto con pochi uomini, donne e bambini, ha fatto appena in tempo ad imbarcarsi sulle uniche due corvette all'ancora nella rada. Con lui una quarantina di sopravvissuti."

"Libertalia è stata depredata e distrutta" conclude Jackie con una tristezza tangibile. "La pirateria è finita o almeno, la nostra, quella in cui credevo."

Ci osserviamo ammutoliti, sospesi in un vuoto dove ogni nostro genere di titolo o appartenenza, si sgretola come la sabbia portata via dal mare in tempesta.

"Dov'è Toni?" chiedo non vedendolo scendere dalla nave "gli è accaduto qualcosa di grave?"

"Toni sta bene, ha lasciato Libertalia mesi prima della rivoluzione" la guardo incerta, la sua voce è impercettibilmente cambiata, arrochita. "Credo che ora sia in Italia per ricominciare una nuova vita." S'interrompe in cerca delle parole giuste, colta da un improvviso imbarazzo. "Mamma, mi dispiace: non ho sposato Tonino Alfieri."

"Capisco" sorrido e lei aggrotta la fronte confusa.

"Lo capisci?"

"Certamente" ammicco.

"Ma, mamma … tu lo sapevi?"

"Mhmm … può darsi che io sia stata informata del fattaccio" dichiaro gongolando.

"E da chi?!" lei mi guarda sempre più confusa.

"Credo che ci sia qualcuno, qui con me, che ha ancora qualcosa da dirti."

Mi volto e guardo verso la strada dove la figura di un ragazzo avanza decisa verso di noi. Quando Jackie riesce a distinguerla non crede ai suoi occhi.

"Mamma, ma come è possibile?" mormora appena, senza quasi rendersene conto, abbagliata dall'immagine nitida davanti a lei che sopraggiunge con un grande sorriso.

"Paul ..."

Lui si ferma e apre le braccia. "Beh!" esordisce "ce ne hai messo di tempo. Sono sei settimane che ti aspetto!"

Jackie si avvicina e gli sfiora i capelli che ora porta sistemati in una bella coda bassa e ordinata. Si è anche fatto crescere un filo di barba, che gli conferisce un aspetto più maturo e consapevole.

"E allora?" esclama Jackie "io ti aspetto da quattordici anni e non mi sono mai lamentata."

Paul sorride ed estrae dalla sua giacca un anello, lo tiene stretto tra le dita mostrandolo a Jackie e lei smette di respirare.

"Jackie" lui pronuncia emozionato il suo nome che esce come un soffio dalle sue labbra "mi faresti l'onore di ..." fa per inginocchiarsi, ma non ne ha modo.

"Sì!" esclama Jackie saltandogli al collo. "Sì, Paul" ripete lasciando il ragazzo non solo sbalordito, ma anche senza più gesti o parole.

Allora lui, con le mani che tremano, le infila il suo anello al dito "mille volte sì" ripete lei accettando quel gesto. "Ti amo, Paul."

Lui porta una mano tra i suoi capelli e non servono altre parole per descrivere lo sguardo che le dedica. "E io di più."

Negli occhi ha quell'amore che riconosco, raro e unico come il bacio che le dona e che lei accetta, sicura e abbandonata a qualcosa di eterno e indissolubile.

"Noi dobbiamo ripartire" mi dice Sebastiano.
"Di già? Non restate qualche giorno?"

"Siamo diretti in Italia. Torno a Genova, nella nostra casa. Vuoi venire con noi?"

Guardo mia figlia finalmente felice tra le braccia del ragazzo che ama e comprendo che l'unica cosa che desidero è rimanerle accanto per vedere quella luce nei suoi occhi ogni giorno della sua vita. Nelle ultime sei settimane che Paul ha trascorso su quest'isola con me, si è impegnato molto, mettendo tutte le sue energie nel costruire una casa, quella che, nei suoi racconti, sognava dai tempi del loro naufragio. Io l'ho sostenuto e appoggiato, lasciando che realizzasse questo progetto, certa che Jackie ne sarebbe stata felice. E poi abbiamo atteso insieme l'arrivo di questo giorno.

"Ti ringrazio Sebastiano, ma come vedi, la mia vita e la mia casa sono qui adesso."

Lui mi abbraccia forte. "Abbi cura di te, sorellina."

"Buona fortuna, fratellino."

Guardo Nick e Sebastiano darmi le spalle, mentre tornano alla nave e dentro di me è come se il capitolo più importante e incisivo della mia esistenza si stia concludendo proprio con loro. Non li vedrò più o forse, chissà, ci rivedremo un giorno. Una cosa è certa: qualunque sarà il nostro destino, nell'anima e nel cuore saremo sempre pirati e perseguiremo quel senso di eguaglianza e di libertà che ci contraddistingue, trasmettendolo come simbolo di speranza per le generazioni future.

"Mamma!" Jackie mi rincorre "mamma, aspetta ti devo parlare" e copre la distanza tra noi per starmi più vicino.

Guarda Paul e prende un grande respiro. "C'è un'altra cosa molto importante che devi sapere, mamma" pronuncia in tono solenne.

"Coraggio, dimmi, ti ascolto."

"Kimera è morta."

Mi porto una mano sul polso, sul mio tatuaggio dove ora campeggia una bella cicatrice. Jackie la nota e mi guarda perplessa.

"Da quando è così?" mi chiede.

"Da un po' ..." ammetto.

"Quindi, tu lo sapevi?"

Faccio un cenno di diniego.

"Una sirena non può morire. Sono creature immortali."

"Questo dipende."
"Dipende? E da che cosa?"
Jackie mi accarezza il braccio fino alla cicatrice.
"Dalle loro scelte" si volta per un istante verso la nave ancora ferma in porto, dove vedo Nick e Sebastiano osservarci dall'alto del ponte.
"Mamma, Kimera è morta per salvare un'altra vita. Ha fatto la sua scelta."
"Cos ... come? Kimera ha scambiato la sua vita?!"
Jackie e Paul si voltano ancora verso la nave, come se una calamita stesse attirando la loro attenzione. Continuo a non comprendere, ma guardo anch'io nella stessa direzione in cerca di risposte.

Il galeone, attraccato al molo poco distante da noi, è indenne e le sue vele spavalde sembrano riflettere la luce del sole di un nuovo giorno. Mi lascio travolgere da quello spettacolo unico che ho sempre amato e da quelle stesse vele, mosse da un vento lieve, compare una sagoma. Un brivido corre lungo la mia schiena, faccio qualche passo per avvicinarmi e vedere meglio. La sagoma, però, è scomparsa. Dopo poco, dalla passerella che unisce il ponte alla banchina, si delinea una figura, seminascosta da un cappello a tricorno e un lungo soprabito. Scende lentamente dalla passatoia guardando verso di noi. Mentre viene nella nostra direzione, non potrei mai confondere il suo incedere. Non è un miraggio, ma in un primo momento stento davvero a crederlo. Eppure ...

Eppure è lui.
"Jack ..."
Sento vibrare il suo nome dentro di me, come se lo scoprissi per la prima volta. Il timore che possa trattarsi solo di un'illusione mi porta a girarmi verso Jackie con l'incertezza data dall'incredulità. Mia figlia sorride con gli occhi arrossati.

Lui si ferma, smette di camminare e mi guarda. Mi lascia il tempo, quello che mi serve per realizzare che quanto ho di fronte non sia solo frutto della mia immaginazione. Il tempo per mettere in ordine i pensieri che, però, sono costretta ad accantonare da un'emozione che scavalca ogni mia perplessità.

"Amore ..."

Il suono della sua voce mi travolge al punto di spingermi oltre le mie capacità fisiche. Neppure il dolore alla gamba può fermarmi, così come quel bastone che non serve più. Lo mollo a terra e inizio a correre. Una corsa lenta, ma decisa, che mi aiuta a coprire poco spazio e lui, nell'arco di brevissimi istanti, chiude la distanza che ancora ci separa. Quando incontro le sue braccia, sento il suo corpo respirare contro il mio e ogni dubbio scompare. Respiriamo vicini senza staccarci, respiri lunghi che riempiono i polmoni e ci dicono: siete vivi. Allora ci guardiamo, per essere certi di non trovarci in un sogno e lui mi bacia alla luce di un sole che, questa volta, non vedrà mai più tramonto.

⚓ ⚓ ⚓

Jackie, Paul, Nick e Sebastiano guardano emozionati Angel e Jack così come devono essere: di nuovo insieme. Un momento magico che vede il trionfo della verità, dell'esempio, senza paura di credere in sé stessi e a ciò che ci muove: l'amore.

"Mentre camminavo con mio padre verso l'altare allestito al centro della piazza del Parlamento, mi sono bloccata, incapace di procedere" racconta Jackie alla domanda che Angel e Paul si sono posti per settimane. "Questo perché, ad aspettarmi, non ho visto Toni. Io ho visto te, Paul. Solo in quell'istante ho capito che stavo ingannando me stessa e il mio futuro marito, in un matrimonio senza fondamenta, quelle definite da un amore concreto. Così ho lasciato il braccio di mio padre, mi sono voltata e ho iniziato a correre."

"Sono fiera di te" esclama Angel.

"È quello che le ho detto anch'io!" replica Jack, ammiccando, quando la cinge tra le sue braccia.

"Hai dimostrato ancora una volta il tuo carattere indomito, che non è venuto meno, neanche di fronte a un evento così solenne e a una pressione che ti stava soffocando." Paul le parla con il suo piglio schietto e una fierezza che esplode dal suo cuore e dal suo sguardo. "Sei una donna davvero speciale, Jackie." Si avvicina abbracciandola. "Noi tutti lo siamo" afferma. "Perché abbiamo conosciuto il lato più doloroso, accettandolo, pur di non rinnegare il nostro sentimento e, con la consapevolezza di non avere altre vie, lo abbiamo attraversato. Solo oltrepassando quella linea immaginaria, possiamo raggiungere i confini dell'amore."

Jackie Sparrow sposerà Paul Cardiff e resteranno a vivere a Las Palmas, accanto ai genitori che finiranno i loro giorni insieme, circondati dall'affetto della loro nuova famiglia.

Va, cerca di lei cortesemente
E dille che sto per venire,
Vento di aromi che sempre canti
L'epitalamio.
Oh, va in fretta sulle buie terre
E valica il mare
Ché mari e terre non ci separino,
Il mio amore e me.

Vento, della tua buona cortesia
Ora ti prego: va,
Entra in quel suo giardino
E canta dietro la sua persiana:
Canta così: Vento nuziale soffia
Perché amore è colmo;
Presto, oh molto presto
Il tuo amore sarà da te.

James Joyce

Las Palmas, Gran Canarias 2024

"Papà!" Gemma lo raggiunge esultante con in mano il suo cellulare.

"Che ci fai con il mio telefono?!" la rimprovera "quante volte ti ho detto che non devi rispondere al mio posto!"

"Ma papà, è il museo archeologico!"

Marco cambia subito espressione. "Passamelo."

Gemma pende dalle sue labbra, pur non percependo niente di quanto arrivi dall'altro capo di quel filo invisibile.

"Anche subito ha detto? …. Assolutamente sì, arriviamo!"

Chiude la chiamata e guarda Gemma.

"Papà allora!!!"

"Il tuo ritrovamento è stato ripulito, è intatto e in ottimo stato."

"Wow, ma una cosa fantastica! Andiamo!"

Si precipitano al museo con il cuore a mille e la gioia di poter condividere una passione che è chiaro accomuni entrambi.

Quando arrivano il museo ha appena chiuso al pubblico. Un collega di Marco li accoglie facendoli entrare dal retro in una stanza poco illuminata.

"Avevi proprio ragione" dice il collega a Marco mentre si avvicina per togliere il telo alla pietra "è proprio una lapide."

Quando la scopre, Gemma e Marco si avvicinano con trepidazione, incantati e curiosi.

'Si tratta di una lapide di pietra bianca con una decorazione a bassorilievo di volute. Risale alla metà del XVIII secolo e rimasta miracolosamente intatta. Appartenuta presumibilmente ad una coppia inglese, entrambi morti lo stesso giorno e lo stesso anno, così come riporta l'iscrizione in lingua inglese. Sita sulla scogliera del versante ovest, l'erosione del tempo e le mareggiate l'avranno fatta franare in mare, almeno più di un secolo fa.

"Ti rendi conto, Gemma?" Esclama Marco "hai ritrovato un reperto che risale a trecento anni fa!"